KB149251

취업 성공 시크릿 A to Z

NCS 취업 가이드 Ⅱ

NCS 취업 가이드 II

발 행 일 : 2021년 5월 1일 초판 1쇄
지 은 이 : 강승혜·김영식
감　　수 : 김시태
발 행 인 : 이동선
발 행 처 : 한국표준협회미디어
출판등록 : 2004년 12월 23일(제2004-000350호)
주　　소 : 서울특별시 강남구 테헤란로69길 5, 3층(삼성동)
전　　화 : 02-6240-4890
팩　　스 : 02-6240-4949
홈페이지 : www.ksamedia.co.kr

ISBN 979-11-6010-052-5　13370

정가 25,000원

※ 이 책은 저작권법에 따라 보호받는 저작물이므로 무단 전재와 복제를 금합니다.

서 문

　블라인드 채용은 2017년 하반기부터 모든 공공기관에 도입되었으며, 이후 지방공기업, 지방공공기관 전체로 확대되었다. 2015년부터 적용해오고 있던 NCS 기반의 직무능력중심 채용의 맥을 이어오고 있으며, 보다 더 엄격하게 직무수행 잠재력과 관련 없는 요인들을 통제하는 방식이다. 그럼에도 불구하고 여전히 블라인드 채용이 주먹구구식의 모호한 평가기준을 지닌 채용 방식이라고 오해하고 있는 지원자들이 있는 것 같아 안타깝다. 블라인드 채용은 지원자들에게 또 다른 스펙을 요구하며, 명확한 기준이 없는 채용 방식이 아니다. 오히려 오래 전부터 그렇게 해왔어야 하는 과학적 채용 방식이라고 할 수 있다.

　직무수행에 영향을 미치는 요인들, 우수한 직무수행을 예측해 줄 수 있는 요인들을 채용에서 평가하고, 직무수행과 관련 없는 요인들을 채용에서 평가하지 않는 방식이다. 다시 말해 '블라인드'는 지원자에 대해 정확히 알 수 없도록 많은 부분을 가리는 것을 의미하는 것이 아니라, 직무수행과 관련 없는 요인들을 가리고 채용 청탁이나 채용 비리를 방지하기 위해 직무수행과 관련 없는 지원자의 인적정보를 더욱 철저히 가리는 방식이다.

　블라인드 채용에서는 NCS 기반 직무능력중심 채용의 맥을 이어오면서 채용 전반에 NCS 직업기초능력과 직무수행능력을 적용 및 활용하고 있다. 즉, 서류전형, 필기전형, 면접전형의 주요 평가 요소로 반영하고 있으며, 많은 지원자들이 이에 맞춰 채용을 준비하고 있다.

　그러나 블라인드 채용에 대한 오해와 잘못된 정보로 인해 지원자들이 제대로 이해하고 있지 못하거나 잘못 이해하고 있는 경우를 종종 보게 된다. 많은 취업 준비생들이 잘못된 정보, 편향된 정보들을 믿고 불필요한 비용과 시간을 많이 들이는 것을 보았다.

　이 책을 집필하게 된 것은 바로 그런 점 때문이다. 취업 준비생들이 블라인드 채용에 대해 정확히 이해하고, 각 채용 단계별로 직업기초능력이 어떻게 반영되어 평가되고 있는지를 이해하여 제대로 된 준비를 할 수 있도록 하기 위한 것이다.

직무수행능력도 직업기초능력만큼 채용에 중요하게 반영되고 있으나, 공공기관의 추진 사업 및 직무는 매우 다양하고, 지원 조직의 사업 및 직무에 맞춤화된 전략이 필요하기에 이 책에서는 모든 공공기관에서 공통적으로 중요하게 평가하고 있는 직업기초능력에 초점을 맞추었다.

NCS 기반의 능력중심 채용, 블라인드 채용이 도입된 이래 60여개 기관의 채용컨설팅을 수행하면서 가장 안타까웠던 것 중에 하나는 지원자들이 본질적인 직업기초능력 향상보다는 스킬 습득에 초점을 맞추고 있다는 점이었다.

직업기초능력은 직업인으로서 원활하게 직무를 수행하기 위해 공통적으로 갖추어야 할 능력이다. 이러한 직업기초능력을 향상시키기 위해서는 별도의 교육훈련을 받아야 하는 것이 아니며, 학교생활을 하면서 전공 공부나 기타 학과 외에 다양한 경험을 통해 함양이 가능하다. 직장생활을 해보아야만 쌓을 수 있는 능력이 아니라는 것이다.

많은 지원자들이 채용전형별로 서류전형, 필기전형, 면접전형에 어떻게 대비해야하는 지에만 초점을 맞추고 있지만, 단순히 필기전형 문제 풀이를 많이 해보고 숙련된 면접 스킬을 지니고 있는 것만으로는 취업에 성공하기 어렵다.

직업기초능력이 무엇인지에 대한 명확한 이해를 바탕으로 본질적인 직업기초능력 함양을 위해 노력해야 한다. 학교 및 학과 외의 다양한 경험을 통해 직무를 수행할 수 있는 기본적인 자질과 잠재력을 쌓는 것이 중요하며, 그러한 자신의 자질이나 잠재력을 어떻게 보여줄 수 있을지를 고민해보는 것이 바람직하다. 이에 이 책에서는 실질적인 직업기초능력의 향상을 강조하며, 각 채용전형별 특성에 따라 어떻게 준비를 해야 하고, 자신의 능력을 어떻게 효과적으로 보여줄 수 있는지에 대한 가이드를 제공하고자 한다.

많은 채용 대비책에서는 문제 예시와 문제 풀이법, 면접의 언어적 및 비언어적 스킬, 면접 시 대응 방안 위주로 가이드를 제시하고 있다. 각 전형에 대한 이해, 방법에 대한 숙지를 위해서는 도움이 될 수 있지만, 그것만으로는 합격을 기대할 수 없다. 많은 취업 컨설팅이나 책에서 합격을 보장할 수 있을 것처럼 이야기하지만, 이제 많은 지원자들이 비슷한 수준의 이해도와 스킬을 갖추고 있다. 이런 방식의 채용을 준비하게 되면 지원자들 입장에서는 시간이나 비용의 낭비일 수 있다.

본질적인 직무수행 잠재력을 향상시키는 데 초점을 맞추어야 한다. 이 책에서는 서류전형, 필기전형, 면접전형에서 보다 더 점수를 잘 받을 수 있는 기교를 알려주지는 않는다. 각 전형별 특징에 대해 정확하게 이해할 수 있도록 정보를 제공하는 데 목적이 있다. 기본적으로 개인의 직업기초능력 향상을 위한 노력이 일차적으로 선행되어야 한다. 그러한 노력을 해왔는데도 불구하고 자신의 능력을 제대로 표현하는 방법을 몰라서 불합격되는 일이 없도록 가이드를 제공하는 데 목적이 있다.

또한, 각 전형별 특징에 대해 정확하게 이해하지 못해 잘못된 방향으로 준비하는 일이 없도록 가이드를 제공하고자 한다. 이를 위해 이 책에서는 직업기초능력을 이해할 수 있도록 직업기초능력이 무엇인지 학습모듈 내용을 제시하고 있으며, 그러한 직업기초능력이 서류전형, 필기전형, 면접전형에서는 어떻게 평가가 이루어지며, 어떻게 준비해야 할지에 대해 중점적으로 다루었다.

한편, 직업기초능력은 개발 이후 약 13년 이상의 시간이 경과됨에 따라 개발 이후 제정된 법령, 산업 변화, 사회적 통념 변화 등을 고려하여 최근에 현행화(최신화)가 이루어졌다. 직업기초능력 현행화에 따라 기본적인 직업기초능력의 구조, 정의, 하위요소의 틀은 변경되지 않았으나 다음의 사항들이 변경되었다.

첫째, 직업기초능력에 대한 기본적인 가이드북으로서의 역할을 할 수 있도록 학습자용 워크북은 학습자 가이드북, 교수자용 매뉴얼은 교수자 가이드북으로 명칭이 바뀌었다. 또한, 기존에 학습자용 워크북 및 교수자용 매뉴얼에 포함되어 있던 '학습평가' 자료는 '학습내용 확인하기'로 별도 분리되었다.

둘째, 직업기초능력 영역 간 중복된 내용을 분석하여 학습활동을 187개에서 132개로 통폐합하였다.

셋째, 직업기초능력 학습활동에 제시되었던 이론, 사례 등을 4차 산업혁명 등 현 시대를 반영하여 새롭게 변화된 이론 및 정의 등을 적용하고 최신화된 사례를 제시하였다.

이와 같은 직업기초능력의 현행화에 따라 변화된 학습 모듈에 대해 정확히 이해하여 취업을 준비할 수 있도록 내용을 구성하였으며, 책은 상권과 하권으로 되어 있다. 직업기초능력 중 인지적 능력과 관련 깊은 '기술능력, 문제해결능력, 수리능력, 자원관리능력, 정보능력'은 상권으로, 인성적 측면과 관련 깊은 '대인관계능력, 의사소통능력, 자기개발능력, 조직이해능력, 직업윤리'는 하권으로 구성하였다.

한편 '정보능력'의 하위능력 중 하나인 '컴퓨터활용능력'과 '의사소통능력'의 하위능력 중 하나인 '기초외국어능력'은 서류전형의 자격 요건에서 주로 검증하는 요소로 이에 대해서는 학습모듈 내용만 다루었다. 또한 '수리능력'은 필기전형에서 주로 검증하고 서류전형과 면접전형에서 검증하는 경우는 매우 드물기 때문에 필기전형 중심으로 기술하였다. '대인관계능력'의 하위능력 중 '협상능력'과 '리더십능력'은 주로 경력직에게 요구되는 능력이기에 필기전형 중심으로 기술하였다.

직업기초능력 향상을 위해서는 우선 직업기초능력의 정의 및 세부요소에서 강조하고 있는 측면들을 이해하고 있어야 한다. 이를 보다 수월하게 할 수 있도록 부록1에는 직업기초능력의 정의, 세부요소를 카드 형태로 만들어 제공하였다.

전체 공공기관 중 자신의 전공 분야 또는 관련 지식 및 경험 보유 정도에 적합한 기관을 찾아서 그 기관에 맞는 취업 전략을 세우는 것도 매우 중요하다. 대규모의 공기업 외에도 훌륭한 근무 조건, 나의 성향이나 가치관에 맞을 수 있는 공공기관들이 있다. 이에 자신에게 적합한 공공기관을 선택하여 전략을 세울 수 있도록 부록2에는 공공기관의 채용 직무 분야 정보와 그 기관에서 필기전형을 통해 평가하는 직업기초능력이 무엇인지에 대한 정보를 담았다.

이 책에는 직업기초능력과 관련된 다양한 사례를 제시하고 있다. 일반적으로 특정과업을 수행하거나 직무를 수행할 때, 특정한 하나의 직업기초능력만 발휘하는 것이 아니다. 어떤 일을 하든 다양한 직업기초능력을 복합적으로 발휘하게 된다. 하나의 경험에는 다양한 직업기초능력이 관련되어 있을 수 있다.

이에 따라 일부 사례는 직업기초능력명은 다른데 사례 내용은 비슷하다고 느낄 수도 있다. 즉, 문제해결능력에 제시된 경험사례가 문제해결능력만 관련되어 있는 것이 아니라 대인관계능력, 자원관리능력, 정보능력 등과도 관련되어 있을 수 있다. 예를 들어, 고객의 불만을 해결했던 사례는 대인관계능력과 관련이 있기도 하고, 문제해결능력과 관련이 있을 수 있다.

이 경우, 자기소개서 문항이나 면접위원의 질문 의도를 정확하게 파악하여 맥락에 맞는 해당 직업기초능력 관련 경험을 집중적으로 강조하는 것이 중요하다. 즉, 자기소개서 문항과 면접 질문에서 문제해결능력에 대한 답변을 요구하고 있는데 의사소통능력과 관련된 측면을 강조해서는 안 된다는 것이다. 이에 유념하여 각 직업기초능력의 적용사례, 자기소개서 문항 사례, 경험면접 질의응답 사례를 살펴보기 바란다.

목 차

02　의사소통능력

03 자기개발능력

04　조직이해능력

05 직업윤리

NCS 직업기초능력과 채용전형에 대한 이해

1) 블라인드 채용과 NCS 직업기초능력

블라인드 채용은 채용 과정에서 편견이 개입되어 불합리한 차별을 야기할 수 있는 출신지역, 가족관계, 학교, 연령, 외모 등의 요소를 배제하고 직무능력을 평가하는 방식을 의미한다. '블라인드'라는 이름 때문에 블라인드 채용 시, 지원자에 대한 중요한 정보를 가리고, 지원자에 대한 평가 기준이 모호하다고 생각하는 것은 오해다. 블라인드 채용은 실제 조직에서의 성공적 직무수행을 예측해주는 요인들을 채용 과정에서 평가하는 과학적인 방식이라 할 수 있다. 즉, 직무수행에 영향을 미치는 요인에 집중하고, 직무수행에 영향을 미치지 않는 요인들을 가리는 객관적인 평가 방식을 적용하고 있다.

특히, 공공기관의 경우 채용 청탁이나 비리를 방지하기 위해 지원자를 식별할 수 있는 정보, 인적사항 관련 정보를 엄격히 통제하고 있다. 이러한 정보들은 직무수행에 영향을 미치지 않으면서, 채용 청탁이나 비리 과정에서 이용될 수 있는 정보로 서류전형부터 면접전형까지 엄격하게 블라인드 처리한다.

즉, 블라인드 채용은 기존의 NCS 기반 직무능력중심 채용에서 강조했던 직무수행 예측 요인만 평가하는 것에서 한 단계 더 나아가, 채용 청탁이나 비리 방지를 위해 개인정보를 보다 더 엄격하게 블라인드 처리하는 방식이라고 할 수 있다.

그렇다면 블라인드 채용 시 지원자의 직무수행 잠재력을 평가하는데 왜 NCS(National Competency Standards ; 국가직무능력표준)를 활용할까? 지원자들은 NCS를 국가고시의 교과목처럼 인식하기도 한다. NCS는 표준적인 직무능력 정보 시스템의 일종으로, 표준적인 직무 분류 체계에 따라서 직무의 내용부터 직무 요구 지식, 스킬, 태도 등에 대한 정보를 담고 있다. 이러한 표준적인 직무 정보 체계가 없다면, 300여 개의 공공기관은 직무능력 중심의 채용을 진행한다고 해도 기관마다 제각각의 다른 평가 기준을 바탕으로 평가를 진행할 것이다. 또한 공공기관 중에서는 직무분석을 통해 직무수행에 영향을 미치는 요인들, 직무수행 시 요구되는 지식, 기술, 태도 등을 규명한 기관도 있지만, 그렇지 못한 기관도 있기에 NCS를 활용하고 있다. NCS는 민간 및 공공기관의 인사관리, 교육훈련, 국가자격시험 등 다양한 분야에서 활용되고 있는데, 채용에서 주로 활용하고 있는 영역은 직업기초능력과 직무수행능력이다.

직업기초능력은 모든 직업인에게 공통적으로 요구되는 능력으로, 어떤 직업을 가진 사람들이든 직무를 수행하는데 필요한 기초적인 능력이라고 할 수 있다. 직업기초능력은 전체 10개지만 모든 조직과 직무에서 10개 모두를 요구하지는 않는다. 직업기초능력은 대개 조직의 특성이나 추진하는 사업 분야에 따라 다르며, 채용공고문의 직무설명자료에 명시한다. 보통 기관마다 신입사원에게 4~6개의 직업기초능력을 요구하는데, 기관마다 조직 내 직무 현직자를 대상으로 설문조사 또는 직무전문가 회의, 그룹 인터뷰 등의 방식을 통해 직업기초능력을 도출한다.

[직업기초능력의 정의와 하위능력]

직업기초능력	정의	하위능력
기술능력	업무를 수행함에 있어 도구, 장치 등을 포함하여 필요한 기술에는 어떠한 것들이 있는지 이해하고, 실제로 업무를 수행함에 있어 적절한 기술을 선택하여 적용하는 능력	기술이해능력, 기술선택능력, 기술적용능력
문제해결능력	업무를 수행함에 있어 문제 상황이 발생하였을 경우, 창조적이고 논리적인 사고를 통하여 이를 올바르게 인식하고 적절히 해결하는 능력	사고력, 문제처리능력
수리능력	업무를 수행함에 있어 사칙연산, 통계, 확률의 의미를 정확하게 이해하고 이를 업무에 적용하는 능력	기초연산능력, 기초통계능력, 도표분석능력, 도표작성능력
자원관리능력	업무를 수행하는데 시간, 자본, 재료 및 시설, 인적자원 등의 자원 가운데 무엇이 얼마나 필요한지를 확인하고, 이용 가능한 자원을 최대한 수집하여 실제 업무에 어떻게 활용할 것인지를 계획하고, 계획대로 업무 수행에 이를 할당하는 능력	시간관리능력, 예산관리능력, 물적자원관리능력, 인적자원관리능력
정보능력	업무와 관련된 정보를 수집하고, 이를 분석하여 의미 있는 정보를 찾아내며, 의미 있는 정보를 업무 수행에 적절하도록 조직하고, 조직된 정보를 관리하며, 업무 수행에 이러한 정보를 활용하고, 이러한 제 과정에 컴퓨터를 사용하는 능력	컴퓨터활용능력, 정보처리능력
대인관계능력	업무를 수행함에 있어 접촉하게 되는 사람들과 문제를 일으키지 않고 원만하게 지내는 능력	팀워크능력, 리더십능력, 갈등관리능력, 협상능력, 고객서비스능력

직업기초능력	정의	하위능력
의사소통능력	업무를 수행함에 있어 글과 말을 읽고 들음으로써 다른 사람이 뜻한 바를 파악하고, 자기가 뜻한 바를 글과 말을 통해 정확하게 쓰거나 말하는 능력	문서이해능력, 문서작성능력, 경청능력, 의사표현능력, 기초외국어능력
자기개발능력	업무를 추진하는데 스스로를 관리하고 개발하는 능력	자아인식능력, 자기관리능력, 경력개발능력
조직이해능력	업무를 원활하게 수행하기 위해 국제적인 추세를 포함하여 조직의 체제와 경영에 대해 이해하는 능력	국제감각, 조직체제이해능력, 경영이해능력, 업무이해능력
직업윤리	업무를 수행함에 있어 원만한 직업생활을 위해 필요한 태도, 매너, 올바른 직업관	근로윤리, 공동체윤리

출처 : NCS 사이트 https://www.ncs.go.kr/th03/TH0302List.do?dirSeq=152

직무수행능력은 직무를 수행하는 데 요구되는 지식, 기술, 태도를 의미한다. 각 공공기관마다 조직의 기능 및 목적, 추진 사업에 따라 수행하는 직무가 다르며, 이에 따라 요구되는 지식, 기술, 태도도 다르다.

NCS는 24개의 대분류, 80개의 중분류, 257개의 소분류, 1022개의 세분류로 구성되어 있으며, 세분류는 능력단위들로, 능력단위는 능력단위 요소들로 구성되어 있다. 세분류가 직무에 해당되며 능력단위 요소별로 지식, 기술, 태도가 명시되어 있다.

그러나 NCS가 공공기관의 직무들에 맞춰서 개발된 것이 아니라, 표준적인 정보들을 제공하고 있어 그 기관이 수행하고 있는 직무 내용을 포괄하지 못하거나, 특정 직무수행 시 필요한 지식, 기술, 태도 등의 정보를 담지 못하는 경우들도 있다. 그럴 경우, 기관 자체 조사 시 도출된 직무수행 내용, 직무수행 요구 지식, 기술, 태도 등의 정보를 제시하기도 한다.

이러한 직무수행능력의 경우, 인턴이나 아르바이트 외에 이전 직무 경험이 없는 신입 채용 지원자들의 수준을 고려하여 채용에 반영한다.

직업기초능력과 직무수행능력은 서류전형부터 면접전형에 이르기까지 단계적으로 평가에 반영되는데, 이를 위해 지원자들이 별도의 스펙을 쌓거나 별도의 교육 과정을 이수해야만 하는 건 아니다. 성실하게 학교생활을 하며 자신만의 능력을 개발하고, 전공 관련 지식이나 기술을 쌓아왔다면 직무수행 잠재력이 충분하며 긍정적인 결과를 얻을 수 있다. 그러나 학생으로서 우수한 사람과 직업인으로서 우수한 사람은 다를 수 있기에 학교 교과과정을 이수하면서 자신의 적성, 흥미, 경력 니즈에 따라 적절한 방향으로 전략적인 준비를 하는 것이 필요하다.

직업기초능력과 직무수행능력이 워낙 다양하여 준비해야 할 게 많다고 느낄 수 있지만, 학교생활을 하면서 준비할 수 있는 건 크게 직무 관련 경력이나 경험, 직무지식 관련 교과목 이수, 직무기술 관련 자격증 취득이 대표적인 방안이라 할 수 있다. 이런 노력을 통해서 직업기초능력과 직무수행능력을 개발한다면, 서류전형부터 면접전형까지 긍정적인 결과를 기대할 수 있다. 그러나 공공기관에서 직무 잠재력을 가진 모든 지원자를 채용할 수는 없다. 채용 인원은 제한되어 있고, 제한된 인원을 놓고 수많은 지원자들과 경쟁해야 하는 상황에서 자신만의 경쟁력을 확보하는 것은 필요하다. 그러기 위해서는 어떻게 해야 할까? 채용 준비단계부터 세세하게 살펴보자.

[블라인드 채용전형 단계별 준비 방안]

채용 준비 방안	NCS 직업기초능력과 직무수행능력	블라인드 채용 전형
직무 관련 경력/경험	**직업기초능력** 기술능력 문제해결능력 수리능력 자원관리능력 정보능력…	**서류전형** 입사지원서 자기소개서
직무지식 관련 교과목 이수	**직무수행능력** 직무 요구 지식	**필기전형** 직업기초능력검사 직무지식검사 인성검사 …
직무기술 관련 자격증 취득	직무 요구 기술 직무 요구 태도	**면접전형** 경험면접 상황면접 발표면접 토론면접 …

2) 직무 탐색 및 직무설명서

많은 지원자들은 입사하고 싶은 공공기관을 정한 후, 자신의 지원 가능 직무 분야를 확인하고 취업 준비를 시작한다. 그러나 지원 직무나 조직에 대해서는 충분히 탐색하지 못하는 경우가 많다. 당장의 취업이 중요하고, 고용안정성의 강점이 크게 보여서 내가 지원 분야의 직무를 지속적으로 수행할 수 있을 지, 지원조직에 잘 적응할 수 있을지에 대해서는 충분히 고려하지 못하는 경우가 많다.

이렇듯 많은 지원자들이 어렵게 준비하여 입사를 했는데도 불구하고 1년 이내 퇴사하는 신입사원은 매년 10명 중 1명 정도이다. 퇴사의 가장 큰 이유는 적성에 맞지 않는 직무와 조직 부적응이다.

지방 근무 환경에 적응하지 못하거나, 원하는 업무와 다른 업무를 배정받아 업무에 몰입하지 못하거나, 생각보다 강한 업무 강도에 어려움을 느끼거나, 조직에서 중요하게 강조하는 가치가 자신의 가치와 달라서 어려움을 느끼는 등 다양한 상황에 직면하면서 퇴사를 고민하거나 퇴사를 결정한다.

따라서 합격비법, 필기합격 방법, 면접합격 방법에 대해서만 탐색할 것이 아니라 자신의 경력에 대해 장기적 관점에서 바라보고, 자신이 입사해서 그 조직에서 그 직무를 잘 수행하며 적응할 수 있을지에 대한 고민과 탐색이 필요하다.

입사 전에 지원 직무와 조직에 대해 세부적인 정보를 알기는 어렵고, 입사를 해야만 알 수 있는 정보들이 더 많지만 입사 전에도 충분히 확인할 수 있는 정보들도 있다.

지원하고자 하는 직무 분야의 주요 수행 직무 내용, 그 직무를 수행하는 데 필요한 지식, 스킬 그리고 태도적인 측면들이 무엇인지, 그런 부분들을 자신은 어느 정도 보유하고 있는지, 자신이 그 직무를 잘 수행할 수 있을지, 그 직무에 잘 적응할 수 있을지에 대해 심층적으로 탐색해봐야 한다.

또한, 자신의 전공 분야와 관련 깊은 직무 분야를 채용하고 있는 기관, 자신의 가치관이나 흥미와 적합한 사업을 추진하는 기관, 자신이 경쟁력을 갖고 있는 기관은 어디인지를 탐색해야 한다.

이러한 탐색이 끝난 후에 지원 예정인 공공기관의 채용 계획을 파악하고 직무설명자료(직무기술서)를 바탕으로 자신만의 취업 준비 전략을 세워야 한다.

대부분의 공공기관은 모집공고문 게시와 함께 블라인드 채용을 시작한다. 모집공고문은 지원서 접수 시작 시 올리는 기관도 있지만, 접수 시작 10일 전 또는 한 달 전에 올리는 기관도 있다.

모집공고문에서 제공하는 채용 직무 분야에 대한 직무설명자료(직무기술서)는 채용 준비단계에서 가장 중요한 자료이다. 이는 각 공공기관의 홈페이지나 채용 사이트에서 다운받을 수 있으며, NCS 블라인드 채용 사이트(https://www.ncs.go.kr/blind/bl04/JdsptList.do)에서도 공공기관별 직무설명자료(직무기술서)를 확인할 수 있다.

직무설명자료(직무기술서)의 경우 이전 채용공고문에서 올렸던 자료와 크게 다르지 않다. 필기전형이나 면접전형의 방법이 달라질 수는 있지만 수행 직무 내용, 요구 직업기초능력, 요구 직무 지식, 스킬, 태도는 크게 달라지지 않는다. 이에 장기적 관점에서 취업을 준비하는 지원자들은 미리 직무설명 자료를 검토하여 대비할 필요가 있다.

직무설명자료(직무기술서)를 검토할 때는 다음 측면들을 확인해야 한다.

우선, 지원 기관의 세부 채용 절차 및 방법을 확인해야 한다. 동일하게 블라인드 채용을 적용하고 있지만, 세부적인 채용 절차 및 방법은 기관에 따라 다르다. 예를 들어, 필기전형의 경우 직무지식 시험만 보는 기관도 있고, 면접전형의 경우 실무면접과 임원면접을 동시에 보는 기관도 있고 별도로 보는 기관도 있다.

채용 분야에서 실제 수행하는 직무 내용을 확인해야 한다. 입사 후 수행하게 될 직무가 어떤 것인지 파악하고, 자신이 그와 같은 직무를 수행할 수 있을지, 적응할 수 있을지에 대해 스스로 판단할 필요가 있다.

그 다음에는 채용 직무 분야에서 요구하는 직업기초능력을 확인해야 한다. 이러한 직업기초능력은 자기소개서의 항목으로 구성되기도 하고, 필기전형 또는 면접전형의 평가요소로 활용될 수도 있다.

그 다음에는 채용 분야에서 요구하는 직무수행능력, 즉 지식, 기술, 태도를 확인해야 한다. 이와 같은 지식, 기술, 태도 등은 서류전형, 필기전형, 면접전형에 걸쳐 평가요소로 활용된다. 한편, 대체로 현직자들이 보유하고 있는 지식, 기술을 작성해 두어, 현업 경험이 없는 지원자들에게는 어렵게 느껴질 수 있다. 그러나 채용 장면에서는 지원자들의 수준을 고려하여 직무설명자료(직무기술서)에 명시된 지식, 기술의 기초적인 수준을 요구한다.

직무설명자료(직무기술서)의 상단에는 대체로 채용 직무 분야와 관련된 NCS 분류체계를 능력단위 수준까지 제시하고 있다. NCS 사이트에서는 능력단위별로 상세한 직무 요구 지식, 스킬, 태도에 대한 내용과 함께 능력단위에 따른 학습 자료를 제공하고 있다.

[경영일반 분야 직무기술서 예시]

채용 분야	경영일반		
NCS 분류 체계	대분류	02. 경영 · 회계 · 사무		
	중분류	01. 기획사무	02. 총무 · 인사	03. 재무회계
	소분류	01. 경영기획	02. 인사 · 조직	02. 회계
	세분류	01. 경영기획	01. 인사	01. 회계 · 감사
	능력단위	예산관리 경영실적분리	인력채용 인력이동관리 임금관리	회계정보 시스템 운용 결산관리 자금관리
추진 사업	–			
채용전형 절차 안내	서류전형 : 채용직무분야별 교육사항, 자격사항, 경력 및 경험사항 검증 필기전형 : 직업기초능력검사 면접전형 : 직업기초능력기반 경험면접			
직업 기초능력	대인관계능력, 조직이해능력, 문제해결능력, 수리능력, 정보능력			
직무 수행내용	(경영기획) 경영 목표를 효과적으로 달성하기 위한 전략을 수립하고 최적의 자원을 효율적으로 배분하도록 경영진의 의사결정을 체계적으로 지원 (인사) 조직의 목표달성을 위해 인적자원을 효율적으로 활용하고 육성하기 위하여 직무조사 및 직무분석을 통해 채용, 배치, 육성, 평가, 보상, 승진, 퇴직 등의 제반사항을 담당하며, 조직의 인사제도를 개선 및 운영하는 업무를 수행함 (회계 · 감사) 기업 및 조직 내 · 외부에 있는 의사결정자들이 효율적인 의사결정을 할 수 있도록 유용한 정보를 제공하며, 제공된 회계정보의 적정성을 파악하는 업무			
필요지식	(경영기획) 예산계획 수립, 예산편성 지침, 원가관리개념, 국제회계기준 및 재무회계 관련 법 (인사) 관련법률에 대한 지식(근로기준법, 소득세법, 사회보험법 등), 전략적 인적자원관리, 직무분석법, 경력개발방법론 및 교육과정설계방법 (회계 · 감사) 회계 관련 규정, 계정과목에 대한 지식, 외부감사 규정, 재무제표 및 재무분석 관련 지식			
필요기술	(경영기획) 회계계정세목분류기술, 원가계산법, 예산속익산출기술, 예산편성 기준 (인사) 관련프로그램 활용능력, 문서작성능력, Spread Sheet 기술, 비전 및 중장기 사업전략 분석 (회계 · 감사) 회계프로그램 활용 능력, 계정과목별 명세서 작성 능력, 자산 · 부채에 대한 평가 능력, 재무제표 작성 · 검증 능력			
직무 수행태도	(경영기획) 적극적 의사소통, 원칙 및 기준을 준수하려는 태도, 업무처리에 있어 정확성을 기하려는 자세, 주인의식과 책임감 있는 태도 (인사) 정확성, 개방적 의사소통, 분석적 태도, 윤리의식 및 공정한 태도 (회계 · 감사) 적극적인 협업 태도, 관련 규정 준수, 수리적 정확도를 기하려는 자세, 판단력			
참고 사이트	www.ncs.go.kr			

3) 블라인드 채용에서의 서류전형

채용전형의 첫 번째 관문인 서류전형에서는 입사지원서와 자기소개서를 주로 평가한다. 입사지원서에는 NCS 직무수행능력 즉, 직무 분야에서 요구하는 지식, 기술적인 측면을 주로 평가하며, 자기소개서에서는 직업기초능력을 주로 평가한다.

입사지원서는 크게 인적사항, 교육사항, 자격사항, 경력사항, 경험사항으로 구성되어 있다.

[블라인드 채용 입사지원서 예시]

1. 인적자원

지원구분	신입 (　　　), 경력 (　　　)		지원직무		접수번호	
성명	(한글)					
현주소						
연락처	(본인휴대폰)		전자우편			
	(비상연락처)					
최종학교 소재지	* 지역인재 우대 응시자		가점항목	□ 장애대상		□ 보훈대상

2. 교육사항

* 지원직무 관련 과목 및 교육과정을 이수한 경우 그 내용을 기입해 주십시오.

교육구분	과목명 및 교육과	교육시간
□ 학료교육　□ 직업훈련　□ 기타		
직무관련 주요내용		

3. 자격사항

* 지원직무 관련 국가기술/전문자격, 국가공인민간자격을 기입해 주십시오.

자격증명	발급기관	취득일자	자격증명	발급기관	취득일자

4. 경험 혹은 경력사항

* 지원직무 관련 경험 혹은 경력사항을 기입해 주십시오.

구 분	소속조직	역할	활동기간	활동내용
□ 경험　□ 경력				

* 지원직무 관련 국가기술/전문자격, 국가공인민간자격을 기입해 주십시오.

직무관련 주요내용

출처 : NCS블라인드 채용사이트 https://www.ncs.go.kr/blind/rh13/bbs_lib_list.do?libDstinCd=07

인적사항에는 지원자를 식별하고 관리하기 위한 최소한의 정보로 구성되어 있다. 보통 성명, 연락처, 이메일 주소 등과 같은 기본 정보만 요구하므로 따로 준비할 것은 없다. 다만, 공공기관 채용 우대사항과 관련하여 가산점을 받는 대상자라면 관련 서류를 꼼꼼히 확인하여 제출해야 한다. 각 공공기관마다 채용 시 우대하는 사항들은 다르며, 아래의 표는 주요 우대사항을 정리한 것이다.

[공공기관 채용 우대사항 예시]

구분		내용
사회형평적 채용	취업지원 대상	「국가유공자 등 예우 및 지원에 관한 법률」 제29조, 「독립유공자 예우에 관한 법률」 제16조 및 「5.18 민주유공자 예우에 관한 법률」 제20조에 의한 취업보호 및 취업지원대상자로서 국가보훈처 발급 취업지원대상자 증명서 상 기재된 가산률(5~10%)로 확인 후 가산점 부여
	장애인	「장애인복지법」 제32조에 따른 등록 장애인
정부 지침 활용	청년 인턴	청년고용촉진 특별법 제5조 제1항에 의거 15세~만34세 이하 지원 가능
	지역인재	혁신도시법 개정에 따라 지역인재 육성을 위해 해당지역 최종 학교(대학원 제외) 졸업자 지원 가능
	비수도권 인재	지방대학 및 지역균형 인재 육성에 관한 법률에 의거 비수도권 학교 졸업자 가점 우대
	여성 과학인재	여성과학기술인 육성 및 지원에 관한 법률 시행령 제13조에 따른 여성과학기술인 우대

출처 : 취업준비생을 위한 블라인드 채용 가이드북(고용노동부/한국산업인력공단, 2020)

교육사항에는 보통 학교교육, 직업교육, 기타교육 사항을 작성하도록 되어 있다. 학교교육, 직업교육, 기타교육을 모두 이수해야 하는 것은 아니다. 학교교육이 부족할 경우, 보완적으로 직업교육과 기타교육을 이수하라는 의미이다. 학교교육은 교과목과 관련하여 요구하는 항목을 확인해야 한다. 이수학점을 요구하는 경우도 있고, 이수시간을 요구하는 경우도 있고, 교과목명 및 교과 내용만 요구하는 경우도 있다. 직업교육의 경우, 학교교육처럼 교과목과 관련하여 요구하는 항목을 확인해야 한다.

자격사항에는 보통 직무 분야와 관련된 자격증 목록 중 자신이 보유하고 있는 직무 자격증을 기술하도록 되어 있다. 지원기관의 채용 분야에서 요구 자격증이 무엇인지, 어느 정도로 요구하는지를 확인해야 한다. 채용 분야마다 요구하는 자격증이 다르고, 지원 기관마다 자격증 요구 방식이 다르다. 필수 자격증만 갖추어도 되는 기관도 있고, 최대 작성 가능 개수를 한정하는 기관도 있다.

경력사항에는 직무 분야와 관련된 경력을 기술하도록 되어 있다. 경력을 쌓는 기업이나 기관 규모의 중요성은 낮은 편이다. 인턴 채용의 문이 낮은 중소 또는 중견기업에서라도 경험을 쌓는 것이 도움 된다. 10인 미만 기업이나 기관이라도 상관없다. 단, 객관적으로 증명할 수 있는 경력증명서 발급이 가능한 곳에서 최소 3개월 이상의 경험을 쌓아야 한다.

경험사항에는 직무 관련 기타 활동을 기술하도록 되어 있다. 정량적 평가에 반영하는 경우는 드물고, 참고용으로 활용하는 경우가 많다. 가끔은 면접 시 기술한 직무 관련 기타 활동과 관련하여 질문을 하는 경우도 있다. 경력 및 경험을 모두 쌓아야 하는 것은 아니다. 경력사항이 부족할 경우, 보완적으로 경험을 쌓으라는 의미이다.

직무능력소개서에는 경력 및 경험사항과 관련하여 상세한 내용을 기술하도록 되어 있다. 대체로 입사지원서에 작성한 경력사항 또는 경험사항 중 하나의 사항에 대해 작성하는 것을 요구하고 있다. 기관에 따라 입사지원서에 작성한 경력 및 경험사항 둘 다에 대해 작성하는 것을 요구하기도 한다. 주로 경력 및 경험사항에 기술한 내용의 질을 확인하기 위한 용도로 사용되며, 대체로 직무능력소개서에 대한 별도의 평가는 실시하지 않는다. 면접위원들이 지원자들의 경험에 대해 보다 더 잘 알기 위해 질문의 참고 자료로 활용하는 경우는 가끔 있다.

[직무능력소개서 예시]

직무능력소개서

□ 입사지원서에 기술한 직무관련 경력사항 및 직무관련 기타 활동 사항과 관련하여 구체적으로 본인이 수행한 활동 내용을 아래 항목을 참고하여 기술해 주십시오.

  – 경험·경력 활동을 하였던 조직·단체·모임 / 본인이 맡은 주요 역할
  – 주요 수행 업무 및 성과
  – 업무성과를 높이기 위해 본인이 기울인 노력 행동
  – 성과로 인한 조직 기여 내용 및 기여 정도
  – 공사의 입사지원 분야 업무 수행 시 기여할 수 있는 측면

자기소개서는 보통 4~5개의 문항으로 구성되는데, 직업기초능력 관련 문항으로만 구성되는 경우도 있고, 조직의 인재상이나 지원 동기와 관련된 문항과 함께 구성되는 경우도 있다. 자기소개서는 보통 이전 연도에 사용했던 양식에서 크게 변경되지는 않는다. 일정 기한을 두고 항목을 모두 새롭게 구성하는 경우도 있지만, 이전 연도에 적용했던 양식 및 항목과 유사한 형태를 유지한다.

지원 직무 분야 및 기관을 어느 정도 정했다면, 미리 지원 예정 기관의 이전 채용에 사용되었던 자기소개서 항목을 확인해봐야 한다. 이전에 사용되었던 자기소개서를 찾기 어렵거나 매년 자기소개서 항목을 새롭게 바꾸는 기관이라면 직무설명자료(직무기술서)에 명시된 직업기초능력과 기관의 인재상 등을 확인하면 된다.

자기소개서 구성 가능 항목을 확인한 후에는 그 항목들과 관련된 자신의 능력발휘 경험을 일기 쓰듯이 평소에 구체적으로 기록해두는 것이 도움이 된다. 그 이유는 첫째, '과거 경험'에 대한 것은 일정 시간이 지나면 기억하기 어렵기 때문이며, 둘째, 자기소개서에 작성한 경험과 관련된 질문을 면접에서 하는 경우가 있는데, 긴장된 면접 상황에서는 과거 경험에 대한 구체적인 질문에 답변하기 힘들기 때문이다. 또한, 직무능력소개서든 자기소개서든 작성할 때 가장 중요한 점은 화려한 미사여구를 써서 세련되게 작성하는 것보다 다소 투박하더라도 자신의 경험을 솔직하고 구체적으로 작성하는 것이다.

블라인드 채용 도입 이후, 강조하는 부분 중 하나는 개인을 특정할 수 있는 이름, 성별, 출신 학교 등을 언급하지 못하게 하고 있다. 이는 부정 청탁의 이슈를 차단하기 위한 것으로, 개인을 특정할 수 있는 정보 기재 시 불이익이 있을 수 있음을 강조하고 있다. 블라인드 채용과 관련하여 엄격한 정책을 취하고 있는 기관에서는 '블라인드 채용 위배'라는 이유로 서류전형에서 탈락시키는 경우도 있으니 작성 시 유의해야 한다.

자기소개서는 보통 내부의 현업 팀장과 외부 전문가들이 평가하는데, 개인을 특정할 수 있는 정보들을 블라인드 처리하고 평가를 진행한다.

[블라인드 채용 자기소개서 예시]

자기소개서

☐ 최근 3년 이내 소속 조직에 기여하기 위해 가장 많은 노력을 기울였던 경험에 대해 구체적으로 작성해 주시기 바랍니다.

☐ 최근 3년 이내 본인 또는 소속 조직이 당면한 문제 상황을 해결하기 위해 가장 많은 노력을 기울였던 경험에 대해 구체적으로 작성해 주시기 바랍니다.

☐ 자신의 대인관계능력이 우수하다고 입증할만한 대표적 사례를 3가지 기술해 주시기 바랍니다.

4) 블라인드 채용에서의 필기전형

필기전형은 지원자들이 초등학교 때부터 익숙한 지필고사 형태로 평가하는 전형이다. 컴퓨터를 활용한 웹기반 평가, 온라인 평가 방식을 일부 적용하는 기관도 있으나, 지원자들의 부정행위 가능성이 있기에 여전히 오프라인 방식의 지필고사 형태를 주로 실시하고 있다.

블라인드 채용에서 필기전형은 다양한 방식으로 실시되고 있는데, 직업기초능력검사, 직무지식검사, 인성검사 등이 있다.

직업기초능력검사는 민간기업에서 실시하는 적성검사, 공무원 채용 시 실시하는 PSAT(Public Service Aptitude Test ; 공직적격성평가)와 유사하다. 다만, 출제되는 문항의 배경이 일반 상황이 아니라 대부분 직무수행 상황이라는 점이 다르다. 일반적인 상황을 기반으로 한 문항들도 있지만, 직무 맥락을 기반으로 한 문항들이 주로 출제된다는 게 핵심적인 특징이다. 그러나 직무경험이 없다고 해서 문제를 못 푼다거나, 직무경험이 있다고 해서 문제를 푸는데 유리한 것은 아니다. 직무경험이 없더라도 충분히 문제를 풀 수 있도록 출제하는 것이 주요 원칙 중 하나이다.

직업기초능력 10개 중 채용 직무 분야에서 주요하게 요구되는 직업기초능력에 대해 검사를 실시하는데, 직업기초능력의 반영 방식은 기관마다 다르다. 채용 직무 분야에 구분 없이 공통된 영역에 대한 검사를 실시하는 기관도 있고, 채용 직무 분야별로 시험 영역이 다른 기관도 있으며, 채용 직무 분야별 공통 영역 일부와 채용 직무 분야별 고유 영역 일부에 대한 검사를 실시하는 기관도 있다.

동일한 직업기초능력에 대한 검사를 실시한다고 하더라도 필기전형을 실시하는 기관, 문항을 출제하는 기관에 따라 필기전형 문항의 유형은 다르다. 크게 구분하자면 모듈형, PSAT(또는 적성검사형)형, 모듈과 PSAT(또는 적성검사형)의 혼합형이 있다.

모듈형은 직업기초능력 학습모듈 내 이론 내용을 바탕으로 문제의 보기, 지시문, 5지선다를 구성하며 직업기초능력에 대한 이해도를 확인하는 문항이 주를 이룬다.

PSAT형(또는 적성검사형)은 공직적격성평가나 일반 기업의 적성검사와 유사한 형태의 문항, 특정 직무 상황에 대해 어떻게 판단하여, 문제를 해결해나가는 지와 관련된 문항이 주를 이룬다.

한편, 필기전형에서 때때로 인성검사를 실시하기도 한다. 인성검사에서는 그 조직에서 요구하는 인재상과의 부합도, 조직 적응력 등에 대해 평가를 실시하는 것이며, 주로 PASS 또는 FAIL 방식으로 결정이 된다.

공공기관별로 전문성이 강하게 요구되는 직무 분야의 경우, 직무지식검사를 실시하기도 한다. 전공시험, 논술시험, 외국어시험이 대표적이다.

NCS 직업기초능력 또는 직무수행능력 검사를 시행해온 지 5년 이상이 지남에 따라 일부 기관에서는 최종 합격자를 대상으로 사후 조사를 실시하였는데, 그 결과 필기전형 문제를 많이 풀어보지 않았다 하더라도 자신의 능력 개발을 위해 다양한 경험을 쌓은 사람이 필기 전형에서 고득점을 받는 경향이 있었다. 문제풀이 뿐만 아니라 실제적인 직업기초능력 및 직무수행능력 함양을 위한 노력이 필요한 이유다.

이 책에서는 필기전형에서 가장 많이 적용하고 있는 직업기초능력 검사에 대한 이해를 높이고자 직업기초능력 하위영역별로 모듈형과 PSAT형의 문항 예시와 해설을 제공하고 있다.

5) 블라인드 채용에서의 면접전형

면접전형은 채용의 마지막 관문으로 지원자들이 가장 어려움을 느끼는 단계이기도 하다. 면접전형에서는 다수의 면접위원들, 때로는 다른 지원자들과 상호작용하면서 자신의 강점을 보여줄 수 있어야 한다. 실제 필자가 면접위원으로 참여해봤을 때 안타까움을 느꼈던 점은 지원자들이 면접 스킬 중심으로 훈련되어 있다는 점이다. 많은 면접위원들이 면접에서 보여주는 지원자들의 모습들이 비슷하며, 면접 스킬은 뛰어나지만 실제 직무 잠재력이 있는지 의문이 든다는 이야기를 종종 한다.

지원자들이 면접을 통해 자신의 강점을 보여줘야 하는 입장이라면, 면접위원들은 지원자의 직무 잠재력을 정확하게 평가해야 하는 입장이다. 면접위원은 실제로 함께 일을 해야 하는 과·차장 이상의 실무 관리자들이 주로 참여하고, 역량평가 전문가, 직무 분야 전문가들이 함께 참여하는 경우도 많다. 실무 관리자들은 함께 일할 수 있을지를 고민하다보니, 지원자들이 면접에서 보여주는 모습도 고려하지만, 그들이 실제 회사에 들어와서 어떻게 일을 할 것인지에 대한 고민을 많이 한다.

공공기관에서 대표적으로 많이 쓰고 있는 면접 기법은 경험면접, 발표면접, 토론면접, 상황면접 4가지이다. 이중 가장 많이 쓰고 있는 기법은 경험면접이며, 경험면접에서는 주로 직업기초능력을 검증한다. 이 책에서는 경험면접 사례를 다루며, 직업기초능력별로 일련의 질문 및 답변 샘플에 대한 GOOD POINT와 BAD POINT를 제시하고 있다.

■ 경험면접 기법의 특징과 준비 방안

경험면접 기법은 평가하는 요소와 관련된 과거의 경험 행동에 대해 심도 깊은 질문을 하는 방식이다. NCS 기반의 직무능력중심 채용, 블라인드 채용이 도입되기 전에는 '어떻게 할 것인지'에 대한 질문을 해왔었다면, 경험면접에서는 '어떻게 해왔는지'에 대한 질문을 한다는 게 큰 차이점이다. 경험면접을 통해서는 직업기초능력 중에서도 인성적인 측면을 주로 평가하기에 인성면접으로 부르는 기관도 있다.

경험면접 기법에 대해 지원자들이 어느 정도 익숙해져 있고, 기법에 맞춰 면접을 준비하긴 하지만 여전히 자신의 경험에 대한 심층적인 질문에는 쉽게 답변하지 못하는 경우를 종종 보았다. 의사소통 스킬에 가까운 질문이나 답변은 유창하게 하지만, 면접 질문에서 평가하고자 하는 평가요소, 즉 직업기초능력과 관련된 자신의 경험에 대해서는 충분히 답변하지 못하는 것이다.

경험면접 기법을 적용하고 있다고 하더라도 기관마다 평가요소가 다르고, 자기소개서 활용 여부가 다르다. 기관마다 지원자들에게 요구하는 직업기초능력 영역이 다르고, 어떤 기관은 직업기초능력에 대해서만 평가하고 어떤 기관은 직업기초능력과 함께 조직의 인재상을 평가하기도 한다. 또 자기소개서에 작성한 내용과 연계하여 심층적인 질문하는 기관이 있고, 자기소개서와 별개로 지원자의 경험에 대해 질문하는 기관이 있다.

어떤 방식을 취하든 경험면접에 대해 대비하는 방법은 크게 다르지 않지만, 경험면접에 대비하기 위해 면접위원의 질문에 답변하는 방식을 연습하는 것은 이제는 크게 도움이 되지 않는다. 다른 지원자들과 차별화된 자신만의 능력을 보여주기 위해서는 다른 노력을 기울여야 한다. 냉정하게 말하자면, 실제 직무수행 잠재력을 보유하고 있지 않거나, 직무수행 잠재력을 향상시키기 위한 노력을 기울이지 않은 채 면접 대응 스킬, 답변 스킬만 익혀서는 좋은 점수를 받기 어렵다는 것이다. 지원자들은 이제 본질적으로 직업기초능력을 향상시키는 데 초점을 맞추어야 한다.

실무 관리자급 면접위원들은 지원자들이 면접에서는 유창하게 말은 잘했지만 실제 일을 시켜보면 기대만큼 일을 잘하지 못한다거나, 기대만큼 성실하지 않다거나, 기대만큼 팀워크 의식이 있지 않다는 경우를 많이 봐왔다는 이야기를 종종 한다. 그리고 많은 지원자들이 이야기하는 경험들이 대부분 비슷하고, 모두가 리더로서 팀을 잘 이끌었다고 하는데 차별화된 뛰어난 강점을 보유하고 있는 지원자들이 별로 없다는 이야기도 종종 한다. 이러한 상황에서 많은 기관에서는 실제 우수한 직무 잠재력을 지닌 지원자를 뽑을 수 있도록 면접위원들에게 질문 스킬이나 평가 스킬에 대한 교육 훈련을 실시하고 있다.

그렇다면 지원자들은 어떻게 준비해야 할까? 많은 지원자들이 오해하는 부분 중 하나가 직업기초능력을 평가하는 것을 또 다른 스펙을 쌓는 것으로 생각한다는 점이다. '직업기초능력'이란 이름 때문에 직업인에게 요구되는 능력을 학교에서 어떻게 향상시킬 수 있느냐고 오해하기도 한다. 그러나 신입 채용 장면에서는 현직자 수준의 능력을 요구하지 않고, 현직자 수준의 경험을 요구하지도 않는다. NCS 기반의 능력중심 채용, 블라인드 채용을 도입할 때 중요하게 고려했던 점 중 하나가 지원자의 성공적인 직무수행을 예측하지 못하는 불필요한 스펙을 쌓지 않게 하자는 것이었다. 학교를 다니면서 학업 및 다양한 학과 외 활동을 성실하게 한 지원자들이 어학연수, 어학성적, 봉사활동 시간 같은 스펙을 쌓지 않아도 좋은 결과를 얻을 수 있도록 하자는 것이었다. 이러한 취지에 맞춰 블라인드 채용 면접에서는 직업기초능력과 관련된 지원자의 경험에 대한 질문이 주를 이루고 있다.

바꿔 말하면, 직업기초능력을 향상시킬 수 있는 경험을 쌓는 게 가장 중요하고, 그러한 경험을 잘 정리할 수 있어야 한다. 이것이 가장 효과적인 준비 방안이다. 그렇다면 직업기초능력을 향상시킬 수 있는 경험은 무엇일까? 일차적으로는 성실한 학업 경험이다. 교과목을 듣는 과정에서의 다양한 팀 프로젝트 활동 경험, 개인적으로 학업 성적을 올리기 위해 노력했던 경험, 전공 외 관심 분야에 대한 지식을 쌓기 위해 공부했던 경험 등이다. 그리고 학업 외 다양한 동아리 활동 경험이나 인턴, 아르바이트 경험을 통해서도 직업기초능력 향상이 가능하다. 동아리 활동의 경우, 단순 취미활동보다는 학업과 관련되어 있거나, 직무 관련 경험을 쌓을 수 있는 동아리 활동 경험을 해보는 것이 직업기초능력 향상에는 더 효과적이다.

이러한 경험들을 많이 해보면 직업기초능력을 향상시키고, 면접에서 좋은 결과를 얻을 수 있을까? 그렇지 않다. 이러한 경험들을 어떻게 쌓아가는지가 중요하다. 경험을 해보는 것이 경험을 해보지 않는 것보다는 중요하지만 단순히 경험을 해봤다는 것, 그 자체가 중요한 것은 아니다. 경험을 해봤다고 해서 직업기초능력이 저절로 향상되는 것은 아니다. 그런 경험 속에서 어떻게 행동하는 게 바람직하고 적절한지 고민해보고, 자신의 능력을 향상시키기 위해 노력하는 것이 중요하다. 어떻게 노력했는지가 더욱 중요하다. 그런 경험 속에서 보다 더 나은 결과를 얻기 위해 끊임없이 고민해보고, 시행착오를 통해 얻은 교훈을 적용해나가면서 노력해가는 게 더욱 중요하다는 것이다. 면접 장면에서 보통 가장 많이 이야기하는 경험이 리더로서 팀 프로젝트를 이끌었던 경험이나, 학과나 동아리를 이끌었던 경험이다. 그러나 경험을 해보긴 했지만 직업기초능력을 우수한 수준으로 보유하고 있는지 의문이 드는 경우가 종종 있다. 단순한 경험만 이야기할 뿐, 보다 더 나은 결과를 얻기 위해 고군분투했던 경험, 수많은 고민과 노력 행동이 드러나지 않기 때문이다. 즉, 학업 및 학업 외 다양한 활동을 하면서 보다 더 나은 결과, 바람직한 결과를 얻기 위해 끊임없이 고민하고 실천 행동을 하는 노력이 필요하다는 것이다.

이런 경험을 쌓았다면, 그 다음에 중요한 것은 자신의 경험을 효과적으로 잘 정리하는 것이다. 3~4년 뒤에 취업을 계획하고 있다면 일기처럼 꾸준하고 지속적으로 자신의 경험, 노력 행동들을 기록하는 게 도움이 된다. 2년 내로 취업을 계획하고 있다면 아직 직업기초능력 향상을 위한 경험이 충분한지를 스스로 살펴보고 다양한 경험을 해보기 위해 노력하고, 그것을 기록해 나가야 한다. 취업 준비 기간이 1년 정도 남았다면 지금까지 자신의 경험들을 체계적으로 정리를 하는 것이 중요하다. 자신의 경험을 직업기초능력별로 정리하되 그 경험과 관련하여 배경, 과정, 주요 이슈, 나의 노력 행동, 결과 등에 대해 구체적으로 작성해두어야 한다. 경험면접 질문의 초점이 과거 경험이다 보니, 과거 기억을 떠올려서 답변을 해야 하는데, 긴장된 면접 상황에서 과거 기억이 잘 떠오르지 않을 수도 있다. 또한, 그 질문의 의도에 따라 핵심적인 내용 중심으로 답변을 해야 하는데 부수적인 내용 중심으로 중언부언할 수도 있다. 예를 들어, 문제해결능력과 관련해서 정리를 한다면, 언제 있었던 일이고, 어떤 문제에 직면했었고, 그 문제를 해결하기 위해 어떤 노력을 했는지, 왜 그렇게 했는지, 그 결과는 어땠는지에 대해 구체적으로 정리해둘 필요가 있다. 경험면접의 경우, 질문을 통해 평가요소 관련 경험 여부와 함께 보유 능력 수준, 답변의 진실 여부 등을 확인하기 위해 추가적인 질문을 하기 때문이다.

■ 발표면접 기법의 특징과 준비 방안

발표면접은 지원자들이 가장 잘 알고 있는 면접 기법이지만, 가장 어려움을 느끼는 면접 기법이기도 하다. 발표면접은 기관의 규모가 큰 곳에서는 대체로 적용하고 있는 만큼 중요한 기법이기도 하다. 발표면접을 통해서는 직업기초능력뿐만 아니라 직무수행능력을 평가하는 경우도 많아서, 기관에 따라 직무면접으로 부르기도 한다. 발표면접의 기본적인 방식은 특정 주제 및 이슈에 대한 지원자의 생각을 발표하는 것인데, 주요 평가 요소, 주제 분야, 과제 제시 방식, 발표 준비 및 진행 방식, 면접위원 질의 여부 등은 기관에 따라 다르다.

발표면접의 기본 방식은 비슷하지만 각 기관마다 차이가 나는 부분이 있다. 기관마다 다른 발표면접 방식에 대해 정확히 숙지하기 위해서는 다음의 4가지 측면에 대해 살펴보아야 한다.

첫째, 발표면접의 주제 분야에 대한 고려가 필요하다. 발표면접의 주제는 지원 직무 분야와 관련된 일반적인 트렌드부터 조직 내 이슈에 이르기까지 발표 주제는 기관마다 다르다. 최근에는 일반적인 시사 이슈보다는 직무 및 조직과 관련된 이슈를 다루는 경우가 많다. 때로는 신입사원, 입사 2 · 3년차 사원으로서 조직 내 당면한 문제를 해결할 것을 요구하는 경우도 있다. 단순 일반 시사 이슈보다는 지원 직무와 관련된 트렌드, 지원 조직이 당면한 이슈들에 대해 이해하고 있어야 한다.

둘째, 발표면접의 과제 제시 방식이 기관마다 다를 수 있음에 유의해야 한다. 발표면접에서 과제를 제시한다고 해서 모든 기관이 동일한 방식으로 과제를 제시하지는 않는다. 보통 2~3페이지 정도의 주제 관련 자료를 제시한다. 기관마다 다르지만 짧게는 1페이지, 길게는 7~8페이지 정도의 자료를 제시하는 경우도 있다. 때로는 5~7줄 내외의 지시문 정도만 제시하는 경우도 있다. 발표면접 과제 지시문과 함께 제공되는 관련 자료들은 일정한 목적이나 의도에 따라 구성되어 있다. 이에 따라 발표 과제 자료 내의 다양한 정보들을 종합적으로 분석하여 해결 방안을 제시해야 한다. 과제 자료를 검토하여 발표를 준비하는 시간은 보통 30~50분 정도이며, 이보다 더 적거나 많을 수도 있다. 제한된 시간 내에 과제 주제와 관련된 다양한 정보들을 검토하여 해결 방안에 대해 발표할 수 있도록 준비하기에는 시간이 부족하다고 느낄 수 있다. 제한된 시간동안 다양한 자료를 읽고 해결 방안을 마련하는 연습이 필요하다.

셋째, 발표 준비 및 진행 방식은 기관마다 차이가 크지는 않다. 발표 과제 자료를 읽고 수기로 발표 자료를 만드는 곳도 있고, 파워포인트 프로그램을 이용하여 발표 자료를 만드는 곳도 있다. 대개는 수기로 1~2페이지 내외로 제공된 양식에 맞춰서 발표 자료를 작성하게 한다. 지원자들이 작성한 발표 자료를 면접위원들에게 제공하는 경우도 있고, 그렇지 않은 경우도 있는데 면접위원들에게 지원자들이 작성한 발표 자료를 제공하지 않을 경우에는 발표 자료 내용을 명확히 전달하는데 조금 더 신경을 써야 한다. 발표를 할 때는 본인이 준비한 자료를 보고 앉아서 편하게 발표하는 곳도 있고, 실제 회의에서 발표하듯이 서서 발표하는 곳도 있다.

넷째, 지원자의 발표가 끝난 후에 면접위원의 질의가 이어지는 경우도 있고, 그렇지 않은 경우도 있다. 최근에는 발표면접 시 5~10분 정도의 지원자 발표가 끝난 후에 5~10분 정도의 면접위원의 질의가 이어지는 경우가 대부분이다. 면접위원들은 보통 발표한 내용과 관련된 질문을 하는데, 이 질문에 적절히 답변하는 것이 중요하다. 이 과정에서도 답변 스킬이 중요한 것이 아니라 답변 내용의 질이 중요하다.

발표면접 장면에서 가장 안타까운 경우는 지원자들이 발표 자체에 초점을 맞춰 발표 스킬만 발휘할 때이다. 발표면접에서 발표 시작이나 중간, 마무리에서 보여주는 지원자들의 멘트가 비슷한 경우가 많다. 최근에는 발표면접을 통해 발표력을 평가하는 기관은 드물며, 의사소통능력을 평가하는 경우는 있지만, 뛰어난 발표 스킬을 요구하기보다 기본적으로 주제나 발표 내용을 명확하게 전달하는지를 보는 경우가 많다. 발표 내용의 전달 방식보다는 발표 내용에 초점을 맞추어야 한다.

그렇다면 발표면접에 대해 지원자들은 어떻게 준비를 해야 할까?

발표면접의 경우, 짧은 시간 내에 면접 스킬만 훈련한다면 좋은 결과를 기대하기 어렵다. 학과 발표 수업 시 긴장감이나 불안이 커서 제대로 발표를 못했다거나, 평소 자신의 의사를 명확하게 전달하는데 어려움을 겪고 있다면 발표 스킬을 훈련하는 것도 중요하다. 그러나 그것보다는 문제해결능력을 기르는 것이 중요하다. 문제해결능력은 많은 의미를 내포하고 있는 능력이다. 직업기초능력에서 명시하고 있는 문제해결능력이 될 수도 있고, 기술능력, 정보능력, 대인관계능력 등을 발휘하여 문제를 해결하는 능력으로 볼 수도 있다.

이를 위해서는 평소에 자신의 지원 직무 분야와 관련된 트렌드, 지원 조직 관련 이슈에 관심을 가지며 관련 자료들을 읽고, 다양한 이슈들에 대한 자신의 생각을 정리해보는 것이 도움이 된다. 트렌드나 이슈는 가장 최신의 것뿐만 아니라 최근 2~3년 전부터 지속적으로 이어져 오고 있는 트렌드나 이슈에 대해서도 관심을 가져야 한다.

지원 직무 분야나 지원 조직을 정하지 않은 상태라면 전공 분야와 관련된 트렌드, 정부 정책에 관심을 가지고 현실에서 발생한 문제를 해결할 수 있는 나름의 방안을 정리해보는 노력을 지속적으로 기울이면서 실질적인 문제해결능력을 향상시키는 것이 가장 효과적인 방법이라 할 수 있다.

지원 직무 분야나 지원 조직이 정해져 있다면 직무 분야와 관련된 최신 지식, 기술, 정보, 트렌드 등과 함께 직무 분야에서 중요한 문제 이슈를 파악하여 나름의 해결 방안을 만들어 보는 노력이 필요하다. 또한, 지원 조직에서 추진하고 있는 사업과 관련된 트렌드, 관련 정책 동향 등을 파악하여 그 조직이 당면한 문제 또는 이슈별로 해결 방안을 정리해보는 노력이 필요하다.

이와 더불어 평소에 학업 및 과외 활동을 하는 과정에서 발생한 문제를 해결하는 과정에서 문제 원인을 규명하고, 문제를 해결하는 데 가장 효과적인 방안을 탐색해보고, 여러 대안 들이 지닌 강점과 제약점에 대해 고민해보고, 문제를 해결하는데 발생가능 한 장애요인을 예측하고 대응방안을 마련해보는 연습을 지속적으로 하는 것도 효과적이다.

■ 토론면접 기법의 특징과 준비 방안

토론면접 기법은 채용 규모가 일정 수준 이상으로 큰 기관에서 많이 적용하고 있는 기법이 다. 토론면접 기법은 집단 과업을 통해 다수의 지원자들과 상호작용하는 과정에서 어떻게 행동하는지를 볼 수 있어 많은 기관에서 선호하는 기법 중 하나이다.

토론면접 시에는 1페이지 내외의 토론 주제 및 주제 관련 상황에 대해 정리되어 있는 자료 를 제시하는 경우도 있고, 2~5페이지 내외의 토론 주제 관련 자료를 제시하는 경우도 있 다. 토론면접은 대개 발표면접에 비해 자료 검토 및 준비 시간이 짧은 편이며 보통 20~30 분 정도가 주어진다. 토론 인원은 3~6명 정도이며, 토론 시간은 보통 30~60분 정도 진행 된다. 토론에서 논의해야 할 안건 및 이슈는 보통 2~3개 정도이다.

토론면접은 토론 형식에 따라 역할이 없는 토론과 역할이 있는 토론으로 구분할 수 있다. 주로 역할이 없는 토론 형식을 많이 적용하고 있는데, 토론 주제와 관련하여 자유롭게 자 신의 의견을 제시할 수 있다. 반면 역할이 있는 토론은 자신에게 임의로 주어진 역할에 따라 입장과 의견을 제시해야 한다. 역할이 있는 토론은 토론 과제의 설계가 복잡하고, 개발의 난이도가 높으며, 비용과 시간이 많이 소요되어 일부 기관에서만 적용하고 있다. 그러나 역할이 있는 토론을 통해 보이는 지원자들의 발언 내용이나 행동들이 비슷하고 열 띤 논쟁이 일어나지 않아 지원자들 간 수준 차이에 대한 변별이 어렵다는 의문을 제기하는 기관들도 늘어나고 있는 추세다. 역할 없이 자유롭게 자신의 의견을 개진하는 기존의 방식 에서 벗어나 변주된 다른 방식, 또는 역할 있는 토론 방식을 적용하는 기관들이 늘어날 가능성이 높다.

토론면접의 주제 유형에 따라서는 문제해결형, 찬반형, 아이디어 산출형, 대안선택형과 같은 네 가지로 구분할 수 있다.

문제해결형은 토론을 통해 당면한 문제 상황에 대한 해결 방안을 마련하는 형태로 가장 많이 사용하고 있다.

찬반형은 토론의 특정 주제와 관련하여 찬성 또는 반대의 반향으로 토론하는 것이다. 토론면접 기법 도입 초기에는 찬반형의 토론을 많이 실시했으나, 임의로 찬성과 반대 입장을 나누다 보니 토론이 원활하지 않은 경우가 발생하고, 찬반 토론을 통해 평가할 수 있는 요소가 한정적이어서 최근에는 많이 사용하고 있지는 않다.

아이디어 산출형은 토론을 통해 특정 주제와 관련하여 기존에 없던 새로운 방안을 마련하는 형태로 종종 사용하고 있다.

토론면접에 대해 지원자들이 오해하고 있는 부분이 있다.

첫째, 토론면접에서 토론을 이끌어가는 리더 역할에 대한 오해다. 토론의 리더 역할을 맡는다고 하여 가점이 되거나 감점이 되는 것은 아니다. 상황에 따라 다를 수 있다. 토론면접 장면에서 토론 리더 역할을 맡아서 진행하는 데 신경 쓰느라 자신의 아이디어를 충분히 제시하지 않는 경우가 있는데 이는 바람직하지 않다. 리더 역할 자체보다 자신의 아이디어를 논리적으로 설명하고, 다양한 의견을 개진하는 것이 훨씬 더 중요하다.

한편, 토론진행 시 누군가는 나서서 이끌어줘야 할 때도 있다. 토론면접 시 토론이 원활하게 진행되지 않거나, 적절하지 않은 방향으로 진행되면 면접위원이 개입하는 경우가 있지만, 면접위원이 전혀 개입하지 않는 경우도 있다. 면접위원이 개입하지 않는 경우에는 토론 참여자들 중 한 명이 바람직한 방향으로 이끌어야 한다.

그렇게 해야만 할 때는 언제일까? 주제에서 벗어난 방향으로 논의되거나, 토론에서 다루어야 할 이슈를 충분히 이야기하지 못하고 특정 이슈에 대해 지나치게 논의가 길어지는 것 같을 때이다. 이런 상황에서 적극적으로 나서서 토론 주제에 대해 환기시키면서 토론 주제 안에서 논의할 수 있도록 이끌거나, 특정 이슈에 대한 합의를 독려하면서 다음 이슈로 넘어갈 수 있도록 이끌어가는 행동은 면접위원들에게 긍정적으로 인식될 수 있다. 이런 상황에서는 오히려 가만히 있으면, 토론 주제에 대한 자신의 의견을 충분히 이야기하지 못하는 부정적인 결과를 낳을 수도 있다. 면접 장면에서 토론 이슈 2개 중 1개에 대해서도 결론을 내리지 못한 채 끝나는 경우도 보았다.

둘째, 토론면접에서 타인의 의견을 수용하는 행동이 항상 긍정적인 것은 아니다. 면접 장면에 가보면 많은 지원자들이 기계적으로 타인의 의견을 인정, 수용, 긍정하는 반응(예 : '네, ○○○님의 의견 좋다고 생각합니다)을 보여주는데, 이런 행동들로 인해 가점이 되진 않는다. 토론 내내 자신의 의견만을 고집하는 것보다는 나은 행동이지만, 기계적이고 무조건적인 의견 수용도 바람직하지 않다. 토론에서는 타인의 의견을 수용할 때도 그 근거가 명확해야 한다. 어떤 점 때문에 타인이 제시한 의견이 좋다고 보는지를 언급하며 인정, 수용, 긍정하는 반응을 보여야 한다.

셋째, 토론면접에서 타인의 의견에 대해 반박한다고 해서 감점이 되진 않는다. 토론이 진행되는 동안 여러 사람들이 의견을 제시하는데, 의견을 듣다 보면 누군가가 제시한 의견의 약점, 한계, 제약점 등이 있다고 느껴질 때가 있을 것이다. 이럴 때는 주저하지 말고 의문을 제기하거나 반박하는 반응을 보여도 된다. 단, 감정적인 반응을 보여준다거나 무조건적인 반박은 부적절하다. 어떤 점 때문에 우려가 되는지, 어떤 점 때문에 부적절하다고 생각되는지 등을 설명하면서 반박하는 행동은 긍정적으로 인식될 수 있다.

그렇다면 토론면접에 대해 지원자들은 어떻게 준비를 해야 할까?

우선, 토론면접에 참여하는 면접위원들은 어떤 생각을 하는지에 대해 이해하고 있을 필요가 있다. 토론면접에서는 발표면접처럼 직업기초능력과 함께 직무수행능력을 검증하는데, 많은 면접위원들은 토론면접을 통해 동료들과 상호작용을 어떻게 하는지, 어떻게 협업을 해 나갈지, 회의 장면에서 자신의 아이디어를 어떻게 논리적으로 전달 및 설득할지 등에 대해 가늠해보고자 한다.

따라서 평소에 팀 프로젝트 등을 하면서 동료들과 효과적으로 커뮤니케이션하면서 공동의 목표(과제)를 달성하기 위해 적극적으로 협조하고 아이디어를 개진하며 보다 나은 결과를 얻기 위해 노력하면 직업기초능력 및 직무수행능력이 향상될 수도 있고, 토론면접에서 좋은 결과를 얻을 수 있다. 이것이 가장 효과적인 토론면접 준비 방법 중 하나이다. 단순히 토론스킬을 향상시키는 데 초점을 맞추고 스터디를 하지 말라는 것이다. 발표면접과 마찬가지로 단순히 토론스킬이 좋다고 해서 토론면접에서 우수한 평가를 받기는 어렵다. 본질적으로 직업기초능력과 직무수행능력적 측면에서 우수한 수행을 보여야 높은 점수를 받을 수 있다.

한편, 토론면접을 위해 준비해야 하는 것은 발표면접과 크게 다르지 않다. 지원 직무 분야 및 조직 관련 트렌드, 주요 이슈를 파악하여 나름의 문제 분석 및 해결 방안을 만들어 보는 것이 도움이 된다.

그리고 평소 도전적으로 여러 과업을 수행해보고, 다양한 문제 상황에서 보다 나은 결과를 얻기 위해 고민해보고 다양한 시도를 해보는 노력이 필요하다. 자신에게 적합한 직무 분야를 정했다면, 그 직무 분야와 관련하여 자주 발생하는 문제 테마를 정하여 학과 친구들과 심도 있게 분석하고 공부하고 토론을 해보는 것이 도움이 될 것이다.

토론면접 기법에 익숙해지기 위해서는 스터디 그룹을 만들어 토론을 하되 일반 시사부터 전공 분야 관련 정책 이슈, 지원 예정 직무 및 조직 관련 이슈 등 다양한 이슈와 관련하여 논의를 해보는 연습을 하면 도움이 될 것이다.

■ 상황면접 기법의 특징과 준비 방안

상황면접 기법은 자주 쓰이지는 않지만, 최근에 적용하는 기관들이 늘어나고 있다. 상황면접은 특정 상황에서 어떻게 대처할지에 대해 질의응답이 이어지는 면접 방식이다. 상황면접에서는 가상의 상황에 대한 자료가 보통 1페이지 내외(대개 10줄 이내로 상황 제시함)로 제시한다. 상황을 분석하여 답변을 준비할 수 있도록 보통 10~20분 정도의 시간이 주어지며, 면접은 10~15분 정도 진행된다.

면접위원과의 질의응답 방식으로 진행된다는 점에서 경험면접과 유사하지만, 경험면접에서 과거의 실제 경험에 대해 질문을 했던 것에 비해 상황면접에서는 가상의 상황을 제시하고 그 상황에 대해 어떻게 생각하고 어떻게 행동할 것인지에 대해 질문을 한다는 점에서 다르다. 또한, 특정한 문제 상황에서의 대안을 요구한다는 점에서는 발표면접과 유사하지만, 발표면접보다 과제 자료의 분량이 적으며 구체적인 수준의 방안이나 실행 계획을 요구하지 않는다는 점에서 발표면접과 다르다. 또한, 상황면접에서 면접위원들은 주로 가상의 상황에서 어떻게 행동할 것이며, 왜 그렇게 행동하는 것인지, 어떤 점을 고려하여 행동할 것인지 등 가상의 상황에 대한 대처에 초점을 맞춘 질문을 이어 나간다는 게 핵심적인 특징이다.

상황면접에서 제시되는 가상의 상황은 학교 장면을 배경으로 할 수도 있고, 회사 장면을 배경으로 할 수도 있다. 팀 프로젝트, 동아리 활동 상황일 수도 있고, 특정 회사의 인턴, 신입사원, 대리로서 경험할 수 있는 상황을 제시할 수도 있다. 어떤 상황이든 대처 방안에 있어 정답이 있는 상황이 아니다. 대체로 상황면접을 통해서는 당면한 상황에서 다양한 측면을 고려하여 적절한 판단을 내리고, 효과적인 대응을 할 수 있는 지를 가늠하고자 한다.

상황면접은 어떻게 준비해야 할까? 상황면접을 적용하는 기관이 많지 않아 기출 문제에 대한 정보를 얻는 것이 쉽지 않아 상황면접을 준비하는 것에 어려움을 느끼는 지원자들이 많을 것이다.

앞서 다른 기법의 준비 방안에 대해서도 이야기했지만, 상황면접 기법에서 점수를 잘 받을 수 있는 특별한 방법이 있는 것은 아니다. 기법에 익숙한 지원자가 조금 더 편하게 대답할 수는 있겠으나, 단순 면접 스킬만 익혀서는 우수한 평가를 받기는 어렵다.

계속 강조하지만, 면접위원들은 면접 스킬만 익혀서 비슷한 멘트와 비슷한 행동을 하는 지원자들을 보고 진정성을 의심하며, 실제 직무수행 잠재력을 파악하는 데 초점을 맞추고 있다. 그렇기에 지원자들은 장기적 관점으로 접근하는 게 효과적이며, 면접을 통해 평가하는 직업기초능력 및 직무수행능력을 향상시키는 데 초점을 맞추어야 한다. 면접 준비 시간이 몇 개월 남지 않은 상황이라면 면접기법이나 수행방식을 숙지하고 자신의 잠재력을 적절히 표현할 수 있는 방법을 익히는 게 적절할 것이다.

상황면접의 평가요소는 공공기관마다 다르고, 평가요소에 따라 제시하는 상황이 다를 수 있다. 상황면접의 평가요소가 무엇인지 알 수 없는 상황에서 지원자들은 학업을 수행하면서, 동아리 활동을 하면서, 아르바이트나 인턴으로 일을 하면서 겪었던 다양한 문제 상황들을 정리해보고 그런 상황에서 가장 적절한, 효과적인 대처 방법에 대해 정리해보는 것이 도움이 될 수 있다. 친구들과 다양한 문제 상황을 공유해보고, 그런 상황에서 최적의 대응 방안을 마련해보는 것도 도움이 될 것이다. 문제 상황은 동시에 여러 가지 문제가 발생했을 때, 해본 적이 없던 새로운 일을 맡았을 때, 시간, 비용, 인력 등이 제한적인 상황에서 일을 처리해야 할 때, 예상하지 못했던 문제가 갑자기 발생했을 때, 지나친 고객의 요구 사항에 대응해야 할 때, 업무를 함께 하고 있는 동료와 갈등이 발생했을 때, 협업이 잘 이루어지고 있지 않을 때 등 다양한 상황이 가능하다.

National Competency Standards

01

대인관계능력

[1] 팀워크능력
[2] 리더십능력
[3] 갈등관리능력
[4] 협상능력
[5] 고객서비스능력

학습에 들어가기 전에...

대인관계능력의 하위능력인 팀워크능력, 리더십능력, 갈등관리능력, 협상능력, 고객서비스능력은 다른 하위능력들과 달리 독립적인 능력으로 평가될 만큼 능력의 단위가 크고 중요하다.

이에 따라 대인관계능력 단원에서는 하위능력별로 서류전형, 필기전형, 면접전형의 평가 방안 및 준비 방안에 대해 기술하였다.

단, 대인관계능력의 하위능력 중 리더십능력과 협상능력은 주로 초급관리자 이상에게 요구되는 능력으로 주로 경력직 채용 시 요구되는 능력이다. 리더십능력과 협상능력은 필기전형에서는 문항으로 구성되는 경우는 가끔 있으나, 서류 및 면접전형에서 평가되는 경우는 거의 없다. 이에 따라 리더십능력과 협상능력의 서류전형과 면접전형의 평가 방안 및 준비 방안에 대해서는 다루지 않았다.

Chapter 01	Chapter 02	Chapter 03	Chapter 04	Chapter 05

대인관계능력

● 학습모듈

① 대인관계능력의 의미와 중요성

■ **대인관계능력의 의미**

- 직업생활에서 협조적인 관계를 유지하고, 조직 구성원들에게 도움을 줄 수 있으며, 조직 내부 및 외부의 갈등을 원만히 해결하고, 상대방의 요구를 파악 및 충족시켜줄 수 있는 능력
- 인간관계 형성 시 가장 중요한 요소는 평소 말과 행동에서 드러나는 사람의 됨됨이
- 건강한 대인관계에서 존중과 배려 중요
- 자신을 존중하고 배려할 수 있어야 타인 존중과 배려가 가능

■ **대인관계능력의 중요성**

- 많은 사람들과 함께 일을 하기 때문에, 대인관계를 원활히 유지하고 개발하는 능력 매우 중요
- 아무리 일을 잘하는 사람이라도 조직 내 사람들과 어울리지 못하면 본인의 능력 발휘가 어려울 수 있음

② 대인관계 향상 방법

■ **대인관계 향상 방법**

- 상대방에 대한 이해와 배려
  - 대인관계는 이해와 양보의 미덕을 기반으로 형성
  - 주변 사람들을 편안하게 하고 조직을 부드럽게 하는 윤활유 역할 수행
  - 유대관계 및 신뢰 구축

- 사소한 일에 대한 관심
  - 작은 불손, 작은 불친절, 하찮은 무례 등과 같이 사소한 것으로 인해 인간관계에 커다란 손실 발생
  - 사람들은 매우 상처받기 쉽고 내적으로 민감하기에 사소한 것에 대한 관심 필요
- 약속 이행 및 언행일치
  - 언행일치는 정직 그 이상의 의미를 가지며, 사실을 말에 일치, 즉 실현시키는 것으로 약속을 지키고 기대를 충족시키는 것
- 칭찬하고 감사하는 마음
  - 상대방에 대한 칭찬과 감사의 표시를 통해 상호 신뢰관계 형성
  - 사람들은 작은 칭찬과 배려, 감사하는 마음에 감동
- 진정성 있는 태도
  - 진정성 있는 태도를 가지고 상대방을 대하는 것은 대인관계 및 신뢰관계 형성에 필수적이며, 때때로 진지한 사과도 필요

③ 다양한 대인관계 양식

- **다양한 대인관계 양식**
  - 사람마다 관계에 대한 욕구가 다르기 때문에 관계를 맺는 양식 또한 상이
  - 타인과의 관계 형성 및 유지를 위해 다양한 대인관계 양식을 이해하고, 자신의 대인관계 양식을 파악할 필요가 있음
  - 대인관계 양식의 분류
    - 지배성 차원 : 다른 사람의 행동을 자신의 뜻대로 통제하려 하는 정도, 지배-복종 연속선상에서 대인행동 평가
    - 친화성 차원 : 다른 사람을 호의적으로 대하는 정도, 사랑-미움의 연속선상에서 대인행동 평가
  - 지배성과 친화성의 2가지 차원에 따라 8개 대인관계 양식 유형으로 구분

구분	특징	보완점
지배형	• 대인관계에서 주도적이고 자신감이 넘치며 자기주장이 강해 타인을 통제하고자 하는 경향 • 지도력과 추진력 있어 집단적 업무지휘에 능숙 • 과도하면 강압적이고 독단적인 행동을 보이고 논쟁적이어서 타인과 잦은 갈등 경험 • 윗사람의 지시에 순종하지 않고 거만하다는 인상을 줌	• 타인의 의견을 잘 경청하고 수용하는 자세 • 타인에 대한 자신의 지배적 욕구를 깊이 살펴보는 것
실리형	• 대인관계에서 실리적인 이익 추구하는 성향 • 이해관계에 예민하며 치밀하며 성취 지향적 • 자신의 이익을 우선으로 생각하기 때문에, 자기중심적이고 경쟁적이며 타인에 대한 관심과 배려 부족 • 타인을 신뢰하지 못하고, 불공평한 대우에 민감, 자신에게 피해를 입힌 사람에게는 보복하는 경향	• 타인 이익과 입장 배려 노력 필요 • 타인과 신뢰 형성하는 일에 깊은 관심 필요
냉담형	• 대인관계에서 이성적이고 냉철하며 의지력이 강하고, 타인과 거리를 두는 경향 • 타인의 감정에 무관심할 뿐만 아니라, 타인에게 쉽게 상처를 줄 수 있는 성향 • 타인에게 따뜻하고 긍정적인 감정을 표현하는 것을 어려워하고, 대인관계가 피상적이며 타인과 오랜 기간 깊게 사귀지 못하는 경향	• 대인관계에서 타인의 감정 상태에 깊은 관심 필요 • 타인에게 긍정적인 감정을 부드럽게 표현하는 기술 습득 필요
고립형	• 혼자 있거나 혼자 일하는 것을 좋아하며 감정을 잘 드러내지 않는 성향 • 타인과의 만남 두려워하고 사회적 상황 회피, 자신의 감정 지나친 억제 • 침울한 기분이 지속되고 우유부단하며, 사회적 고립 가능	• 대인관계의 중요성을 인식하고 대인관계 형성에 적극적으로 노력을 기울이는 것 • 타인에 대한 불편함과 두려움에 대해 깊이 생각해 보는 것
복종형	• 대인관계에서 수동적이고 의존적이며, 타인의 의견을 잘 따르고 주어지는 일을 순종적으로 하는 성향 • 자신감이 부족하며 타인에게 주목받는 일을 피하고, 자신이 원하는 것을 타인에게 명확히 전달하지 못함 • 어떤 일에 대한 자신의 의견과 태도를 확고하게 갖는 것을 어려워하며, 상급자의 위치에서 일하는 것에 대해 부담을 느낌	• 자기표현이나 자기주장을 할 필요가 있으며, 대인관계에서 독립성을 키우는 것

구분	특징	보완점
순박형	• 대인관계에서 단순하고 솔직하며, 겸손하고 너그러운 경향 • 타인에게 쉽게 설득되어 주관이 없어 보일 수 있으며, 잘 속거나 이용당할 수 있는 성향 • 원하지 않을 때에도 타인의 의견에 반대하지 못하고, 화가 난 감정을 타인에게 알리는 것에 대한 어려움	• 대인관계에서 타인의 의도를 좀 더 깊게 생각하고 신중하게 행동할 것 • 자신의 의견을 좀 더 강하게 표현하고 주장하는 것
친화형	• 대인관계에서 따뜻하고 인정이 많으며, 타인을 잘 배려하고 도와주는 자기희생적인 태도 • 때로는 타인을 즐겁게 해주려고 지나치게 노력하는 경향 • 타인의 고통과 불행을 보면 도와주려고 나서며, 타인의 요구를 잘 거절하지 못하고 타인의 필요를 자신의 것보다 앞세우는 경향	• 타인과의 정서적 거리를 유지하는 것 • 타인의 이익만큼이나 자신의 이익도 중요하다는 것을 인식하는 것
사교형	• 외향적이고 쾌활 • 타인과 대화하는 것 선호 • 강한 인정 욕구 • 혼자 시간 보내는 것에 대한 어려움 • 타인의 활동에 관심이 많아서 간섭하는 경향 • 충동적이고 잘 흥분하는 성향 • 타인의 관심을 끄는 행동을 하거나 자신의 개인적인 일을 타인에게 너무 많이 이야기하는 경향	• 타인에 대한 관심보다 혼자만의 내면적인 생활에 좀 더 관심을 가질 것 • 타인에게 인정받으려는 욕구를 깊이 생각해 보는 것

● 적용사례

■ 팀워크능력, 갈등관리능력 발휘 사례

A공사 경영전략본부 인사기획팀 K대리는 직장 내 갑질 예방 매뉴얼 개발 TFT에 참여하고 있다. 인사기획팀 내 사원, 인사운영팀 대리와 사원, 총 4명과 함께 TFT 업무를 수행하고 있다. 그러나 직장 내 갑질 예방 매뉴얼 개발 방안에 대해 인사기획팀과 인사운영팀의 의견이 달라 회의 시간마다 지속적으로 대립하고 있다. 이러한 상황에서 업무 추진이 지연되자, K대리는 TFT 업무를 성공적으로 완수하기 위해 고심에 빠졌다. K대리는 우선, 인사운영팀 사람들과 궁극적으로는 직장내 갑질이 근절되어 올바른 직장 문화를 만들어 나가는 공동의 목표를 확인하였다. 이후, TFT 구성원들에게 보다 나은 매뉴얼 개발 방안에 대해 객관적 관점에서 함께 검토할 것을 제안하였다. 보다 나은 매뉴얼 개발을 위해 고려해야 할 사항들을 정리한 후, 인사기획팀에서 제시한 안의 강점과 제약점, 인사운영팀에서 제시한 안의 강점과 제약점에 대해 함께 살펴보며 의견을 나누었다. 이러한 과정에서 정부 정책 기조와 방향을 최대한 반영해야 하는 인사기획팀의 입장을 전달하였고, 갑질 예방 매뉴얼을 배포하고 갑질 신고 센터를 운영해야 하는 인사운영팀의 입장을 이해하게 되었다. 여러 차례의 논의를 통해 각자의 의견을 절충한 최적의 매뉴얼 개발 방안을 도출할 수 있었다.

■ 리더십능력 발휘 사례

S공사의 팀장 L은 아침마다 직원회의를 열고 그 날의 협의 내용에 대한 개요 자료를 부하직원들에게 나누어 주며, 직원들이 자신의 의견을 제시하거나 완전히 새로운 안을 제시할 수 있는 분위기를 조성하였다. 또한, 팀에 명확한 비전을 제시하고, 팀원들로 하여금 업무에 몰두할 수 있도록 격려하였다. 한편, 팀원 A에게 지난 몇 달 간의 사업 성과를 정리해 달라고 요청했는데, 팀원 A는 정확하게 업무를 처리했지만, 눈에 띌 정도로 열의 없이 업무를 처리했다. 팀장 L은 팀원 A와 함께 현재까지의 사업 성과를 자세하게 살핀 다음, 사업 성과 향상에 도움이 될 만한 홍보 방안을 개발하도록 그를 격려했다. 팀원 A는 비로소 막중한 책임감을 느끼고, 새로 맡은 프로젝트에 대해 책임감을 갖는 한편 자신의 판단에 따라 효과적인 해결책을 만들었다. 팀장 L은 팀원 A에게 사업 성과 향상에 도움이 될 만한 홍보 방안을 직접 개발하도록 권한을 위임하였으며, 이에 따라 팀원 A는 막중한 책임감을 느끼고 효과적인 해결책을 만들어낼 수 있었다.

■ **협상능력 발휘 사례**

K공사의 과장인 A는 X사로부터 부품을 구매하는 역할을 담당하고 있다. K공사는 절대적으로 중요한 부품인 스위치를 X사로부터 개당 3,000원에 구입해 왔다. 그런데 X사는 어느 날 스위치의 가격을 개당 3,500원으로 올리겠다는 의사를 보였다. 이에 A는 스위치 품질, 가격, 안정적 공급 등의 측면에서 대체가 될만한 회사들을 찾아보았다. 그러나 인상 가격인 3,500원으로 우수한 품질과 안정적 공급이 가능한 대체 업체를 찾기 어려웠다. 현재 제품의 매출이 증가하고 있는 상황에서 품질의 검증이 안된 곳의 값싼 스위치 부품을 구매하는 것에 대한 리스크가 더 클 수도 있는 상황이다. 그러나 당장 부품 500원 인상에 따라 제품을 구매하기에는 부담이 있었다. 이에 X사에 부품 가격 조정을 요청하고 협상을 진행하였다. 처음에 부품 가격 유지 또는 100원 인상안을 제시하였는데, X사가 부정적인 입장을 보였다. 이후, 올해 3,200원 정도로 인상하고, 내년부터 3,500원 인상안을 제시하였다. 또한 내년부터 부품 구매 수량이 늘어날 것이고, 장기적 관점에서 지속적으로 X사와 거래를 하고 싶다는 입장을 전달하였다. 이와 관련하여 몇 차례 회의를 하였고, 올해 3,300원 인상하고, 내년부터 3,500원 인상하는 것으로 결론이 났다. 저품질, 저가의 다른 업체의 부품을 구매하거나, 3,500원 인상안대로 부품을 구매해야만 하는 상황에서 A과장이 협상능력을 발휘하여 X사와의 거래를 유지할 수 있었다.

■ **고객서비스능력 발휘 사례**

B기관 경기지역본부의 주요 추진 사업과 관련하여 대민업무를 담당하고 있는 L사원은 지속적으로 불만을 제기하는 민원인 P로 인해 어려움을 겪고 있었다. L사원은 민원인 응대 매뉴얼에 따라 행동했지만, 민원인 P는 지속적으로 불만을 제기하였으며 강하게 반발하고 있었다. 이러한 상황에서 L사원은 민원인 P의 이야기를 경청하며, 불만을 가지고 있는 근본적인 원인을 파악하였다. 또한 민원인 P의 요구를 받아들일 수 있는 부분과 받아들일 수 없는 부분을 구분하였다. 요구를 받아들일 수 있는 부분과 관련하여서는 이를 실행할 수 있는 방안을 적극적으로 모색하였다. 이후 민원인 P에게 요구를 받아들일 수 있는 부분과 실행 방안에 대해 구체적으로 설명하였으며, 요구를 받아들일 수 없는 부분은 그 이유에 대해 설명하고 양해를 구하였다. 민원인 P는 처음에는 L사원의 이야기에 강하게 반발하였으나, 진정성있게 설명하는 L사원의 모습을 보고 더 이상 민원을 제기하지 않았다.

1 팀워크능력

● 학습모듈

① 효과적인 팀워크

- **팀워크의 의미**
  - **팀워크** : 팀 구성원이 공동의 목적을 달성하기 위하여, 상호관계성을 가지고 협력하여 업무를 수행하는 것
  - **응집력** : 사람들로 하여금 집단에 머물도록 만들고, 그 집단의 멤버로서 계속 남아 있기를 원하게 만드는 힘
  - **팀워크와 응집력의 차이** : 팀 성과의 유무. 성과를 내지 못하면서 팀의 분위기만 좋은 것은 팀워크가 아닌 응집력이 좋은 것, 목표달성의 의지를 가지고 성과를 내는 것이 팀워크

구분	훌륭한 팀워크 유지 위한 팀원 요건	팀워크 저해 요소
내용	• 팀원 간에 공동의 목표의식과 강한 도전의식 • 팀원 간 상호 신뢰와 존중 • 상호협력 • 각자 역할과 책임의 완수 • 솔직한 대화를 통한 상호 이해 • 강한 자신감으로 상대방의 사기 고취	• 조직에 대한 이해 부족 • 자기중심적인 이기주의 • '내가'라는 자아의식의 과잉 • 질투나 시기로 인한 파벌주의 • 그릇된 우정과 인정 • 사고방식의 차이에 대한 무시

- **효과적인 팀의 핵심적인 특징**
  - 팀 사명과 목표의 명확한 기술
    - 목표와 목적을 공유하면, 팀원들은 팀에 헌신
    - 효과적인 팀의 리더는 팀의 목표를 규정할 때, 모든 팀원의 참여를 유도
  - 창조적 운영
    - 실험정신과 창조력은 효과적인 팀의 중요한 지표
    - 서로 다른 업무 수행 방식을 시도해 봄으로써 의도적인 모험을 강행하며, 실패를 두려워하지 않고 새로운 프로세스나 기법을 실행할 기회 추구
    - 문제를 다루거나 결정을 내릴 때 유연하고 창조적으로 행동

- **결과에 초점**

  – 개별 팀원의 노력을 단순히 합친 것 이상의 결과를 성취하는 능력을 가지고 있음

  – 지속적인 시간, 비용 및 품질 기준의 충족, '최적 생산성'이 팀원 모두가 공유하는 목표

- **역할과 책임의 명료화**

  – 팀원 각자는 자신에게서 기대되는 바가 무엇인지를 잘 알고 있으며, 동료 팀원의 역할도 잘 이해

  – 변화하는 요구와 목표, 그리고 첨단 기술에 뒤처지지 않도록 역할과 책임을 새롭게 수정함

- **체계적 조직화**

  – 출발에서부터 규약, 절차, 방침 명확하게 규정

  – 잘 짜인 구조를 가진 팀은 자체적으로 해결해야 하는 모든 업무과제의 요구에 부응

- **개인의 강점 활용**

  – 효과적인 팀의 리더는 팀이 지닌 지식, 역량 및 재능을 정기적으로 파악하여, 팀원의 강점과 약점을 잘 인식해 팀원 개개인의 능력을 효율적으로 활용

- **리더십 역량 공유 및 구성원 상호 간 적극적 지원**

  – 팀원 간 리더십 역할을 공유하고, 모든 팀원에게 각각 리더로서 능력을 발휘할 수 있는 기회 제공

  – 팀의 공식 리더가 팀 노력을 지원하고 팀원 개개인의 특성을 존중하기 때문에, 팀원들은 감독자의 역할을 충분히 이해

- **팀 풍토 발전**

  – 효과적 팀의 구성원들은 높은 참여도와 집단 에너지, 즉 시너지를 바탕으로 열정적으로 협업

  – 팀원들이 협력하여 일하는 것이 더욱 생산적이라고 느끼며, 팀 활동이 흥미와 원기를 회복시킨다고 인식

- **의견 불일치의 건설적 해결**

  – 갈등 발생 시 개방적 소통. 팀원은 갈등의 존재를 인정하며, 상호신뢰를 바탕으로 솔직한 토의 통해 갈등 해결

- 개방적 의사소통

  - 구성원들이 직접적이고 솔직한 대화 실시. 팀원 각자는 상대방으로부터 조언을 구하고, 상대의 말을 충분히 고려하며, 아이디어를 적극 활용

- 객관적 의사결정

  - 문제해결 또는 의사결정 시, 적극적이고 체계적으로 접근

  - 결정은 합의를 통해 이루어지며, 모든 사람들은 내려진 결정을 준수하고 자발적으로 지원

  - 결정한 사안에 대한 자유로운 의견 개진을 통해 결정을 명확하게 이해하고 수용하며, 상황별 대응계획 및 예비계획 수립

- 팀 자체 효과성 평가

  - 팀은 자체의 운영방식에 대해 일상적으로 점검

  - '지속적인 개선'과 '적극적 관리'는 효과적인 팀의 운영원리

  - 지속적 점검을 통해 업무 수행에 문제가 발생하더라도 심각한 상태가 되기 전에 해결 가능

② 팔로워십의 의미

■ 팔로워십의 의미

- 부하로서 바람직한 특성과 행동

  - 상사가 바람직한 리더십을 발휘하도록 유도 및 지원, 상사에 대한 동의와 건전한 비판 실시

  - 팔로워의 특성 : 헌신, 전문성, 용기, 정직하고 현명한 평가 능력, 융화력과 겸손함, 리더의 결점이 보일 때도 덮어 주는 아량

- 리더십 : 상사가 부하에게 영향력을 행사하는 과정

- 팔로워십과 리더십의 두 개념은 상호 보완적이며 필수적 관계

- 조직이 성공을 거두려면 리더십을 잘 발휘하는 탁월한 리더와 팔로워십을 잘 발휘하는 탁월한 팔로워가 모두 필요

■ 팔로워십의 유형

- 마인드를 나타내는 '독립적 사고'와 행동을 나타내는 '적극적 실천' 2개의 축에 따라 수동형, 실무형, 소외형, 순응형 등으로 구분

구분	소외형	순응형	실무형	수동형	주도형
자아상	• 자립적인 사람 • 일부러 반대의견 제시 • 조직의 양심	• 기쁜 마음으로 과업 수행 • 팀플레이 • 리더나 조직 신뢰 및 헌신	• 조직의 운영 방침에 민감 • 균형 잡힌 시각 • 규정과 규칙에 따라 행동	• 리더에 의존하여 판단 및 사고 • 지시가 있어야 행동	이상적인 유형
동료/리더의 시각	• 냉소적 • 부정적 • 고집이 셈	• 아이디어가 없음 • 인기 없는 일은 하지 않음 • 조직을 위해 자신과 가족의 요구를 양보함	• 개인의 이익을 극대화하기 위한 흥정에 능함 • 적당한 열의와 평범한 수완으로 업무 수행	• 하는 일이 없음 • 제 몫을 하지 못함 • 업무 수행에는 감독이 반드시 필요	
조직에 대한 자신의 느낌	• 자신을 인정 안 해줌 • 적절한 보상이 없음 • 불공정하고 문제가 있음	• 기존 질서를 따르는 것이 중요 • 리더의 의견을 거스르는 것은 어려운 일임 • 획일적인 태도 행동에 익숙함	• 규정 준수를 강조 • 명령과 계획의 빈번한 변경 • 리더와 부하 간의 비인간적 풍토	• 조직이 나의 아이디어를 원치 않음 • 노력과 공헌을 해도 아무 소용이 없음 • 리더는 항상 자기 마음대로 함	

- **주도형 팔로워** : 모범형, 조직과 팀의 목적달성을 위해 독립적이고 혁신적으로 사고하고, 역할을 적극적으로 수행하는 사람

  - 독립적이고 혁신적인 사고 측면에서 스스로 생각하고 건설적 비판을 하며, 자기 나름의 개성이 있고 혁신적이며 창조적임

  - 적극적 참여와 실천 측면에서 솔선수범하고 주인의식을 가지고 있으며, 적극적으로 참여하고 자발적이며, 기대 이상의 성과를 내려고 노력함

③ **팀워크 촉진 방법**

■ **팀이 비효율적이고 문제가 있을 때 나타나는 징후**

- 생산성 하락

- 불평불만 증가

- 팀원들 간의 적대감이나 갈등 발생

- 할당된 임무와 관계에 대한 혼동

- 결정에 대한 오해나 결정의 불이행 발생

- 냉담과 전반적인 관심 부족
- 제안과 혁신 또는 효율적인 문제해결의 부재
- 비효율적인 회의
- 리더에 대한 높은 의존도

■ **팀워크 촉진 방법**
- 동료 피드백 장려
  - 팀 목표를 달성하도록 팀원을 고무시키는 환경 조성을 위해서는 동료의 피드백이 필요
  - 동료 피드백 장려 과정
    ✓ 1단계 : 간단하고 분명한 목표와 우선순위를 설정하기
    ✓ 2단계 : 행동과 수행을 관찰하기
    ✓ 3단계 : 즉각적인 피드백을 제공하기
    ✓ 4단계 : 뛰어난 수행성과에 대해 인정하기
- 갈등 해결
  - 성공적으로 운영되는 팀은 갈등 해결에 능숙하며, 효과적인 갈등 관리로 혼란과 내분을 방지하고 팀 진전 과정에서의 방해요소를 미리 제거
  - 팀원 사이의 갈등 발견 시 제3자로서 재빨리 개입하여 중재
  - 갈등을 일으키고 있는 구성원과의 비공개적인 미팅을 통해, 다음에 대한 질문 및 의견 교환
    ✓ 자신이 보기에 상대방이 꼭 해야 하는 행동
    ✓ 상대방이 보기에 자신이 꼭 해야 하는 행동
    ✓ 자신이 보기에 자신이 꼭 해야 하는 행동
    ✓ 상대방이 보기에 스스로 꼭 해야 하는 행동
- 창의력 조성 위해 협력
  - 모든 팀원이 협력하여 일할 때, 창의적인 아이디어가 넘쳐나고 혁신적 발전 가능
  - 협력 장려 환경 조성 방안
    ✓ 팀원의 말에 대한 흥미와 관심 유지
    ✓ 상식에서 벗어난 아이디어에 대한 비판 자제
    ✓ 모든 아이디어 기록

    ✓ 아이디어 개발 독려, 많은 아이디어 요구

    ✓ 침묵 존중

    ✓ 관점을 바꿔 보고 일상적인 일에서 벗어나 보기

- 참여적으로 의사결정하기
  - 의사결정을 내릴 수 있다는 것은 임파워먼트(empowerment)를 발휘한다는 것
    - ✓ 임파워먼트 : 리더가 업무 수행에 필요한 책임과 권한, 자원에 대한 통제력 등을 부하에게 배분 또는 공유하는 과정
    - ✓ 조직이 점차 수평화되고 중간관리층이 줄어들면서 임파워먼트의 중요성 증대
  - 훌륭한 의사결정을 위한 고려 사항
    - ✓ 의사결정의 질
      - → 양질의 의사결정은 올바른 추론에 의해 뒷받침되는 논리적인 결정
      - → 쟁점의 모든 측면을 다루었는지, 모든 팀원과 협의하였는지, 추가 정보나 조언을 얻기 위해 팀 외부와 협의할 필요가 있는지 고려
    - ✓ 구성원 동참
      - → 모든 팀원이 의사결정에 동의하는지, 팀원들은 의사결정을 실행함에 있어서 각자의 역할을 이해하고 있는지, 팀원들은 의사결정을 열정적으로 실행하고자 하는지 고려

● 서류전형

■ 주요 평가 방안

팀 프로젝트, 동아리 활동, 인턴, 아르바이트 경험을 하면서 조직이 수행하는 과업 및 활동에 적극적으로 참여하고 구성원들과 정보와 노하우를 공유하는 등 소속 조직의 공동 목표달성을 위해 어떻게 노력했는지에 대해 평가한다.

■ 준비 방안

- 단순히 팀워크가 좋았던 경험에 대해 기술하기 보다는 본인이 팀워크 및 팀의 상호협조적 분위기 조성을 위해 노력했던 경험에 대해 작성해야 한다.

- 팀워크가 좋았던 경험을 작성하지 말라는 의미가 아니라, 본인의 노력으로 인해 팀워크가 좋았거나 향상되었던 경험에 대해 작성하라는 의미다.

- 관리자와 신입사원에게 요구하는 팀워크능력의 포인트는 다를 수 있음을 유념해야 하며, 리더십능력과도 구별되는 능력임을 명심해야 한다.

- 관리자로서 팀을 잘 이끌어 나갔던 경험을 요구하는 것이 아니라 구성원으로서 적극적으로 참여했던 경험, 구성원으로서 열심히 일했던 경험을 작성해야 한다.

- 팀워크를 위해 본인이 어떤 노력을 기울였는지를 구체적으로 작성해야 한다.

■ 자기소개서 사례

[자기소개서 문항 1]

> 최근 3년 이내 소속 조직의 공동 목표를 달성하기 위해 노력했던 경험에 대해 구체적으로 작성해주시기 바랍니다.

- GOOD 사례 ❶

> 저는 작년에 복지단체에서 초등학교 6학년 학생 30명을 대상으로 레고 블록을 활용한 수업을 하는 봉사를 한 적이 있습니다. 당시 봉사활동을 같이 하고 있는 팀원은 12명이었으며, 저는 팀장 역할을 맡고 있었습니다. 수업은 여름방학 두 달 동안 2시간씩 3회 진행되었습니다. 수업을 준비할 수 있는 시간은 한 달 반 정도 있었는데, 그 기간동안 팀원들과 여러 차례의 회의와 공동 작업을 통해 수업 콘텐츠를 만들고 준비를 해야 했습니다. 그러나 수업의 프로젝트 팀 달리 봉사활동 팀은 참여에 대한 제약이나 의무가 없다 보니, 역할을 배분하고 수업을 준비하고 운영하는 과정 전반에 의견 대립이 자주 있었고, 적극적으로 참여하는 팀원이 몇 명 없어서 어려움을 겪었습니다. 절반 정도의 인원은 참여하지 않거나 참여한다고

해도 서로 의견 대립이 생기는 경우가 많았습니다. 저는 우선 팀장으로서 솔선수범하여 가장 적극적으로 아이디어를 내고, 힘든 일을 도맡아서 하는 모습을 보였습니다. 그리고 이 수업의 의의와 참여하는 학생들의 기대 등을 팀원들에게 강조했습니다. 그리고 회의를 통해서 각 팀원들의 강점과 니즈를 파악하여 역할을 배분하고, 모든 의사결정은 온라인 또는 오프라인 회의를 통해 결정했습니다. 그리고 봉사활동 팀 소속감을 느끼고 자주 소통할 수 있는 채널을 마련하였습니다. 이런 과정을 거치면서 레고 수업 준비에 적극적으로 참여하는 팀원들이 늘어나고, 회의 과정에서의 의견 대립이 줄어들었습니다. 한 달 정도가 지났을 때는 서로 편하게 의견을 내면서 적극적으로 레고 콘텐츠를 만드는 분위기가 형성되었습니다. 저는 회의 과정에서 팀원들의 다양한 의견을 취합하여 정리하고, 새로운 아이디어를 제시하였습니다. 레고 수업 콘텐츠 개발이 끝난 후에는, 콘텐츠 개발에 참여를 자주 못했던 팀원들이 적극적으로 참여하여 레고 블록을 준비하고, 수업을 운영하는 데 적극적으로 참여하여 레고 수업이 무사히 진행될 수 있었습니다. 레고 수업은 초등학생과 학부모로부터 많은 호응을 끌어냈고, 이후 반기별 정규 수업 과정으로 편성되었습니다. 당시 봉사활동 팀원들과는 현재까지고 교류하며 함께 봉사활동을 해 나가고 있습니다.

GOOD POINT 팀워크가 낮았던 상황, 본인이 맡았던 역할, 팀워크를 위해 본인이 노력했던 행동과 결과에 대해 구체적으로 작성하였다. 팀워크가 낮아진 상황에서 과업 및 역할에 대한 책임감을 바탕으로 모든 구성원들이 적극적으로 참여하는 분위기를 만들었으며, 과업에 가질 수 있는 분위기를 만들었다.

• BAD 사례 ❶

소속 조직에서 공동의 목표를 달성하기 위해서는 다양한 사람들과 적극적으로 소통하고 협력하는 것이 중요하다고 생각합니다. 다양한 사람들이 서로 자신의 생각만을 주장한다면 공동의 목표를 달성하기 어려울 것입니다. 따라서 지속적으로 협의를 통해 상대방의 의견을 존중하고 배려하는 것이 필요하다고 생각합니다. 저는 프랑스에서 해외 봉사활동을 한 적이 있습니다. 저는 봉사활동의 팀장으로서 팀원들이 서로 존중하고 배려하는 분위기를 조성하여 봉사활동을 성공적으로 완수할 수 있었습니다. 당시 다양한 국가에서 모인 팀원들은 자주 다퉜으며, 회의가 원활히 진행되지 않았습니다. 저는 봉사활동 외에 팀원들이 서로 친목을 도모할 수 있는 자리를 만들었고, 그런 친목 모임을 몇 번하고 나니, 팀원들이 서로 친해지고 회의에서 다투는 일은 줄어들었습니다.
또한 제가 항상 적극적으로 나서고 밝은 모습으로 소통하다 보니, 다른 팀원들도 서로를 존중하고 배려하는 태도를 보이기 시작했습니다. 1개월 동안 큰 문제없이 봉사활동을 마무리할 수 있었습니다. 봉사활동 팀장으로서 성공적으로 봉사활동을 마무리할 수 있어서 보람이 있었습니다. 당시 봉사활동을 같이 했던 외국인 친구들과는 현재까지 연락하며 관계를 유지해오고 있습니다.

BAD POINT 친목을 도모하는 자리를 만들고 본인이 적극적으로 나서서 밝은 모습으로 소통을 하여 팀워크가 향상되었다고 보기는 어렵다. 구체적으로 어떤 과정과 노력을 통해 이전보다 팀워크가 향상되었는지가 명확하게 드러나지 않았다. 본인의 노력 행동을 통해 팀워크가 향상되었다는 객관적 근거 제시가 부족하다.

[자기소개서 문항 2]

> 최근 3년 이내 소속 조직에서 팀워크가 낮은 상황에서 팀워크를 높이기 위해 많은 노력을 기울였던 경험에 대해 구체적으로 작성해주시기 바랍니다.

• GOOD 사례 ❷

작년 초부터 일본식 이자카야에서 약 1년 반 정도 아르바이트 서빙을 했습니다. 큰 규모의 이자카야여서 아르바이트생이 12명 정도 있었습니다. 저는 매니저는 아니었지만, 가장 나이가 많고 적극적으로 일을 하다 보니 매니저와 같은 역할을 하게 되었습니다. 당시 아르바이트생들이 자주 그만두는 것이 문제였는데, 12명 중 3~4명은 3개월도 못 버티고 나갔습니다. 경험이 많은 아르바이트생이 별로 없고, 새로운 아르바이트생들이 많다 보니, 실수도 잦고, 고객들의 컴플레인도 많아졌습니다. 일이 좀 익숙해지려고 하면 그만두는 바람에 저도 힘든 상황이었습니다. 고객들의 컴플레인이 많아지다 보니, 사장님도 저에게 도움을 요청하셨습니다. 제 경험상, 동료들끼리 서로 도와주고 격려해주고 끈끈한 유대감이 있으면 힘들어도 참고 견디는 것 같았습니다. 그래서 저는 사장님께 아르바이트생들이 초기 3개월 동안 잘 적응할 수 있도록, 서로 자주 소통하고, 친목을 다지는 자리를 만들 것을 제안했습니다. 그리고, 오랫동안 일했던 아르바이트생들이 시간을 내어 업무 매뉴얼을 만들고, 편한 분위기에서 매뉴얼을 숙지하며 이야기를 나눌 수 있는 자리를 만들 것을 제안했습니다. 일반 회사처럼, 새로운 아르바이트생이 들어오면 환영회를 하고, 한 달에 한 번은 회식을 하면서 서로를 이해하고 친해질 수 있는 자리를 만들어야 함을 강조했습니다. 저는 서로를 동료로 여기며 도와줄 수 있는 분위기를 만들기 위해 사수와 부사수 2명씩 짝을 지어주었고, 서로 어려움을 편하게 이야기하고 서로 도와주는 것의 중요함을 강조했습니다. 힘들 때 서로에게 도와주는 것이 모두에게 이익이 된다는 것을 직접 느낄 수 있도록 했습니다. 서로 자주 소통하고, 어려운 일을 도와주는 분위기가 형성되다 보니, 올해 초부터는 3개월내 그만두는 아르바이트생이 한 명도 없었습니다. 이와 같은 경험을 통해 팀원들이 서로 이해하고 배려하며 협력하는 분위기의 중요성을 알게 되었습니다.

GOOD POINT 소속 조직에서 팀워크가 낮았던 문제 상황, 팀워크가 낮은 원인을 파악하여 팀워크를 높이기 위해 노력했던 행동, 결과에 대해 구체적으로 작성하였다.

• BAD 사례 ❷

> 대학교 3학년 2학기 때, 4학년 선배들과 함께 로봇을 설계하고 제작했던 프로젝트에 참여한 경험이 있습니다. 프로젝트 진행 중 제작을 담당했던 한 선배가 과업 양이 많아 속도가 느리고 지연되는 문제가 있었습니다. 저는 학과 수업이 끝난 후에 그 선배의 제작 부분을 적극적으로 도왔습니다. 제가 선배의 과업을 도운 덕분에 지연되는 문제를 해결했고 선배의 마음을 얻을 수 있었습니다. 또한, 제작 후에는 원인 불명의 오류를 찾는 과정에서 진전이 없자 선배들의 사기가 떨어지고, 이러한 오류가 발생하면 모두 제작에 실패했다며, 포기하자는 이야기까지 나왔습니다. 저는 쉬는 시간을 만들었고, 원하는 학점을 받은 모습에 대한 희망적인 대화를 유도했습니다. 이후 선배들은 사기를 회복해 맡은 부문에서 있었던 실수들을 찾아내 수정했고, 회로를 정상 작동시킬 수 있었습니다. 결과로 A+의 우수한 성적도 거뒀습니다. 이렇게 프로젝트 당시 문제는 다양하게 나타났지만, 반복되는 원인은 서로 목표가 다른 것이었습니다. 일부는 A+의 최고 성적을 목표로 하고, 나머지는 B+의 중간 성적 정도를 목표로 하고 있어서 같은 과제를 해도 의지의 차이가 문제를 만드는 것이었습니다.

BAD POINT 방과 후에 제작 부문 일을 하고, 쉬는 시간을 만들어 희망적 대화를 유도했다고 하는데, 그런 노력이 팀 전체 구성원들이 모두 한 것인지, 본인이 주도적으로 노력한 부분인지 명확히 드러나지 않았다. 자기소개서 작성 시 결과 부분에는 느낀 점에 대한 부분보다는 전체 결과는 무엇이고 나는 그 결과에 어느 정도로 기여했는지, 또는 나의 결과는 다른 친구들에 비해 어느 정도로 우수하게 나온 것인지 등을 강조해야 한다.

● 필기전형

■ NCS 직업기초능력 평가 문항 예시 및 해설

> 직업기초능력명 : 대인관계능력
> 하위영역명 : 팀워크능력(모듈형)

1 다음의 글을 읽고, 권 사원을 가장 잘 표현할 수 있는 팔로워십의 유형을 고르시오.

> 권 사원은 늘 기쁜 마음으로 과업에 임하곤 한다. 리더와 조직을 믿기에 항상 헌신적인
> 태도를 지니며, 리더의 의견을 거스르는 것을 어려워한다. 그러나, 권 사원을 바라보는
> 리더의 시각은 이와 다르다. 신 팀장은 권 사원에 대해 아이디어가 없으며, 인기 없는
> 일은 하지 않는 사원으로 평가한다.

① 실무형   ② 수동형

③ 소외형   ④ 순응형

⑤ 주도형

출제 의도 팔로워십의 유형에 대한 정확한 이해를 바탕으로 조직 장면에서 특정 인물의 행동이나
생각을 분석하여 해당 팔로워십 유형을 파악해낼 수 있는지를 평가하고자 하였다.

정답 ④

해설 권 사원은 기쁜 마음으로 과업을 수행하며, 리더와 조직을 믿고 신뢰하는 것으로 보아 팔로
워십의 유형 중 순응형의 자아상을 가지고 있음을 알 수 있다. 리더의 의견을 거스르기 어려
워하는 권 사원의 특성, 그리고 권 사원에 대한 리더의 평가 또한 순응형과 일치한다.

직업기초능력명 : 대인관계능력
하위영역명 : 팀워크능력(PSAT형)

2 A 대리는 업무 매뉴얼을 개발하는 TFT의 일원으로서 업무를 추진하고 있다. TFT의 많은 구성원들이 본래 담당하고 있던 업무들을 처리하면서 TFT 업무를 수행하고 있는 상황이어서 업무와 관련된 스트레스를 많이 받고 있다. TFT 업무의 절반 정도를 수행한 상황인데, 최근 TFT 구성원들 간 다툼이 자주 발생하면서 업무 추진 일정에 차질이 발생하고 있다. 기존 계획보다 수행해야 하는 업무량이 늘어나서 모두들 힘들어 하고 있는 가운데, B대리가 다른 사원들에게 업무를 떠넘기고 있어 다른 사원들의 불만이 커져 있는 상황이다. TFT 팀장님이 나서서 회식 자리를 마련하였지만, TFT의 분위기는 좀처럼 나아지고 있지 않다. 이런 상황에서 A대리는 어떻게 행동하는 것이 가장 적절한가?

① B대리에게 업무를 떠넘기는 행동의 잘못을 정확하게 짚어준다.
② 리더에게 현재 상황에 대해 구체적으로 알린다.
③ TFT 구성원들에게 불만이 있더라도 팀의 분위기를 위해 조금만 참을 것을 권유한다.
④ 허심탄회하게 서로의 입장과 생각에 대해 이야기를 나눌 수 있는 자리를 마련한다.
⑤ B대리가 힘들어하는 업무를 대신 처리한다.

출제 의도 팀워크 저해 요인을 파악하여 적절한 조치를 취할 수 있는지, 팀워크를 촉진하는데 적절한 방안을 찾을 수 있는지를 평가한다.

정답 ④

해설 A대리는 팀워크를 고려한다면, 해당 상황에 개입하여 갈등을 중재하는 것이 가장 적절하다. 갈등에 대해 침묵으로 일관하거나 회피하는 태도, 당사자들과 이야기하는 것이 아닌 리더에게 알리는 행동 등은 팀워크를 촉진하는 데 효과적이지 않다.

● 면접전형

■ 주요 평가 방안

학교 전공 관련 팀 프로젝트, 동아리, 아르바이트, 인턴 활동을 하면서 다양한 배경을 지닌 사람들과 조화롭게 업무를 수행하고, 효과적으로 협업을 잘했던 경험에 대한 질의응답을 통해 팀워크능력의 수준을 평가한다.

■ 준비 방안

- 평소 팀 프로젝트, 동아리, 아르바이트, 인턴 활동을 하면서 다양한 사람들과의 공동 과업 수행에 적극적으로 참여하며 효과적으로 상호 협력하기 위해서는 어떻게 해야 할지 고민하고, 소속 조직에서의 팀워크를 높일 수 있도록 노력 행동을 하는 것이 가장 중요하다.

- 다른 사람들에 비해 공동목표 달성을 위해 노력했던 점, 다른 사람들과 원활하게 협업하기 위해 노력했던 점을 강조해야 한다.

- 다른 사람들과 협업하는 과정에서 발생한 문제점에 대해 이야기하는 것을 주저할 필요는 없으며, 그러한 문제를 인식하여 어떻게 대처했는지에 대해 이야기하는 게 더욱 중요하다.

■ 경험면접 사례

[면접 질문 1]

> 공동목표를 달성하기 위해 다양한 배경을 지닌 사람들과 함께 협업했던 경험에 대해 이야기해주시기 바랍니다.

- GOOD 사례 ❶

  A. A협회에서 주최한 소상공인 활성화 운동에 참여한 사례가 있습니다. 전라남도 지역의 대학생들과 8명으로 팀을 이루어 목포지역의 소점포 사장님과 협력하여 가게 매출을 올리는 활동이었습니다.

  Q. 언제 있었던 일이며, 소속 조직에서의 역할은 무엇이었습니까?

  A. 작년 7월에 있었던 일입니다. 소속 조직에서 리더 역할은 아니었지만 팀원으로서 적극적으로 참여하였습니다.

GOOD POINT 최근의 면접위원들은 리더 역할을 해보지 않은 지원자가 없고, 모두 리더로서의 경험을 이야기하는 것에 의문을 갖고 있다. 리더로서 본인이 역할을 잘 했던 경험도 좋지만, 리더가 아니었음에도 불구하고 리더처럼 책임감을 가지고 팀원으로서 적극적으로 참여했던 경험에 대해 이야기하는 것도 다른 지원자들과 차별성을 가질 수 있다. 실제 신입사원으로 입사하면, 리더로서 역할을 하는 것이 아니라 팀원, 구성원으로서 역할을 하게 된다. 이에 따라 면접위원들은 팀원, 구성원으로서 책임감있고 성실하게, 적극적으로 참여하는 것을 중요하게 생각한다.

Q. 구체적으로 어떤 활동을 하였습니까?

A. 우선, 가게 점포들을 돌아다니면서 매출 활성화를 위한 경영지원 홍보를 하였고 지원하겠다는 점포의 사장님을 확보하였습니다. 3개월 동안 진행되는 프로젝트였기 때문에 사장과 그리고 우리 팀의 팀워크가 중요하였습니다. 사장님과 구체적인 매출 목표를 논의하였고 10%의 매출 증대라는 목표를 설정하였습니다.

GOOD POINT 공동의 목표 활동 내용 및 수치를 구체적으로 제시하였다.

Q. 어떤 점포였습니까?

A. 북카페였습니다.

Q. 목표는 어떻게 설정한 것인가요? 그 과정에서 본인은 어떤 아이디어를 제시하였습니까?

A. 목표는 사장님과 팀원들이 함께 논의하여 정했습니다. 저는 먼저 기간이 오래 지속되는 프로젝트였기 때문에 목표를 지속적으로 공유하는 것이 중요하다고 생각했습니다. 그래서 지속적으로 팀원들과 매출 달성 현황을 수치화하여 공유하자고 제안하였습니다.

GOOD POINT 목표 설정 과정에도 적극적으로 참여하여 목표 공유에 대한 아이디어를 제시하였다.

Q. 그런 목표달성을 위해 어떻게 협업해 나갔습니까?

A. 매출 증대를 위해 무엇이 문제인지를 조사하는 것이 중요했습니다. 그래서 각자역할을 나누었습니다. 지역상권조사, 관광객 수요, 홍보수단에 대한 조사 파트 등으로 역할을 나누었습니다. 진행상황을 공유하는 것이 나중에 갈등을 방지할 수

있다고 생각하여 지속적으로 진행상황을 공유하고 서로의 미흡한 점을 제시하도록 하였습니다.

Q. 진행 상황을 공유하는 것과 관련해서도 본인이 제안하였습니까?

A. 매출 달성 현황 공유에 대해서는 제가 제안했지만 각 파트간 진행 상황을 공유하는 것에 대해서는 팀장이 제안하였습니다. 저는 공유 방식에 대한 아이디어를 제시하였습니다. 단체 카카오톡 방을 사용하는 것에 대해 거부감을 갖고 있는 팀원들이 있어서 구글 독스를 이용하여 일정 시간에 현황을 업로드하여 업로드 완료를 알리고 서로 공유할 것을 제안하였습니다.

> **GOOD POINT** 리더가 아님에도 불구하고 공동의 목표달성을 위한 방안에 대해 고민하며 적극적으로 의견을 제시하였다.

Q. 협업하는 과정에서 겪은 어려움은 무엇이었고, 어떻게 대처해나갔습니까?

A. 오래 진행되는 프로젝트다보니, 팀원들 각자 해야 할 일들이 있어서 일정이 지연되는 상황이 발생하였습니다. 당시 저는 팀원 한 명과 홍보수단에 대해서 조사하고 있었는데, 상권을 조사하고 있던 팀원들의 일이 잘 진행되지 않고 있다는 점을 알게 되었습니다. 비록 제가 맡은 일은 아니었지만 팀의 목표를 위해서는 서로 도와야 한다고 생각했습니다. 그래서 같이 홍보수단에 대해서 조사한 팀원을 설득해서 상권조사팀을 도와주었습니다. 상권조사팀을 도와서 상권조사를 실시한 결과, 관광객들에 대한 친절하고 다양한 서비스를 제공하고, 쿠폰제를 실시하며, SNS홍보를 실시하고 있던 다른 카페의 손님 방문이 많다는 것을 알 수 있었습니다.

> **GOOD POINT** 리더가 아님에도 불구하고 공동의 목표달성을 위한 방안에 대해 고민하며 적극적으로 의견을 제시하였다.

Q. 그 결과는 어땠습니까?

A. 비록 3개월 동안 기존 매출 대비 10%에 조금 못 미치는 8%를 달성했지만 팀원들과 함께 이뤄낸 결과라 기뻤습니다. 특히, 팀원들과 함께 목표를 공유하고 어려움을 이겨내는 과정 속에서 자신감을 얻을 수 있었습니다.

Q. 목표를 달성하지 못했던 이유는 무엇이라 생각합니까?

A. 정확하게 하나의 이유를 말씀드리긴 어려울 것 같습니다. 우선 관광지여서 일반

카페에 비해 북카페에 대한 니즈가 적었던 것 같습니다. 그리고 위치도 영향을 미친 것 같습니다. 관광객들이 쉽게 찾을 수 없는 곳이었고, 주변 경치도 좋지 않았습니다. 지역민들이 많이 찾고 있었는데, 지역민들의 경우, 단골 카페에만 가는 경향이 있어서 신규로 고객을 끌어들이는 게 쉽지 않았던 것 같습니다.

GOOD POINT 목표를 달성하지 못했거나, 실패했던 경험의 경우 실패 요인에 대해 분석하고 이후에 그렇게 하지 않으려고 노력하는 것이 중요하다.

• BAD 사례 ❶

A. 저는 영어 스피킹 학원에서 스터디 그룹에 참여하여 영어 공부를 했던 경험이 있습니다.

Q. 스터디 팀원은 총 몇 명이었습니까?

A. 총 12명이었습니다.

Q. 스터디 그룹에서 맡은 역할이 있습니까?

A. 특별히 맞은 역할은 없습니다.

BAD POINT 특별히 맡은 역할이 없다고 하더라도 스터디 그룹의 구성원으로서 본인이 스터디 그룹의 원활한 활동을 위해 했던 일들에 대해 간략히 언급할 필요가 있다.

Q. 스터디 그룹 사람들과 구체적으로 어떻게 협업을 해나갔습니까?

A. 12명이 함께 연습하고 공부하다 보니 한 명당 말할 수 있는 시간이 너무 짧았습니다. 말하는 시간이 길어야 영어실력이 향상될 수 있는데, 수업의 효과성과 효율성이 낮다고 생각했습니다. 그래서 저는 12명이 한번에 공부하는 것은 너무 비효율적이니 4명씩 3개 팀으로 나누자고 의견을 제안하였습니다. 그런데 함께 공부하는 팀이 나눠지면 함께 하는 사람만 친해지고 나머지는 친해질 수 없다는 의견과 조당 인원이 줄어들면 발언하는 시간이 길어지고 스터디를 준비해야 하는 시간이 많아져서 오히려 부담된다며 반대 의견을 제시하는 친구들도 있었습니다. 하지만 저는 우리가 친해지기 위해서 모인 것이 아니라 공부를 하기 위해 모인 것이니 팀을 나누는 것이 더욱 좋겠다고 팀원들을 계속해서 설득했습니다. 결국 저의 의견이 받아들여져서 팀을 나누어 스터디를 했습니다.

BAD POINT 스터디 그룹의 분반 아이디어를 제시하는 것으로는 본인의 팀워크 역량을 어필하기 어렵다. 면접 질문에서 '협업했던 경험'에 대해 물어본 만큼 다른 친구들과 협업을 해 나갔던 과정, 그러한 과정 속에서 자신이 팀을 위해 노력했던 행동에 대해 구체적으로 언급해야 한다.

Q. 스터디 그룹을 나누자는 의견을 제시했던 다른 친구들도 있었습니까?

A. 네, 저 말고도 세, 네 명 정도 더 있었습니다.

BAD POINT 스터디 그룹을 나누자는 의견을 다른 친구들도 제시했던 상황이라면 본인이 초기 원활한 스터디 진행을 위해 본인만의 아이디어를 제시했다고 보기도 어렵게 된다. 아이디어 제시를 넘어서 스터디 그룹의 팀워크 향상을 위한 노력 행동을 강조해야 한다.

Q. 기존과 다르게 세 개 그룹으로 나눠서 스터디를 효과적으로 진행하기 위해서 본인은 어떤 노력을 했습니까?

A. 스터디 커리큘럼이나 진행 방식은 어느 정도 정해져 있었기 때문에 제가 특별히 노력한 부분은 없었습니다. 다만 세 개 조로 나눠서 스터디를 진행하다보니 개개인이 적극적으로 참여하지 않으면 스터디가 원활하게 진행되지 않기에 제가 스터디 준비를 많이 하고 발언을 많이 하면서 다른 친구들의 참여를 독려하였습니다.

Q. 친구들의 참여를 독려하기 위해 구체적으로 어떻게 했습니까?

A. 스터디 시간에 편한 토픽으로 이야기하도록 분위기를 만들고, 친구들에게 질문을 많이 했습니다.

BAD POINT 스터디 그룹의 팀워크 향상을 위해 구성원들의 참여를 독려하는 행동은 긍정적이지만, 단편적이고 일반적인 수준의 행동을 하였다.

Q. 스터디는 기대만큼의 효과가 있었습니까? 반을 나누어서 스터디를 진행한 결과는 어땠습니까?

A. 각자 영어 말하기를 할 수 있는 기회가 더욱 많아져서 스피킹 점수를 많이 올릴 수 있었습니다.

BAD POINT 다양한 사람들과의 협업 결과 또는 스터디 분반 전체의 성과 같은 측면에 대해 언급해야 한다.

[면접 질문 2]

> 소속 조직에서 발생한 문제를 동료들과 함께 해결하기 위해 노력했던 경험에 대해 이야기해 주시기 바랍니다.

• GOOD 사례 ❷

A. 국악동아리의 동아리장을 맡았던 경험이 있습니다. 제가 3학년 때 국악동아리장을 맡았는데 동아리 회원들이 탈퇴를 많이 하는 상황이었습니다. 구성원들이 탈퇴를 많이 하여 동아리의 구성이나 운영이 힘든 상황이었습니다. 동아리 구성원들 간 팀워크가 매우 낮았다는 생각이 듭니다. 이에 저는 구성원들 간의 팀워크를 높일 수 있는 방법을 찾았던 경험이 있습니다.

Q. 동아리원들이 탈퇴를 많이 하는 이유는 무엇이었습니까?

A. 우선, 문제의 원인이 무엇인지 찾기 위해 노력했습니다. 원인을 찾기 위해 동아리 회원들에게 의견을 들었습니다. 의견을 들어보니 매일 술을 먹고 동아리의 프로그램이 없으며 선배들과의 의사소통이 힘들다는 의견이 많았습니다. 실제 이러한 의견들이 맞는지 전체 동아리 구성원들에게 설문지를 구성하여 설문에 응하도록 하였고, 결과는 유사하게 나왔습니다.

Q. 설문은 어떤 방식으로 진행했습니까? 설문지는 본인이 구성한 것입니까?

A. 네이버 폼을 이용해서 간단히 구성했습니다. 설문지 문항은 동아리원들과 논의를 해서 일부 정하긴 했지만 제가 만들었습니다.

GOOD POINT 본인이 직접 노력했던 경험을 이야기하였다.

Q. 동아리의 팀워크를 높이기 위해 어떤 노력을 기울였습니까?

A. 저는 우선 구성원들을 전체 소집했습니다. 그리고 지금 현재 우리 동아리의 상황을 설명하면서 사태의 심각성을 알렸습니다. 그리고 동아리 내 몇 개의 소그룹으로 나눠서 소그룹별로 프로그램을 운영하는 방안을 제시하였습니다. 동아리 회원들의 의견을 받아서 프로그램을 구성하였습니다. 크게 국악 관련해서 배울 수 있는 프로그램, 연주회를 위한 프로그램, 국악 관련 공연 관람을 하는 프로그램, 선후배 간 열린 소통을 위한 친목 프로그램으로 구성했습니다. 2학기부터는 프로그램을

본격적으로 운영했습니다. 저는 전체 프로그램 운영을 총괄하면서 신입 회원, 동아리에 들어온지 2년 미만의 회원들을 밀착 관리하였습니다. 다양한 프로그램을 소개하고 참여할 수 있도록 이끌고, 편안하게 친목 모임에 올 수 있도록 소통했습니다. 술마시는 친목 모임이 아니라 차를 마시거나 밥을 먹거나 가볍게 술을 한잔하는 친목 모임을 만들어서 동아리 회원들이 부담없이 참여할 수 있도록 했습니다. 또한 동아리의 3, 4학년 회원들에게는 신입 회원들이 소통하는데 어려움을 느끼고 있음을 알리고, 후보 회원들에게 편안하고 열린 마음으로, 적극적으로 소통해줄 것을 당부했습니다.

GOOD POINT 동아리의 팀워크 향상을 위해 노력했던 과정을 구체적으로, 단계적으로 설명하였다. 또한, 본인이 직접 노력했던 경험 중심으로 핵심적인 내용을 언급하였다.

Q. 해결 대안별로 소그룹을 만들었다는 것은 어떤 의미인가요?

A. 팀워크를 높일 수 있도록 국악프로그램 활성화 그룹, 소통 활성화 그룹, 멘토링 그룹 등을 만들었습니다. 예를 들어, 소통 활성화 그룹에서는 소통데이를 만들어 술자리가 아니라 커피를 마시거나 밥을 먹으면서 서로 솔직한 이야기를 많이 나눌 수 있는 분위기를 만들었습니다.

Q. 그런 과정에서 겪은 어려움은 무엇이었으며, 어떻게 대처해나갔습니까?

A. 내부적으로 반발하는 사람들을 설득하는 게 힘들었습니다. 동아리는 기본적으로 친목이 중요하고, 친목을 위해 술자리는 필수적이라는 선배들이 다수 있었습니다. 탈퇴하는 건 탈퇴한 사람들이 적응하지 못하는 성격 때문이라는 이야기를 했습니다. 그리고 국악 프로그램을 활성화하는 건 현실적으로 어렵다는 이야기를 했습니다. 자주 모여서 국악 연습을 하는 것은 물리적으로 불가능하다는 이야기를 했습니다. 그런 선배들에게 제가 일방적으로 이야기하면 설득이 어려울 것이라 생각했고, 평소 그 선배들과 친한 후배들과 자리를 마련하여 솔직하게 이야기하는 분위기를 만들었습니다. 후배들과 이야기를 나누면서 저는 최근에 들어온 후배들이 국악 자체에 흥미를 느껴서 온 사람들이 많으며, 국악 프로그램이 동아리 부원들의 니즈를 반영하여 다양한 프로그램으로 다양한 시간대에 운영하면 좋을 것이라는 의견을 제시하였습니다. 여러 차례 걸쳐 단계적으로 설득해 나가다보니, 선배들도 수긍을 하였고, 결과가 어찌 되었든 일단 노력해보겠다고 하였습니다.

GOOD POINT 동아리 팀워크 향상을 위해서는 후배 회원들뿐만 아니라 선배 회원들의 참여와 지원이 필요한데, 선배 회원들의 참여와 지원을 이끌어내기 위해 어떻게 했는지 구체적으로 이야기하였다.

Q. 그 결과는 어땠습니까?

A. 결과적으로 탈퇴하는 회원들이 줄어들기 시작했고, 제가 4학년쯤 되었을 때 구성원이 점차 늘기 시작했습니다. 동아리 회원들은 이전보다 동아리의 분위기가 좋아졌다고 했으며, 동아리 내에서 운영되는 프로그램들 때문에 동아리 활동이 즐겁다고 하였습니다. 신입 회원들의 이탈이 줄어들었고, 동아리 활동에 참여하는 회원의 수가 많아졌습니다.

GOOD POINT 팀워크 측면에서 어떤 긍정적인 결과가 있었는지에 대해 구체적으로 이야기하였다.

• BAD 사례 ❷

A. 저는 축구 동아리 회원이었습니다. 제가 그 당시 3학년으로서 가장 활발하게 선배 역할을 하고 있을 상황이었습니다. 그런데 당시 후배들의 동아리 참여율이 저조하였습니다. 그 당시 동아리의 회장은 아니었지만, 선배로서 회장과 함께 동아리의 어려운 상황을 해결해야만 하는 상황이었습니다.

Q. 당시 동아리에서 본인의 역할은 무엇이었습니까?

A. 저는 골키퍼로 활동하고 있었고, 동아리 내에서 분위기 메이커라는 이야기를 많이 들었습니다.

Q. 후배들의 동아리 참여율이 저조한 이유는 무엇이라고 생각했습니까?

A. 1학년 후배들의 참여율이 특히 낮았었는데, 유대감이 부족해서 그렇다고 생각했습니다.

Q. 왜 그렇게 생각했습니까? 유대감 부족 외에 다른 원인에 대해 생각해본 게 있습니까?

A. 제가 고등학교때 축구 동아리 활동을 했었고, 학교외 축구 동호회 활동도 하고 있었는데, 그때 유대감이 가장 중요하다고 생각했습니다. 선후배 간의 유대감이

강하면, 후배들이 선배들을 잘 따르고 잘 참여한다고 생각했습니다. 유대감 부족 외에 떠오르는 다른 원인은 선배들이 후배들을 잘 다독이고, 동아리방에도 자주 나올 수 있도록 끌어주는 면이 부족했다고 생각합니다.

BAD POINT 팀워크 의식이 저조한 상황과 관련하여 단편적으로 이해하고 있다. 팀워크 의식이 저조한 이유에 대해 깊이 있게 다양한 측면을 고려하여 파악하는 노력이 필요하다. 어떤 상황이든 발생한 문제와 관련하여 원인이 한 가지인 경우는 드물다.

Q. 그래서 어떤 노력을 기울였습니까?

A. 저는 저조한 참여율을 높이기 위해 구성원들과 친분이 중요하다고 생각했습니다. 그래서 회식자리를 자주 만들었습니다. 그리고 동아리 회원을 늘리기 위해 1학년 들을 대상으로 축구 동아리 홍보를 열심히 했습니다.

BAD POINT 팀워크를 높이기 위해 다양한 측면의 노력이 있어야 하는데, 단순히 회식자리를 만들고 홍보를 한 것밖에 없다.

Q. 그런 노력이 효과가 있었다고 생각합니까?

A. 네, 당장 효과가 있지는 않았지만, 1학년 후배들이 더 이상 이탈하지 않고 조금씩 늘어났습니다.

BAD POINT 발생한 효과에 대해 모호하게 이야기하였다. 어떤 효과가 있었는지 구체적으로 정량적 측면 또는 정성적 측면에 대해 이야기하는 것이 좋으며, 어떤 점 때문에 그런 효과가 있었다고 생각하는지에 대해서도 이야기할 수 있어야 한다.

● 자가진단

■ 진단 체크리스트

각 문항과 관련하여 자신의 행동 수준, 강도에 따라 평정하여 주시기 바랍니다.

문항	매우 미흡	미흡	보통	우수	매우 우수
1. 나는 팀워크의 정의, 특징, 유형에 대해 설명할 수 있다	1	2	3	4	5
2. 나는 팀워크에 영향을 미치는 요인들을 알고 있다	1	2	3	4	5
3. 나는 팀워크 저해 요인을 파악할 수 있다	1	2	3	4	5
4. 나는 팔로워십의 정의, 특징, 유형에 대해 설명할 수 있다	1	2	3	4	5
5. 나는 팀워크 향상 방안을 도출할 수 있다	1	2	3	4	5

■ 평정 결과

- 평균 3.0점 미만 : 팀워크능력을 발휘하는데 다소 어려움이 예상된다. 기초 및 기본 지식 습득과 적용 노력이 필요하다.
- 평균 3.0점 이상~3.5점 미만 : 팀워크능력을 보유하고 있으나, 팀워크가 저해되어 있는 상황에서 팀워크를 효과적으로 향상시키는데 어려움이 예상된다. 일정한 추가 보수 교육이 필요하다.
- 평균 3.5점 이상~4.0점 미만 : 팀워크능력을 발휘할 수 있으나, 보다 우수한 수준의 팀워크능력을 발휘하기 위해서는 약점 중심으로 개발해 나가야 한다.
- 평균 4.0점 이상 : 업무 수행 시 효과적으로 팀워크능력을 발휘할 수 있다.

2 리더십능력

● 학습모듈

① 리더십의 의미 및 유형

- **리더십의 의미**
  - 조직의 공통된 목표달성을 위하여, 개인이 조직원들에게 영향을 미치는 과정
    - 조직 구성원들로 하여금 조직목표를 위해 자발적으로 노력하도록 영향을 주는 행위
    - 목표달성을 위하여 어떤 사람이 다른 사람에게 영향을 주는 행위
    - 어떤 주어진 상황 내에서 목표달성을 위해 개인 또는 집단에 영향력을 행사하는 과정
    - 자신의 주장을 소신 있게 나타내고 다른 사람들을 격려하는 힘
  - 리더는 미래 통찰력을 가지고 조직의 성장에 영향력을 미치는 공통된 목표를 제시하고, 그 목표를 달성할 수 있도록 조직원과 팀워크를 이루어 성과를 내는 과정을 주도하는 사람
  - 리더십의 발휘 구도는 산업사회에서 정보사회로 바뀌면서 수직적 구조에서, 가능한 모든 방향에 영향을 끼치는 전방위적 구조 형태로 변화
    - 상사가 하급자에게 발휘하는 형태뿐 아니라 조직원이 동료나 상사에게까지도 발휘하는 형태로 바뀌어, 개개인마다 별도의 주체적 리더십 필요
  - 훌륭한 리더는 직위가 없이도 사람들을 이끌 수 있는 무관의 리더
    - 무관의 리더는 리더의 자리에 있지는 않지만 스스로 리더라고 생각하고 리더처럼 행동
    - 다른 사람이 풀 수 없는 문제를 풀고 다른 사람이 하기 싫어하는 일을 스스로 맡아하며, 전문성과 지혜를 가지고 보이지 않는 영향력 발휘
  - 리더와 관리자의 차이 : 비전의 유무
    - 관리자의 역할 : 자원을 관리 및 분배하고 당면한 문제를 해결하는 것
    - 리더의 역할 : 비전을 선명하고 구축하고 그 비전이 팀 구성원의 협력 아래 실현되도록 환경을 만들어 주는 것

리더	관리자
• 새로운 상황 창조자 • 혁신 지향적 • 내일에 초점 • 동기부여 • 사람 중시 • 정신적 • 계산된 위험(risk) 추구 • '무엇을 할까' 생각 • '올바른 일을 하는 것'에 중점	• 상황에 수동적 • 유지 지향적 • 오늘에 초점 • 사람을 관리 • 체제나 기구 중시 • 기계적 • 위험(risk) 회피 • '어떻게 할까' 생각 • '올바르게 하는 것'에 중점

■ **리더십의 유형**

- **독재자 유형** : 정책 의사결정과 대부분의 핵심 정보를 그들 스스로에게만 국한하여 소유하고 고수

  - 특징

    ✓ 질문의 금지 : 개개인들에게 주어진 업무만을 묵묵히 수행할 것을 기대함

    ✓ 모든 정보의 제한적 공유 및 독재 : '지식(정보)이 권력의 힘'이라고 믿고, 핵심 정보 혼자 독점, 다른 구성원들에게는 기본적 수준의 정보만 제공

    ✓ 실수 불용납 : 언제 어디서나 최고의 질적 수준 요구하기에, 실수는 결코 용납되지 않으며, 한 번의 실수는 곧 해고나 다른 형태의 징계로 이어짐

  - 독재자 유형이 효과적일 때

    ✓ 독재자 유형은 집단이 통제가 없이 방만한 상태에 있을 때, 혹은 가시적인 성과물이 보이지 않을 때 효과적

    ✓ 독재자 유형의 리더는 팀원에게 업무를 공정히 나누어 주고, 그들 스스로가 결과에 대해 책임질 것을 강조

- **민주주의에 근접한 유형** : 독재자 유형보다 관대한 편. 리더는 그룹에 정보를 잘 전달하려고 노력하고, 전체 그룹의 구성원 모두를 목표 방향 설정에 참여하게 함으로써 구성원들과의 신뢰 형성

  - 특징

    ✓ 팀원들의 참여 장려 : 리더는 팀원들이 한 사람도 소외됨이 없이 동등하다는 것을 확신시킴으로써, 비즈니스의 모든 방면에 팀원들의 참여 장려

    ✓ 토론 장려 : 리더는 경쟁과 토론의 가치를 인식해야 하며, 팀이 나아갈 새로운 방향 설정 시 토론을 통해 팀원들의 참여 유도

✓ 거부권 인정 : '민주주의에 근접한'이라는 말에서 알 수 있듯이, 해당 유형의 리더들이 민주주의적이긴 하지만 최종 결정권은 리더에게 있음

- 민주주의에 근접한 유형이 효과적일 때

✓ 혁신적이고 탁월한 직원들을 거느리고 있고, 또 그러한 방향을 계속 지향할 때 가장 효과적

✓ 기발하고 엄청난 아이디어를 가졌다도 할지라도 양적인 것이 항상 질적인 것까지 수반하는 것은 아니기에, 리더가 책임감 있게 옳고 그름을 결정

• **파트너십 유형** : 독재자 유형과 민주주의에 근접한 유형은 리더와 집단 구성원을 명확하게 구분하나, 파트너십 유형에서는 희미하게 구분

- 특징

✓ 평등 중시 : 리더는 조직 구성원 중 한 명일 뿐이며, 다른 구성원들보다 더 비중 있게 대우하지 않고 평등하게 대우

✓ 집단의 비전 중시 : 집단의 모든 구성원은 의사결정 및 팀의 방향 설정에 참여

✓ 책임 공유 : 집단의 모든 구성원은 집단의 행동에 따른 결과 및 성과에 대한 책임 공유

- 파트너십 유형이 효과적일 때

✓ 소규모 조직이나 성숙한 조직에서 풍부한 경험과 재능 소유한 개개인들에게 적합

✓ 신뢰와 정직, 구성원들의 능력에 대한 믿음이 파트너십 유형의 핵심 요소

• **변혁적 유형** : 개개인과 팀이 유지해 온 이제까지의 업무 수행 상태를 뛰어넘고자 하며, 변혁적 리더는 전체 조직이나 팀원들에게 변화를 가져오는 원동력

- 특징

✓ 카리스마 : 조직에 명확한 비전을 제시하고, 집단 구성원들에게 비전을 쉽게 전달

✓ 자기 확신 : 뛰어난 사업수완과 어떠한 의사결정이 조직에 긍정적인 영향을 미치는지 예견할 수 있는 능력 보유

✓ 존경심과 충성심 : 변혁적 리더는 개개인에게 시간을 할애하여 그들 스스로가 중요한 존재임을 깨닫게 함

✓ 풍부한 칭찬 : 한 가지 일에 대한 성공이 미래의 여러 도전을 극복할 수 있는 자극제가 될 수 있다고 인식할 수 있도록 칭찬

✓ 구성원 감화 : 구성원들이 도저히 해낼 수 없다고 생각하는 일들을 할 수 있도록 자극을 주고 도움주는 일 수행

– 변혁적 유형이 효과적일 때

✔ 상대적으로 안정적인 조직환경과 구조를 가지고 있는 조직보다는 급변하는 환경에 유연하게 적응해야 하는 조직, 소규모 조직에서 효과적

② 리더십 역량 강화 : 동기부여 및 임파워먼트

■ 동기부여

- 리더십의 핵심 개념
- 팀의 리더라면 구성원들이 좋은 성과를 내도록 동기부여 할 수 있는 능력을 갖추어야 할 뿐만 아니라, 스스로에게 동기부여를 해야 함
- 조직원들이 지속적으로 자신의 잠재력을 발휘하도록 만들기 위해서는 금전적인 보상이나 스톡옵션 등의 외적인 동기유발 이상의 것을 제공해야 함

■ 내적 동기 유발 방법

- 긍정적 강화법 활용
  - 긍정적 강화 : 목표달성을 높이 평가하여 조직원에게 곧바로 보상하는 방법
  - 높은 성과를 달성한 조직원에게는 곧바로 따뜻한 말이나 칭찬으로 보상해 주는 것이 필요
- 새로운 도전의 기회 부여
  - 환경변화에 따라 조직원들에게 새로운 업무를 맡을 기회를 준다면, 팀에는 발전과 창조성을 고무하는 분위기가 자연스럽게 조성
  - 조직원들은 매일 해왔던 업무와 전혀 다른 일을 처리하면서 새로운 도전이 주는 자극과 스릴감을 경험
  - 자신의 능력을 인정받았다는 뿌듯함과 성취감을 느끼고 권한을 가지게 되었다고 생각
- 창의적인 문제해결법 탐색
  - 조직원들이 자신의 실수나 잘못에 대해 스스로 책임지도록 동기부여
  - 리더는 조직원이 문제를 해결하도록 지도하고 개입할 수는 있지만, 실질적인 해결책만큼은 조직원 스스로 찾도록 분위기를 조성하는 것이 바람직
- 자신의 역할과 행동에 책임
  - 자신의 업무에 책임을 지도록 하는 환경 조성
  - 팀원들은 자신의 위치에서 안정감을 느낄 뿐 아니라, 자신이 의미 있는 일을 하고

있다는 긍지와 어떤 어려움이든 극복하겠다는 의지를 갖게 되며, 달성 가능한 목표점을 계속해서 상향

- 코칭
  - 문제 및 진척 상황을 팀원들과 함께 자세하게 살피고 지원을 아끼지 않으며, 지도 및 격려를 하는 활동
  - 직원들을 코칭하는 리더는 팀원 자신이 권한과 목적의식을 가지고 있는 중요한 사람이라는 사실을 느낄 수 있도록 이끌어 주어야 하며, 팀원들이 자신만의 장점과 성공 전략을 활용할 수 있도록 적극적으로 지원

- 변화 주도
  - 리더는 팀원이 안전지대에서 벗어나 더욱 높은 목표를 향해 나아가도록 격려
  - 위험을 감수해야 할 이유가 합리적이고 목표가 실현 가능한 것이라면, 직원들은 기꺼이 변화를 향해 나아갈 것이며, 위험을 선택한 자신에게 자긍심을 가지며 좋을 결과를 이끌어 내고자 지속적으로 노력할 것

- 지속적 교육
  - 리더는 직원들에게 지속적인 교육과 성장의 기회를 제공함으로써, 그들이 상사로부터 충분히 인정받고 있으며 일부 권한을 위임받았다고 느낄 수 있도록 동기부여
  - 리더가 명확한 지침을 제공하고 적절한 교육을 하며 필요한 자원을 아낌없이 지원해 줄 때, 직원들은 성공적으로 직업생활을 영위

■ 임파워먼트
  - 리더십의 핵심 개념 중 하나, 권한 위임
  - 조직 구성원들을 신뢰하고 그들의 잠재력을 믿으며, 그 잠재력의 개발을 통해 고성과 조직이 되도록 하는 일련의 행위
  - 직원들에게 일정 권한을 위임함으로써 훨씬 수월하게 성공 목표달성 가능
  - 존경받는 리더 가능
  - 구성원들이 자신의 능력을 인정받아 권한을 위임받았다고 인식하는 순간부터 업무효율성 제고

■ 임파워먼트의 이점
  - 조직의 모든 사람들 시너지적이고 창조적인 에너지 발산 가능
  - 임파워먼트를 하면 생산성이 향상되고, 좋은 기회에 대한 큰 기대를 하게 되며, 진보적이고 성공적인 조직 구축

- 임파워먼트가 잘 이루어진 고성과 조직 구성원의 인식
  - 자신은 매우 중요한 일을 하고 있으며, 이 일은 다른 사람이 하는 일보다 훨씬 중요한 일이다
  - 일의 과정과 결과에 자신의 영향력이 크게 작용한다
  - 자신은 도전하고 있고 계속 성장하고 있다
  - 우리 조직에서는 아이디어가 존중되고 있다
  - 자신이 하는 일은 항상 재미가 있다
  - 우리 조직의 구성원들은 모두 대단한 사람들이며, 다 같이 협력해서 승리하고 있다

■ 임파워먼트의 충족 기준

- 진정한 임파워먼트는 혁신성과 자발성을 이끌어 내고 조직 전체의 목적에 헌신하도록 유도함으로써, 방향감과 질서의식 창출

- 진정한 임파워먼트를 위한 기준
  - 여건의 조성 : 임파워먼트는 사람들이 자유롭게 참여하고 기여할 수 있는 일련의 여건들을 조성하는 것
  - 재능과 에너지의 극대화 : 임파워먼트는 사람들의 재능과 욕망을 최대한으로 활용할 뿐만 아니라, 더 나아가 재능과 에너지가 극대화될 수 있도록 하는 것
  - 명확하고 의미있는 목적에 초점 : 임파워먼트는 사람들이 명확하고 의미있는 목적과 사명을 위해 최대의 노력을 발휘하도록 해주는 것

■ 임파워먼트의 여건

- 효과적인 리더는 조직원들이 각자 능력을 발휘할 수 있도록 조직 내의 임파워먼트 여건 창출
- 임파워먼트 환경에서는 사람들의 에너지, 창의성, 동기 및 잠재능력이 최대한 발휘되는 경향이 있으나, 그렇지 않은 환경에서 사람들은 현상을 유지하거나 순응함
- 높은 성과를 내는 임파워먼트 환경의 특징
  - 도전적이고 흥미 있는 일
  - 학습과 성장의 기회
  - 높은 성과와 지속적인 개선을 가져오는 요인들에 대한 통제
  - 성과에 대한 지식
  - 긍정적인 인간관계

- 개인들이 공헌하며 만족한다는 느낌

- 상부로부터의 지원

■ **임파워먼트의 장애요인**

- **개인 차원** : 주어진 일을 해내는 역량의 결여, 동기의 결여, 결의의 부족, 책임감 부족, 의존성

- **대인 차원** : 다른 사람과의 성실성 결여, 약속 불이행, 성과를 제한하는 조직의 규범, 갈등처리능력 부족, 승패의 태도

- **관리 차원** : 통제적 리더십 스타일, 효과적 리더십 발휘 능력 결여, 경험 부족, 정책 및 기획의 실행 능력 결여, 비전의 효과적 전달능력 결여

- **조직 차원** : 공감대 형성이 없는 구조와 시스템, 제한된 정책과 절차

③ **변화관리 방법**

■ **변화의 상황들에 대하여 효과적으로 대처하기 위한 12가지 전략**

- 전략1. 생각을 명확히 할 '5가지 행동의 선택'에 관한 질문의 활용

  - 이 변화를 활용해야 하는 이유는 무엇인가?

  - 이 변화는 언제 일어날 것인가?

  - 어떻게 이 변화를 다룰 것인가?

  - 다른 사람에게 이 변화는 무엇을 의미하는가?

  - 이 변화는 어떤 사람에게 영향을 미치는가?

- 전략2. 변화에 대처하는 속도의 가속화

  - 늦은 반응은 기업과 개인의 경력에 도움이 되지 않기에, 불필요한 절차와 과정의 생략 필요

- 전략3. 신속한 의사결정

  - 정확한 정보를 수집하고 능력을 최대한 발휘해 수집한 정보를 현실과 업무에 적용

- 전략4. 업무의 혁신

  - 뒤처지지 않으려면 변화에 따라 끊임없이 조직을 혁신하고 업무 재편

- 전략5. 스스로에 대한 책임감

  - 스스로 자신의 경력 및 자기개발, 업무 혁신, 사기 관리

- 새로운 기술을 습득하고 남보다 열심히 변화에 적응하려는 노력을 기울이며, 새로운 역할과 기회에 준비

- 전략6. 올바른 상황 파악 통해 제어 및 타협할 수 있는 부분 설정

  - 변화를 인정하지 않느라 시간을 허비해서는 안되며, 현실적으로 변화할 수 있는 것과 그렇지 못한 것들을 구별할 수 있는 지혜 필요

- 전략7. 가치 추구

  - 변화를 회피하면서 현재 지위를 유지하려 하지 말고 기여할 부분이 무엇인지 생각할 것

  - 필요한 변화를 위해 기여할 부분을 찾아 행동할 것

- 전략8. 고객 서비스 기법 연마

  - 향후 고객의 요구가 어떠할지 미리 예상하고, 고객의 변화를 면밀히 관찰하면서 고객의 의견 수렴

- 전략9. 재충전 시간과 장소 마련

  - 다양한 방법으로 자신을 재충전할 기회 마련

- 전략10. 스트레스의 해소

  - 일할 때와 쉬어야 할 때를 분명히 구분하고, 적당한 휴식을 통해 쌓인 스트레스와 피로를 해소하고 관리할 것

  - 쉬지 않고 일만 하는 사람은 결국 건강 문제가 생기고, 일의 능률과 효율성이 저하됨

- 전략11. 의사소통을 통해 목표와 역할, 직원에 대한 기대 명확화

  - 직원들이 변화에 적절히 대처할 수 있도록 지원할 것

- 전략12. 주변 환경의 변화에 주목

  - 새로운 추세나 행동양식의 변화가 무엇인지 세심하게 살피고, 무엇이 변하고 있는지 그 징후를 포착할 것

  - 새로운 추세를 파악하면 그 추세를 활용할 기회를 획득하는 것

■ 리더가 효과적인 변화관리를 하기 위한 과정

- 변화관리 1단계 : 변화 이해

  - 변화의 실상을 정확하게 파악한 다음, 익숙했던 것들을 버리는 데서 오는 감정과 심리적 상태를 어떻게 다룰 것인가에 대한 심사숙고 필요

  - 변화를 다루는 방법

✓ 변화가 왜 필요한가

→ 직업 세계에서 변화는 불가피, 변화는 발전을 더욱 가속화

✓ 무엇이 변화를 일으키는가

→ 과학기술의 발전으로 인한 치열한 경쟁에서 살아남도록 외부에서 자극을 주는 것으로부터 변화 시작

→ 조직내부에서 변화는 위에서 아래로 이루어지며, 지위고하 막론하고 모두에게 영향

✓ 변화는 모두 좋은 것인가

→ 변화를 단행하기 전에 반드시 현재의 상황과 변화와 관련되는 사항들을 면밀히 검토

– 단계적으로 진행해가면 변화를 서둘러 실패를 초래하는 위험 예방 가능

• 변화관리 2단계 : 변화 인식

– 리더는 직원들에게 변화와 관련된 상세한 정보를 제공하고, 직원들 자신이 변화를 직접 주도하고 있다는 마음이 들도록 이끌어 가는 것 중요

– 변화에 저항하는 직원들을 성공적으로 이끄는 방법

✓ 개방적인 분위기 조성

→ 직원들에게 많은 사실을 알려주고, 그들이 거리낌 없이 질문하게 하고, 이에 솔직하게 답변

✓ 객관적인 자세 유지

→ 변화를 수행하는 것이 힘들더라도 변화가 필요한 이유를 직원들이 명확히 알도록 하고, 유익성을 밝힐 수 있는 객관적인 수치 및 사례 제공

✓ 구성원의 감정 세심하게 살피기

→ 사람은 본능적으로 안정을 추구하기 때문에, 자신의 안전을 해칠 것으로 생각되는 것들은 거부하려는 성향이 있음

→ 변화가 이루어지면 자신에게 도움이 될 만한 이익이 생기는 한편, 자신이 중요하게 여기는 것을 잃거나 포기해야 할 수도 있다는 점을 구성원에게 알릴 것

✓ 변화의 긍정적인 면 강조하기

→ 변화의 잠재적인 문제점을 최소화하고 긍정적인 면을 최대한 드러냄으로써, 구성원 스스로 변화가 주는 긍정적인 영향을 깨닫게 해야 함

✓ 변화 적응 시간 제공하기

➜ 기존의 업무를 바탕으로 직원들이 새로운 것에 집중하도록 자극하며, 긍정적인 목표들을 달성하도록 이끌어 내는 것이 중요

• **변화관리 3단계 : 변화 수용**

- 변화를 바라보는 리더의 자세, 변화에 동기를 부여하는 행위, 변화에 필요한 행동 등은 구성원을 변화시키는 데 상당히 중요

- 리더는 왜 변화가 일어나야 하는지를 구성원에게 상세하게 설명하고, 변화를 위한 구성원의 노력에 아낌없이 지원

- 부정적인 행동을 보이는 구성원은 개별 면담을 통해, 늘 관심 있게 지켜보고 있다는 사실과 언제든지 대화를 나눌 수 있다는 점 주지

- 변화에 스스로 대처하려는 구성원에게는 '인간은 자기실현적 예언자'라는 점을 인식시킬 것. 스스로 동기를 부여하도록 '나는 할 수 있다'와 같은 신념이 담긴 말을 들려주면, 변화와 성공 가능성 향상

- 무엇보다 구성원과 수시로 커뮤니케이션을 하는 것이 중요. 정기적인 회의를 하고, 변화에 대한 구성원의 반응을 계속 주지하는 것 필요

● 필기전형

■ NCS 직업기초능력 평가 문항 예시 및 해설

> 직업기초능력명 : 대인관계능력
> 하위영역명 : 리더십능력(모듈형)

1 다음의 대화를 읽고, 윤 대표가 심 팀장의 내적 동기를 유발하기 위해 사용하고 있는 방법을 모두 고르시오.

> 윤 대표 : 심 팀장, 지난 두 달 동안 A 프로젝트로 고생 많았어요. 심 팀장이 제시하고 추진한 아이디어가 상당히 획기적이어서 이렇게 또 좋은 결과를 얻었네요.
> 심 팀장 : 아닙니다. 팀원들이 다들 각자의 역할을 잘 해줘서 무사히 마무리할 수 있었어요.
> 윤 대표 : 하하, 역시 심 팀장다운 대답이네요. 그나저나, 올해 우리 회사에서 주력하는 상품이 B 상품인 것 알고 있죠?
> 심 팀장 : 네, 물론 알고 있습니다.
> 윤 대표 : 이번에 심 팀장이 B 상품 쪽을 한 번 맡아보는 것이 어때요?
> 심 팀장 : 네? 저는 B 상품 관련한 일은 한 번도 해본 적이 없는데…….
> 윤 대표 : 심 팀장도 알겠지만, B 상품이 올해의 트렌드와 매우 가까워요. 잘 진행된다면, 분명 좋은 결과가 있을 것으로 예상합니다.

〈보기〉

㉠ 창의적인 문제해결법을 찾는다
㉡ 긍정적 강화법을 활용한다
㉢ 자신의 역할과 행동에 책임감을 가지게 한다
㉣ 새로운 도전의 기회를 부여한다
㉤ 지속적으로 교육한다

---

① ㉠, ㉡   ② ㉠, ㉣

③ ㉡, ㉣   ④ ㉢, ㉣

⑤ ㉢, ㉤

출제 의도 구성원들에게 동기를 부여할 수 있는 다양한 방안들에 대해 정확하게 이해하고 있는지를 파악하고자 하였다

정답 ③

해설 윤 대표는 심 팀장의 아이디어를 높이 평가하며 칭찬하는 긍정적 강화법을 사용하고 있다. 또한, 새로운 업무를 맡을 기회를 제공함으로써 심 팀장의 내적 동기를 유발하고 있다.

직업기초능력명 : 대인관계능력
하위영역명 : 리더십능력(PSAT형)

2 언제부터인가 윤 대리의 표정이 매우 어둡다. 이를 우려한 나 과장은 윤 대리와 개인적인 면담 시간을 가졌고, 윤 대리가 A 업무로 버거워하고 있다는 것을 알게 되었다. 나 과장은 윤 대리가 안쓰럽지만, 그렇다고 다른 팀원에게 A 업무를 맡길 수는 없는 상황이다. 우선 업무 기한이 얼마 남지 않았는데, 다른 팀원이 A 업무를 맡게 되면 프로그램 사용법부터 다시 교육해야 하기 때문 이다. 여러 생각들로 머리가 복잡해진 나 과장은 결국 윤 대리 앞에서는 아무 말도 하지 못하고 다시 자리로 돌아왔다. 이러한 상황에서, 나 과장은 리더로서 어떠한 행동을 하는 것이 가장 적 절한가?

① 윤 대리의 상황에 충분히 공감하며, 감정적인 지지를 제공한다.
② 윤 대리의 어려움은 이해하나 업무 기한이 촉박한 상황임을 상기시킨다.
③ 윤 대리가 A 업무를 최대한 수월히 할 수 있는 환경을 만들어준다.
④ 다른 팀원에게 A 업무를 맡기고, 관련 교육을 빠르게 실시한다.
⑤ 윤 대리에게 맡은 업무에 책임감을 가지는 태도의 중요성에 대해 이야기한다.

출제 의도 업무 동기와 사기가 저하되어 있는 상황 및 그 원인을 파악하여 구성원 육성 및 적절한 동기부여 방안을 마련할 수 있는지를 평가하고자 하였다

정답 ③

해설 나 과장은 리더로서, 윤 대리가 A 업무로 힘들어하는 상황과 업무 기한이 얼마 남지 않은 상황 모두를 고려해야 한다. 이 경우, 나 과장은 윤 대리가 A 업무를 최대한 수월하게 할 수 있는 환경을 조성하는 등의 상황 개선을 위한 구체적인 행동을 하는 것이 적절하다.

● 자가진단

■ 진단 체크리스트

각 문항과 관련하여 자신의 행동 수준, 강도에 따라 평정하여 주시기 바랍니다.

문항	매우 미흡	미흡	보통	우수	매우 우수
1. 나는 리더십의 의미와 유형을 설명할 수 있다	1	2	3	4	5
2. 나는 구성원들의 동기 저하 요인을 파악할 수 있다	1	2	3	4	5
3. 나는 구성원들에게 동기를 부여할 수 있다	1	2	3	4	5
4. 나는 임파워먼트의 의미와 필요성에 대해 설명할 수 있다	1	2	3	4	5
5. 나는 변화관리 3단계에 따라 조직의 변화를 이끌어 갈 수 있다	1	2	3	4	5

■ 평정 결과

• 평균 3.0점 미만 : 리더십능력을 발휘하는데 다소 어려움이 예상된다. 기초 및 기본 지식 습득과 적용 노력이 필요하다.

• 평균 3.0점 이상~3.5점 미만 : 리더십능력을 보유하고 있으나, 구성원들의 동기가 저하되어 있는 상황에서 리더십능력을 효과적으로 발휘하는데 어려움이 예상된다. 일정한 추가 보수 교육이 필요하다.

• 평균 3.5점 이상~4.0점 미만 : 리더십능력을 발휘할 수 있으나, 보다 우수한 수준의 리더십능력을 발휘하기 위해서는 약점 중심으로 개발해 나가야 한다.

• 평균 4.0점 이상 : 업무 수행 시 효과적으로 리더십능력을 발휘할 수 있다.

3 갈등관리능력

● **학습모듈**

① **갈등의 의미와 원인**

■ **갈등의 의미**

• 갈등(conflict)의 어원

  - 라틴어 콘피게레(configere) = 콘(con) : 함께 + 피게레(figere) : 충돌, 다툼

• 개인이나 집단 간에 서로 충돌한다는 뜻

• 조직을 구성하는 개인과 집단, 조직 간에 잠재적 또는 현재적으로 대립하고 마찰하는 사회적이고 심리적인 상태

• 한자어 의미 : 칡나무 '갈'자와 등나무 '등'자

  - 서로 줄기를 비비 꼬면서 한데 뒤엉켜 뒤죽박죽으로 자라게 된다면 아무 쓸모가 없는 잡풀더미일 뿐만 아니라, 무슨 수단을 쓴다 할지라도 이들을 헤쳐 풀어낼 방법이 없다는 것을 의미

• 조직 내 다양한 개인들이 공통의 목적을 좇다 보면 의견차이가 발생하며, 갈등이 불가피함

• 갈등이 늘 부정적인 결과를 가져오는 것은 아니며, 때로는 새로운 해결책을 만들어 주는 기회 제공

• 중요한 것은 갈등에 어떻게 반응하느냐 하는 것

• 갈등이 전혀 없거나 낮을 때에는 조직 내부의 의욕이 상실되고 환경변화에 대한 적응력도 떨어져 조직성과 저하

• 갈등수준이 적정할 때는 조직 내부에 생동감이 넘치고 변화 지향적이고 문제해결능력이 발휘되며, 그 결과 조직성과가 높아지는 갈등의 순기능 작용

• 갈등수준이 너무 높으면 조직 내부에 혼란과 분열이 생기고 조직에 비협조적이 되며, 그 결과 조직성과가 낮아지는 갈등의 역기능 작용

■ **갈등의 단서**

• 조직 내에 갈등이 존재하는지를 파악하고 깨닫는 것 중요

• 갈등을 파악하는 데 도움이 되는 단서들

- 지나치게 감정적으로 논평과 제안을 한다.
- 타인의 의견발표가 끝나기도 전에 타인의 의견에 대해 공격한다.
- 핵심을 이해하지 못한 것에 대해 서로 비난한다.
- 편을 가르고 타협하기를 거부한다.
- 개인적인 수준에서 미묘한 방식으로 서로를 공격한다.

- **갈등 증폭 원인**
  - 적대적 행동
    - 팀원은 '승패의 경기' 시작
    - 팀원은 문제를 해결하기보다는 '승리하기'에 초점
  - 입장 고수
    - 팀원은 공동목표 달성의 필요성을 느끼지 않음
    - 팀원은 각자 입장만을 고수하고, 의사소통의 폭을 줄이며, 서로 접촉을 꺼림
  - 감정적 관여
    - 팀원은 자신의 입장에 감정적으로 묶임

② **갈등의 쟁점 및 유형**

- **갈등의 두 가지 쟁점**
  - 핵심 문제
    - 역할 모호성, 방법에 대한 불일치, 목표에 대한 불일치, 절차에 대한 불일치, 책임에 대한 불일치, 가치에 대한 불일치, 사실에 대한 불일치
    - 대부분 갈등의 밑바닥에 위치
    - 갈등 해결을 위해서는 핵심적인 문제해결 필요
  - 감정적 문제
    - 공존할 수 없는 개인적 스타일, 통제나 권력 확보를 위한 싸움, 자존심에 대한 위협, 질투, 분노
    - 감정적인 문제들은 갈등을 복잡하게 만듦
    - 주된 갈등이 어떤 일을 하는 방법에 기인한 것이라고 할지라도, 자존심을 위협하거나 질투를 유발하는 것과 같은 감정적 문제들은 갈등의 강도를 강화
  - 모든 갈등에는 두 가지 쟁점이 서로 중복되거나 교차

■ **갈등의 두 가지 유형**

• **불필요한 갈등**

– 의미 : 개개인이 저마다 문제를 다르게 인식하거나 정보가 부족한 경우, 편견 때문에 발생한 의견 불일치로 적대적 감정이 생길 때 불필요한 갈등 발생

– 원인

✓ 근심, 걱정, 스트레스, 분노 등의 부정적인 감정

✓ 잘못 이해하거나 부족한 정보 등 전달이 불분명한 커뮤니케이션

✓ 편견, 변화에 대한 저항, 항상 해오던 방식에 대한 거부감 등에서 나오는 의견 불일치

– 해결 방안 : 갈등의 원인을 먼저 확인하고 해결할 방법을 결정한 다음, 상황을 어떻게 마무리할 것인가를 정하는 것 필요

– 관리자의 신중하지 못한 태도로 인해 갈등이 발생했을 때 심각한 수준의 불필요한 갈등 발생 가능

• **해결할 수 있는 갈등**

– 의미 : 목표와 욕망, 가치, 문제를 바라보는 시각과 이해하는 시각이 다를 경우에 일어날 수 있는 갈등

– 원인 : 두 사람이 정반대되는 욕구나 목표, 가치, 이해에 놓였을 때 발생

– 해결 방안 : 상대를 먼저 이해하고, 서로가 원하는 것을 만족하게 해주면 저절로 해결

– 예시 : 같은 팀에 몸담고 있지만 다른 부서 출신인 두 명의 직원이 문제의 원인에 대해 서로 다른 견해를 가지고 있는 경우

■ **갈등의 과정**

구분		내용
1단계	의견 불일치	• 개인의 생각이나 신념, 가치관이 다르고 성격도 다르기 때문에, 다른 사람들과 의견의 불일치 발생 • 많은 경우 상대방의 생각과 동기를 설명하는 기회를 주고 대화를 나누다 보면 오해가 사라지고 좋은 관계로 발전할 수 있지만, 사소한 오해로 인한 사소한 갈등이라도 해결하지 않고 그대로 두면 심각한 갈등으로 발전

구분		내용
2단계	대결 국면	• 의견 불일치 해소되지 않으면 대결 국면으로 발전 • 단순한 해결 방안은 없고, 제기된 문제들에 대해 새로운 다른 해결점 모색 필요 • 감정 개입되어 상대방의 입장은 부정하면서 자기주장만 하려고 하는 상태 • 서로의 입장을 고수하려는 강도가 높아지면서 긴장은 더욱 높아지고 감정적인 대응 격화
3단계	격화 국면	• 상대방에 대해 더욱 적대적인 현상으로 발전해 나가며, 설득을 통해 문제를 해결하려 하기보다는 강압적이고 위협적인 방법을 쓰려고 하고, 극단적인 경우 언어폭력이나 신체적인 폭행 발생 • 상대방의 생각이나 의견, 제안을 부정하고, 상대방은 그에 대한 반격으로 대응함으로써 자신들의 반격을 정당하게 생각
4단계	진정 국면	• 시간이 지나면서 정점으로 치닫던 갈등 점차 감소 • 협상이 시작되며, 협상과정 통해 쟁점이 되는 주제에 대해 논의하고 새로운 제안하며 대안 모색 • 중개자, 조정자 등 제3자가 개입하는 것이 갈등 당사자 간 신뢰를 쌓고 문제를 해결하는 것에 도움
5단계	갈등의 해소	• 문제를 해결하지 않고는 자신들의 목표를 달성하기 어렵다는 것 인지 • 어떻게 해서든지 의견 불일치를 줄이고 갈등을 해결하려고 노력 • 회피형, 지배 또는 강압형, 타협형, 순응형, 통합 또는 협력형 등의 방법으로 해소

③ 갈등 해결 방안

■ 갈등 해결 방법의 유형

- 회피형(avoiding) : 자신과 상대방에 대한 관심이 모두 낮은 경우로, 갈등 상황에 대해 상황이 나아질 때까지 문제를 덮어두거나 위협적인 상황에서 회피
  - 나도 지고 너도 지는 방법(I lose-You lose)
  - 개인의 갈등 상황으로부터 철회 또는 회피하는 것으로, 상대방의 욕구와 본인의 욕구 모두 불만족
- 경쟁형(competing) : 지배형(dominating)이라고도 하며, 자신에 대한 관심은 높고 상대방에 대한 관심은 낮은 경우
  - 나는 이기고 너는 지는 방법(win-lose)
  - 상대방의 목표달성을 희생시키면서 자신의 목표를 이루기 위해 전력을 다하는 전략 사용, 이 방법은 제로섬(zero sum) 개념을 의미

- 수용형(accommodating) : 자신에 대한 관심은 낮고 상대방에 대한 관심은 높은 경우
  - 나는 지고 너는 이기는 방법(I lose-You win)
  - 상대방의 관심을 충족하기 위해 자신의 관심이나 요구는 희생함으로써, 상대방의 의지에 따르는 경향
  - 상대방이 거친 요구를 해오는 경우에 전형적으로 나타나는 반응
- 타협형(compromising) : 자신에 대한 관심과 상대방에 대한 관심이 중간 정도인 경우
  - 서로가 받아들일 수 있는 결정을 하기 위해 타협적으로 주고받는 방식(give and take)
  - 갈등 당사자들이 반대 끝에서 시작해 중간 정도 지점에서 타협하여 해결점을 찾는 것
  - 갈등 당사자 간에 불신이 클 경우에 이 방법은 실패
- 통합형(integrating) : 협력형(collaborating)이라고도 하며, 자신은 물론 상대방에 대한 관심이 모두 높은 경우
  - 나도 이기고 너도 이기는 방법(win-win)
  - 문제해결을 위해 서로 간에 정보를 교환하면서 모두의 목표를 달성할 수 있는 윈-윈 해법 모색
  - 서로의 차이를 인정하고 배려하는 신뢰감과 공개적인 대화 필요
  - 가장 바람직한 갈등 해결 유형

■ 갈등의 성공적 해결 방안

- 쟁점의 양 측면 모두 이해. 내성적이거나 자신을 표현하는 데 서투른 팀원에 대한 격려 중요
- 이해된 부분을 검토하고 누가 옳고 그른지에 대해 논쟁하는 일은 피할 것
- 갈등이 사람들의 수행에 어떻게 영향을 미치는지 토의할 것
- 느낌이나 성격이 아니라 사실이나 행동에 초점, '비난'의 행동은 불쾌한 감정 야기
- 비난을 피하기 위해 조직원들이 차이점보다는 유사점을 파악하도록 도움을 주는 것이 필요
- 차이점이 있다면 차이의 본질에 대해 이해하는 것이 필요

■ 갈등 해결 방법 모색 시 유의사항

- 다른 사람들의 입장을 이해하며, 사람들이 당황하는 모습을 자세하게 살핀다.

- 어려운 문제는 피하지 말고 맞선다.
- 자신의 의견을 명확하게 밝히고 지속적으로 강화한다.
- 사람들과 눈을 자주 마주친다.
- 마음을 열어놓고 적극적으로 경청한다.
- 타협하려 애쓴다.
- 어느 한쪽으로 치우치지 않는다.
- 논쟁하고 싶은 유혹을 떨쳐낸다.
- 존중하는 자세로 사람들을 대한다.

- ■ 윈-윈(Win-Win) 전략
  - 서로가 원하는 바를 얻을 수 있기 때문에, 윈-윈 전략은 성공적인 업무관계를 유지하는 데 매우 효과적
  - 자신의 관심사를 직시하고, 상대의 관심사를 경청할 용의가 있으며, 장기간의 대인관계에 해가 되지 않도록 하는 과정을 통해 상호적으로 만족할 만한 해결책을 모색하려는 굳건한 자세 요구
  - 윈-윈 전략에 따른 갈등해결 모델

구분		내용
1단계	충실한 사전 준비	• 비판적인 패러다임 전환 • 자신의 위치와 관심사 확인 • 상대방 입장과 드러내지 않은 관심사 연구
2단계	긍정적인 접근 방식	• 상대방이 필요로 하는 것에 대해 생각해 보았다는 점을 인정 • 자신의 '윈-윈 의도' 명시 • 윈-윈 절차, 즉 협동적인 절차에 임할 자세가 되어 있는지 알아보기
3단계	두 사람의 입장을 명확히 하기	• 동의하는 부분 인정하기 • 기본적으로 다른 부분 인정하기 • 자신이 이해한 바를 점검하기
4단계	윈-윈에 기초한 기준에 동의하기	• 상대방에게 중요한 기준을 명확히 하기 • 자신에게 어떠한 기준이 중요한지 말하기
5단계	몇 가지 해결책을 생각해 내기	
6단계	몇 가지 해결책을 생각해 내기	
7단계	최종 해결책을 선택하고, 실행하는 것에 동의하기	

● 서류전형

■ 주요 평가 방안

팀 프로젝트, 동아리 활동, 인턴, 아르바이트 등을 통해 갈등의 원인, 갈등 이해당사자의 입장을 파악하여 갈등 해결을 위해 어떤 노력 행동을 했는지를 평가한다.

■ 준비 방안

• 갈등 해결 경험에 대해 질문하면 때때로, 갈등을 경험하지 않았다는 답변을 한다. 갈등은 어디에나 발생 가능한 것으로, 갈등을 경험했다고 해서 지원자에 대해 부정적으로 평가하지 않는다는 점에 유의해야 한다.

• 일상속에서 갈등 상황을 회피하기 보다는 직접적으로 나서서 해결하기 위한 노력을 기울여야 한다.

• 갈등 해결을 위한 방법을 단순한 소통만을 강조하기 보다는 갈등 발생 원인은 무엇이고, 갈등을 해결하기 위해 단계적으로 어떻게 접근하여 해결해 나갔는지 명확히 드러나야 한다.

• 갈등 해결 경험과 관련하여 당시 갈등 발생 배경, 갈등 원인, 갈등 이해당사자 및 이해당사자별 입장, 갈등 해결 방안 등에 대해 구체적으로 기록해둬야 한다.

■ 자기소개서 사례

[자기소개서 문항 1]

> 최근 3년 이내 소속된 조직에서 구성원들간 발생한 갈등을 해결하기 위해 노력했던 경험에 대해 구체적으로 작성해주시기 바랍니다.

• GOOD 사례 ❶

> 작년 하반기에 A기관에서 서포터즈로 활동했을 때의 일입니다. 서포터즈는 기관에서 추진하는 다양한 사업과 관련 정책을 홍보하는 역할을 했습니다. 서포터즈 인원은 15명 정도였으며, 3개조로 나누어 활동을 하였습니다. 주로 회사 블로그와 SNS에 홍보 기사를 격주로 작성하였으며, 이를 위해 매주 회의를 실시하였습니다. 저희 조에서는 기관의 주요 업무 및 사업 현황에 대한 기사를 작성하였습니다. 구체적으로 기사 주제를 정하고, 기관 내부 직원분들로부터 자료를 수집하고 인터뷰를 실시한 후에 기사를 작성하고 수정 보완하여 최종적으로 온라인에 업로드하는 일을 하였습니다. 저는 조장 역할을 맡았었는데, 전체 기사 원고를 관리하면서 직접 기사를 작성하기도 하였습니다.

그런데 서포터즈는 다양한 배경을 가진 사람들이 모여 있다보니, 업무관련 역할 분담이나 일정 조율, 회의 일정 및 장소 조율에 어려움이 많았습니다. 또한, 일부 조원들이 회의에 지속적으로 참석하지 않아, 다른 조원의 불만이 커져갔습니다. 회의에 참여한다고 해도 의견 다툼이 자주 발생하였고, 감정이 격해지는 상황도 자주 발생하였습니다. 그런 상황에서 원고 마감일을 넘기거나, 원고에 대한 부정적인 평가를 받는 일이 발생하기 시작했습니다. 저는 당면한 갈등을 해결하지 않으면 서포터즈로서 좋은 성과를 내지 못하고 서포터즈 활동을 끝내게 될 것 같았습니다. 조원들에게 당면한 문제 상황을 알리고, 서로의 갈등을 풀어야 함을 강조했습니다. 우선 양당사자간의 입장과 생각에 대해 개별적으로 들은 후에, 다 같이 모여 솔직하게 이야기할 수 있는 자리를 마련하였습니다. 회의에 자주 참여하지 못했던 조원들은 나름의 개인적인 사유가 있었는데, 개인적인 사유를 말하지 않아서 오해가 쌓여있었습니다. 이에 저는 서로에 대한 오해가 발생하지 않도록 자신의 사정과 상황에 대해 솔직하게 이야기하고 서로 도움을 주고 받는 것의 중요성을 강조했습니다. 서로의 사정과 상황에 대해 솔직하게 이야기하게 하고, 각자의 상황을 반영하여 역할 배분을 다시하고 일정을 조율하였습니다. 또한, 각자 서포터즈로서 성공적으로 활동을 마무리할 수 있도록 힘들고 어려운 조원을 도와가면서 활동할 수 있는 분위기를 만들기 위해 친목 모임을 가지기도 하고, 온라인상으로 서로 소통을 자주 하였습니다. 이러한 노력 끝에 점점 저희 조가 내는 기사들에 대한 긍정적인 평가를 받을 수 있었으며, 서포터즈 활동을 성공적으로 마무리할 수 있었습니다.

GOOD POINT 소속 조직의 주요 활동 내용, 자신의 역할에 대해 구체적으로 작성하였으며, 갈등 발생 원인, 갈등 해결 절차에 대해 구체적으로 작성하였다. 또한, 갈등 해결을 위해 자신이 노력했던 행동에 대해 구체적으로 작성하였다.

• BAD 사례 ❶

약 2년전쯤 제가 공익근무요원으로 근무할 때 있었던 일입니다. 저는 주로 두 명의 주사보님과 일을 했는데, 두 분의 성향이 많이 달랐습니다. 업무 스타일이나 취향 등 많은 부분이 달랐습니다. 특히, 음식에 대한 취향이 많이 달랐습니다. 이로 인해 매번 점심시간 마다 갈등이 있었습니다.
저는 사실 탕비실의 테이블에서 간단히 먹고 싶었으나, 두 분 모두 저와 함께 밥먹길 원하셔서 두 분과 함께 점심을 먹는 상황이었습니다. 두 분이 어떤 음식을 먹고 싶다고 하면, 저는 인근의 맛집을 탐색하여 예약하는 역할을 주로 했습니다. 어느 날에는 두 분이 감정적으로 격앙되어 다투기까지 했습니다. A주사보님은 최대한 가까운 곳에서 중식을 먹기를 원했고, B주사보님은 거리가 조금 멀더라도 맛집으로 소문나있는 한식을 먹기를 원했습니다. 결국 가까운 거리에 있는 한식당에서 점심을 먹었는데, 점심 먹는 내내 두 분 모두 아무 말씀을 하지 않으셨습니다. 저는 두 주사보님께 중간에서 제가 불편함을 느낀다고 솔직히 말씀드렸습니다. 그리고 대안으로, 두 주사보님이 가시고 싶은 식당을 한번씩 번갈아 가는 방안과 원하는 음식을 배달시켜 탕비실에서 함께 모여 먹는 방안을 말씀드렸습니다. 두 주사보님은 제 의견을 칭찬해주시며, 제 의견에 따라 점심을 먹기로 했습니다. 두 주사보님이 제가 가고 싶은 식당에 대한 의견도 내라고 하셨으나, 저는 두 주사보님의 의견을 따르겠다고 했습니다. 이후에는 두 분이 점심 식사와 관련하여 다투는 일이 거의 없어졌고, 점심 식사를 하면서 즐거운 분위기의 대화가 이어졌습니다.

BAD POINT 현재 작성한 갈등 상황은 개인적이고 사적인 취향의 차이로 인해 발생한 것으로, 갈등 원인을 파악하여 갈등 해결을 위해 적극적이고 다양한 노력을 기울였다고 보기 어렵다. 즉, 갈등관리 역량이 높다고 보기 어렵다. 개인적인 갈등 경험보다는 여러 사람들과 과업이나 업무를 추진 과정에서 발생하는 갈등 해결 경험을 작성해야 한다.

[자기소개서 문항 2]

최근 3년 이내 갈등관리능력을 발휘하여 소속된 조직의 문제를 해결했던 경험에 대해 구체적으로 작성해주시기 바랍니다.

• GOOD 사례 ❷

대학교 3학년 때, 야구동아리 회장으로서 활동할 때의 일입니다. 당시, 1군과 2군의 실력 차이가 커서 1군과 2군간의 갈등이 있었습니다.
저는 갈등을 해결하기 위해 우선, 모든 구성원들을 약 한달 동안 면밀히 관찰하였습니다. 그 결과, 1군 구성원 대부분 자신들이 실력이 뛰어나기 때문에 자기들이 무조건 주전일 것이라고 생각하여, 각자의 취약점이 있음에도 불구하고 개인의 기량을 늘리는 노력을 하지 않았습니다. 한편, 2군은 자신들이 기용되지 않을 것이라고 생각하여 연습 횟수가 적었고, 연습에 불참하는 구성원들이 다수 있었으며, 연습때에도 적극적이지 않은 태도를 보였습니다. 이렇게 1군과 2군의 생각이 다르고, 연습에 대한 태도가 다르다 보니 함께 모였을 때는 다투는 일도 종종 있었습니다.
이러한 상황에서 저는 1군과 2군 구성원들을 모두 모아서 회의를 하였습니다.
회의를 통해, 1군과 2군 구성원들에게 서로에 대한 불만이 쌓여가고 갈등이 발생하고 있는 문제 상황을 해결해야 함을 강조했습니다. 또한 대회 우승을 위해 어떻게 해야할 지에 대해 자유롭게 의견을 제시하도록 하였습니다. 그 과정에서 1군 구성원들은 2군 구성원들의 불만이나 어려움에 대해 이해하게 되었고, 2군 구성원들 또한 1군 구성원들의 불만이나 어려움에 대해 이해하게 되었습니다. 여러 차례의 회의를 통해 서로에 대한 오해와 불만을 풀게 되었고, 이전 보다는 적극적이고 화기애애한 분위기로 연습을 하게 되었습니다.

저는 향후에도 갈등이 발생하지 않도록 1, 2군이 함께 모여서 연습을 하게 하였으며, 1군과 2군이 서로 연습하는 과정을 살펴보고 이야기를 나누며 도움을 주고 받을 수 있도록 하였습니다.

결국 그 해 저희 동아리는 지역내 대학동아리 대회에서 준우승이라는 우수한 성적을 거두었습니다.

GOOD POINT 당면한 갈등 해결 뿐만 아니라 향후에 발생 가능한 갈등의 재발을 막기 위해서 노력하였다. 갈등 발생 상황, 갈등의 원인, 갈등 당사자들의 입장, 갈등 해결을 위한 노력 행동에 대해 구체적으로 작성하였다.

• BAD 사례 ❷

작년 여름에 커피숍에서 주간 아르바이트를 했을 때, 갈등을 경험한 적이 있습니다. 교대근무를 하면서 인수인계가 제대로 이루어지지 않음에 따라 주간과 야간 근무자들 사이에 잦은 다툼이 일어났습니다.

업무 인수인계를 할 때 서로 확인을 제대로 하지 않음에 따라 종종 재고에 문제가 발생하였고, 잘잘못을 따지기 어려워졌습니다. 주간 근무자와 야간 근무자 중 어느 한쪽이 잘못했다고 이야기하기 어려운 상황이었습니다.

이러한 상황에서 주간 근무자와 야간 근무자 모두 자신이 피해를 보고 있다는 생각을 했습니다. 사실, 재고 문제는 부족한 부분을 채우면 쉽게 해결될 수 있는 것이었는데, 서로 의심하면서 대화도 하지 않고 딱딱한 분위기에서 업무를 함에 따라 불편함이 느껴졌습니다. 이러한 상황에서 나이가 가장 많은 오빠가 주간 근무자와 야간 근무자의 회식 자리를 만들었습니다. 회식 자리에서 그 동안 각자에게 쌓인 불만에 대해 솔직하게 이야기하였으며, 진솔한 대화를 통해 서로의 입장을 이해할 수 있게 되었습니다.

이후에는 꼼꼼하게 업무 인수인계를 하고, 서로 업무 점검을 확실하게 하여 갈등이 줄어들었으며, 주간 근무자와 야간 근무자간 친밀감과 유대감이 강해졌습니다.

BAD POINT 갈등 발생 상황 및 원인에 대해서는 구체적으로 작성하였으나, 갈등 해결을 위해 본인이 노력했던 행동에 대해서는 드러난 부분이 거의 없다. 본인이 직접적으로 나서서 갈등을 해결했다기 보다는 나이가 가장 많은 직원이 주도적으로 나서서 갈등을 해결한 것으로 보인다. 갈등 해결을 위한 적극적이고 다양한 노력을 기울였다고 보기 어렵다.

● 필기전형

■ NCS 직업기초능력 평가 문항 예시 및 해설

> 직업기초능력명 : 대인관계능력
> 하위영역명 : 갈등관리능력(모듈형)

1 다음 중 갈등의 과정에 대해 옳지 <u>않은</u> 설명을 한 사람은?

① 유진 : 사람들마다 가지고 있는 생각이나 신념, 가치관이 다르고 성격도 다르기 때문에 다른 사람들과 의견 불일치가 생기게 돼.

② 경수 : 맞아. 그리고 의견 불일치가 해소되지 않으면 대결 국면에 이르게 된다고 해. 어제 유진이랑 지민이처럼 서로의 입장은 부정하면서 자기주장만 하는 상태가 되는 거지.

③ 지민 : 아, 왜 갑자기 어제 일을 꺼내고 그래. 대결 국면 이후, 격화 국면에서는 설득을 통해 문제를 해결하는 것이 아니라 강압적이고 위협적인 방법을 쓰려고 하게 된대.

④ 현우 : 그런데 시간이 지나면서 갈등이 점차 감소하는 진정 국면에 들어서게 돼. 이때, 제3자가 중개자나 조정자로 개입하는 것이 도움이 되기도 한대.

⑤ 예린 : 갈등의 과정 중 마지막은 갈등의 해소 단계야. 유진이랑 지민이가 협상하기 시작한 단계라고 할 수 있지.

> **출제 의도** '의견 불일치, 대결 국면, 격화 국면, 진정 국면, 갈등의 해소'와 같이 5단계에 걸쳐 갈등 과정과 각 단계별 특성에 대해 정확하게 이해하고 있는지를 평가하고자 하였다.
>
> **정답** ⑤
>
> **해설** 갈등의 과정 중, 협상이 시작되는 단계는 4번째 단계인 진정 국면에 해당한다. 진정 국면에 이르게 되면, 갈등 당사자들은 협상 과정을 통해 쟁점이 되는 주제를 논의하고 제안을 하며 대안을 모색하게 된다.

직업기초능력명 : 대인관계능력
하위영역명 : 갈등관리능력(PSAT형)

2 나 대리는 A 프로젝트 진행 과정에서 송 팀장과 갈등을 겪는 중이다. 송 팀장은 계속해서 투입 예산을 줄일 것을 지시하지만, 현재보다 적은 예산으로 제품을 개발하는 것은 현실적으로 가능하지 않을뿐더러, 무리해서 예산을 축소하게 될 경우 제품의 질이 떨어져 고객 불만족으로 이어지는 상황이 발생할 수 있기 때문이다. 나 대리는 성공적으로 프로젝트를 마무리하기 위해 나름대로 고군분투하고 있는데, 예산 문제로 자꾸만 갈등이 생기니 억울할 따름이다. 이러한 상황에서, 나 대리가 할 수 있는 행동 중 가장 적절한 것은?

① 송 팀장의 지시에 따라 예산을 축소한다.
② 예산안을 수정하지 않고 프로젝트를 그대로 진행해나간다.
③ 더 상급자에게 해당 상황에 대한 조언을 구한다.
④ 논쟁하는 상황을 최대한 피한다.
⑤ 송 팀장에게 예산을 줄이려는 이유가 무엇인지 묻는다.

출제 의도 갈등 발생 상황, 발생 원인을 파악하여 갈등을 해결할 수 있는 최적의 방안을 도출할 수 있는지를 평가하고자 하였다.

정 답 ⑤

해 설 무조건 팀장의 지시를 따르거나, 자신의 입장을 고집하는 태도는 갈등 과정에서 적절하지 않다. 송 팀장의 지시처럼 예산을 축소해야 하는 합리적인 이유가 있을 수 있기에, 서로의 입장에 대해 대화를 하며 갈등 혹은 오해를 해소하는 것이 필요하다.

● 면접전형

■ 주요 평가 방안

과업을 수행하는 과정에서 발생한 구성원들 간 갈등을 해결했던 경험에 대한 질의응답을 통해 갈등의 원인을 정확히 파악하여 효과적으로 갈등을 해결했는지에 대해 평가한다.

■ 준비 방안

• 평소 학업 및 학과외 활동을 하면서 구성원들 간 발생한 갈등에 관심을 기울이고 적극적으로 나서서 갈등의 원인을 정확히 파악하고 갈등을 해결하려고 노력하는 것이 가장 중요하다.

• 구성원들 간 갈등이 없었다고 이야기하는 경우가 종종 있는데, 갈등 경험이 있다는 것만으로 부정적인 평가를 받지는 않는다. 오히려 갈등 경험이 전혀 없었다고 이야기하는 경우, 면접위원들은 갈등 발생 상황이나 사람에 대한 인식이 부족하다고 판단할 수 있다. 갈등 발생 상황에서 적극적으로 해결하려는 노력이 더욱 중요하다.

• 갈등 발생 원인에 대해 명확하게 이야기하고, 갈등 해결 방안으로는 단순 소통 이상의 구체적인 방안을 이야기할 수 있어야 한다.

■ 경험면접 사례

[면접 질문 1]

> 공동으로 과업을 수행하는 과정에서 구성원들 사이에 발생한 갈등을 해결하기 위해 노력했던 경험에 대해 이야기해주시기 바랍니다.

• GOOD 사례 ❶

A. 저는 타과의 팀별 수업에서 발생한 갈등을 해결했던 경험이 있습니다.

Q. 당시 상황에 대해 간략히 이야기해주시기 바랍니다.

A. 그 당시 저는 그 조에서 유일한 비전공자였습니다. 게다가 개인 사정으로 개강 후 3주가 지나서야 팀 수업에 참석할 수 있었습니다. 의도치 않게 팀에 부담을 안겨주게 되었습니다. 제가 수업에 참석하고 일주일 뒤에 저희 조에서 발표수업을 해야 하는 상황이었습니다. 제가 지난 수업들을 듣지 못해 수업을 따라가지도 못하는 상황에서 발표수업 준비를 돕는데는 한계가 있었습니다. 당시 수업 및 발표

주제 특성상 실험이나 설문조사를 해야 해서 발표를 준비하는 데 2~3주는 소요되었습니다. 저를 제외한 조원들은 이미 2주 전부터 발표를 준비하고 있었습니다. 1주가 남은 상황에서 제게 어떤 역할을 맡길지부터 조내 구성원들의 의견이 달라서 갈등이 시작되었습니다.

Q. 갈등의 중재자가 아니라 갈등 이해당사자였습니까?

A. 네, 맞습니다.

Q. 당시 상황에서 갈등을 해결하기 위해 어떤 노력을 기울였습니까?

A. 그 당시 저는 팀원들에 상당히 미안한 마음이 들었습니다. 저 역시 비슷한 상황에 놓였다면, 그 친구들 입장에 있었다면 불만이 생겼을 것 같다는 생각도 들었습니다. 하지만 그렇다고 제가 계속 미안해만 하고 있을 수는 없었기 때문에 일단 팀원들의 이야기를 들어보았습니다. 제게 남은 기간동안 과업을 맡기지 않고 기여도를 최저 수준으로 평가하겠다는 입장과, 남은 기간동안 가능한 과업을 맡기고 기여도는 낮은 수준으로 평가할 수 밖에 없다는 입장으로 나뉘어 있었습니다. 제 입장은 남은 기간동안만이라도 온전히 시간을 들여서 과업을 수행할 수 있으니 어렵고 힘들고 시간이 많이 걸리는 일을 맡겨주면 최선을 다하겠다는 것이었습니다. 저는 조의 모든 친구들에게 저의 도움이 필요한 부분이 있다면 모두 이야기해달라고 했습니다. 기여도는 저의 일주일 동안의 노력이나 결과물을 보고 평가를 해달라는 입장이었습니다. 일주일 남은 기간동안 자신이 맡은 부분을 해내기 어려운 상황에 처한 친구도 있어서 다행히 저의 입장을 반영하여 과업을 다시 할당해주었습니다. 그 과정에서 저는 제가 할 수 있는 일과 할 수 없는 일을 구분하였고, 할 수 있는 일은 최대한 도울테니 업무를 최대한 할당해달라고 했습니다.

GOOD POINT 구체적으로 갈등 당사자들의 입장에 대해 명확히 언급하였고, 갈등을 해결하기 위해 본인이 노력했던 행동에 대해 이야기하였다.

Q. 그 과정에서 겪은 어려움은 없었습니까?

A. 과업은 재분배를 해서 다행이었는데, 당시 성적에 민감하고 자기 주장이 강한 친구들이 있어 의견 대립이 심화되어 팀 분위기까지 안좋아졌습니다. 그래서 저는 남은 기간동안 팀플 관련 오프라인 모임 시 간식을 준비하고, 분위기를 좋게 만들기 위해 노력했습니다. 그리고 팀원들의 신뢰를 얻기 위해서 팀원들이 과업 수행 시

어려움을 느끼는 부분에 대해 최대한 돕기 위해 노력했습니다. 과업 수행 과정에서 친구들이 힘들어하는 부분을 최대한 지원했습니다.

GOOD POINT 갈등 해결 과정에서 겪은 어려움과 어려움을 극복하기 위해 노력했던 행동에 대해 구체적으로 이야기하였다.

Q. 결과는 어땠습니까?

A. 다행히 저희 조는 발표에서 매우 높은 점수를 받았습니다. 구체적인 점수는 기억에 나지 않지만, 거의 만점에 가까운 점수를 받았습니다. 또한, 발표가 끝나고 팀원들이 저에게 긍정적인 피드백을 주었습니다. 발표에 대한 기여도 점수를 어떻게 받았는지는 명확히 알 수 없으나, 그 수업에서 제가 받은 점수를 생각해봤을 때, 낮게 평가하지는 않았던 것 같습니다.

GOOD POINT 구체적인 수치를 제시하지는 못했지만, 결과의 긍정적인 측면과 함께 근거를 제시하여 이야기하였다.

• BAD 사례 ❶

A. 작년 가을 팀 프로젝트를 하면서 갈등을 해결했던 경험이 있습니다. '스타트기업의 원가절감 방안'에 대한 발표 수업을 준비하는 과정에서 갈등이 발생했습니다.

Q. 구체적으로 어떤 갈등이 있었습니까?

A. 당시, 프로젝트 팀 내에 1학년부터 4학년까지 다양하게 있었는데, 학년 차이가 많이 나는 선후배 학생들 사이에 갈등이 있었습니다. 당시에 발표 수업을 준비할 시간은 일주일 밖에 없었습니다. 4학년 선배들이 취업 준비를 해야해서 발표 준비를 못할 것 같다며 양해를 해달라고 했습니다. 1~2학년 후배들은 선배들이 발표 준비에 참여하지 않으려고 하는 것에 불만이 있었습니다. 역할을 배분하는 과정에서 서로 감정적으로 반응하고 결론이 나지 않았습니다.

Q. 프로젝트 팀원은 몇 명이었습니까? 불만이 있었던 1~2학년은 몇 명이었고, 4학년은 몇 명이었습니까?

A. 전체 팀원은 6명이었고, 4학년 2명, 2학년 2명, 1학년 1명이 있었고, 3학년은 저 혼자였습니다.

Q. 지원자님은 4학년 선배들의 행동에 불만이 없었습니까?

A. 저는 3학년이었고, 바로 다음 학기부터 그 선배들과 비슷한 입장에 놓이게 되는 상황이었습니다. 저는 선배들이 취업 준비 때문에 발표에 부담을 느끼는 입장도 이해가 되었고, 후배들이 불만을 갖는 이유도 이해되었습니다.

Q. 그런 상황에서 갈등을 해결하기 위해 어떻게 했습니까?

A. 저는 일주일도 남지 않은 상황에서는 모든 구성원들이 발표 준비에 참여해야 한다고 생각했습니다. 그리고 1~2학년들이 4학년 선배들에게 적극적으로 그런 의견을 제시하지 못하고 있는 것 같아서, 제가 선배들을 설득했습니다. 선배들의 어려움은 알겠지만, 선배들의 역할이 중요하고 선배들이 참여하지 않으면 일주일 안에 발표를 무사히 마치기 어려울 것 같다고 솔직히 이야기했습니다. 선배들이 처음에는 기분 나빠했지만, 저의 계속된 설득에 발표 준비에 적극 참여하기로 했습니다. 선배들도 이번 과제에서 좋은 성적을 얻어야 하는 상황이었습니다.

　BAD POINT　당면한 갈등을 해결하기 위해 선배들에게 발표 준비하는데 참여하는 걸 독려한 것밖에 없다. 갈등 해결을 위해서는 단편적인 노력을 기울였다. 갈등 해결을 위한 적극적인 노력이 드러나지 않았다.

Q. 설득 과정에서 어려움이 있었다며 이야기해주세요.

A. 선배들이 감정적으로 반응하고 이야기를 들으려고 하지 않아서 힘들었습니다. 저는 그 상황에서 예의를 갖춰 차분히 이야기를 계속했습니다. 그런 과정을 몇 번 하다보니 선배들이 제 의견을 받아들여 줬습니다.

　BAD POINT　갈등을 해결하기 위해 선배들을 설득하는 과정에서 예의를 갖춰 차분히 이야기한 행동은 적절할 수 있으나 갈등 해결을 위한 본질적인 노력 행동으로 보기는 어렵다.

Q. 갈등은 잘 해결되었다고 생각합니까?

A. 네, 그렇게 생각합니다.

Q. 그렇게 생각하는 이유는 무엇입니까?

A. 선배들이 발표에 참여한 이후로 특별한 갈등이 없었습니다. 선배들이 발표 준비에 참여하였고, 후배들도 불만없이 발표 준비에 열심히 참여하였습니다.

BAD POINT 발표 준비에 참여한 것으로 갈등이 해결되었다고 보기는 어렵다. 갈등에 대해 표면적으로 접근하였다.

Q. 결과는 어땠는지 구체적으로 이야기해주세요.

A. 발표수업을 무사히 마쳤고, 우수한 성적을 받았습니다.

BAD POINT '무사히 마쳤다', '우수한'과 같은 주관적인 표현은 지양해야 한다. 구체적으로 어떤 점수를 받았는지, 다른 친구들에 비해 어느 정도 수준의 결과를 냈는지 등에 대해 언급해야 한다. 근거를 바탕으로 수치를 제시해주어야 결과에 대한 신뢰성을 얻을 수 있다.

[면접 질문 2]

소속된 조직 내 구성원들 사이에 발생한 갈등을 파악하여 효과적으로 대처했던 경험에 대해 이야기해주시기 바랍니다.

• GOOD 사례 ❷

A. 제가 2학년 때 아동복지센터에서 실시한 교육 봉사활동을 했었는데, 그때 갈등을 해결한 경험이 있었습니다.

Q. 교육 봉사활동은 어떻게 진행되는 것이었으며, 어떤 갈등이 있었습니까?

A. 교육 봉사활동은 특정 주제와 관련하여 2개월에 1회씩 교육을 하는 것으로 일종의 재능기부 같은 것입니다. 봉사활동은 팀별로 운영되었으며, 한 팀당 6명 정도로 구성되어 있습니다. 활동 초반에는 방학 기간이어서 팀원들이 적극적으로 활동에 참여했습니다. 하지만 개학 후에는 각자 학교 생활이 바빠지면서 활동에 소홀해지기 시작했습니다. 그러면서 조금씩 교육 준비나 활동에 자주 참여하는 사람과 그렇지 않은 사람들 사이에 갈등이 생겼습니다.

GOOD POINT 구체적인 수치를 들어 상황의 핵심적인 내용을 설명하였다.

Q. 당시 갈등의 원인은 무엇이라고 생각했습니까?

A. 자율적으로 운영되는 시스템이다 보니 정해진 역할이 없다는 게 가장 큰 문제점이라고 생각했습니다. 또한, 단기적으로 봉사활동을 하고 그만두는 사람들이 있어서

일이 연속적으로 진행되기 어려운 면이 있었습니다. 그렇다 자주 활동하는 사람만 계속 일이 많아지게 되었습니다.

GOOD POINT 당시 발생한 갈등의 원인에 대해 고민했음이 드러났으며, 원인 파악도 적절하였다.

Q. 갈등을 해결하기 위해 어떻게 했습니까?

A. 갈등 상태가 지속되면 봉사활동 전반에 차질이 생길 거 같았습니다. 당시 자율에 맡기는 봉사활동이다보니 팀장이 없었습니다. 제가 팀장은 아니었지만 서로 모일 것을 제안하여 자연스럽게 입장을 정리하고 조율하는 역할을 했습니다. 저는 현재 상황에서 누가 잘했는지, 못했는지를 따지기 보다는 앞으로 봉사활동을 차질없이 진행하려면 어떻게 해야할지에 대해 의견을 모아야 함을 강조했습니다. 교육과 관련하여 역할이 모호한 게 가장 큰 문제이니 각자의 준비를 하면서 역할을 정하지 않아 발생하게 된 점을 주지시켰고, 복지센터에서 진행하는 교육에 차질이 생기면 안된다는 점을 강조했습니다. 그런 후 연간 단위의 계획을 세우고 각자의 역할을 나누었습니다. 연말까지 5회의 교육을 진행해야 했는데, 각자의 사정이나 상황을 고려하여 역할을 나눴습니다. 이야기를 하다보니, 자주 참여하지 않았던 사람들은 개인적으로 바쁜 시기를 보내고 있었다는 것을 알게 되었습니다. 각자의 입장이나 상황에 대해 솔직하게 이야기하면서 오해를 풀게 되었습니다. 각자의 바쁜 시기를 고려하여 바쁠때는 작은 역할이나 과업을 담당하고, 덜 바쁠 때 좀 더 큰 역할이나 과업을 담당하도록 조정했습니다.

GOOD POINT 갈등 해결 과정에서 양측의 입장을 모두 고려하여 적절한 조정안을 제시하였다.

Q. 결과적으로 어떻게 되었습니까?

A. 각자 역할이나 책임이 명확해지다보니, 봉사활동을 하면서 큰 갈등은 없었습니다. 사소하게 서로의 입장이 달라서 언쟁을 벌이는 일은 가끔 있었지만, 대화를 통해 서로의 생각을 자유롭게 표현하며 의견을 조정하는 과정을 거쳐서 문제가 되지 않도록 했습니다. 결과적으로 그 해 5회의 교육 모두 긍정적인 결과를 얻었습니다. 교육 참여자들이나 복지센터 담당자분들의 반응이 좋았습니다. 저희가 담당했던 교육들의 참여자 수가 가장 많았습니다.

GOOD POINT 이후의 갈등 문제가 어떻게 되었는지, 지식 봉사활동의 결과는 어땠는지 구체적으로 드러났다.

• BAD 사례 ❷

A. 대학교 2학년 때 댄스 동아리 활동을 하면서 발생한 갈등을 해결한 적이 있었습니다.

Q. 댄스 동아리에서 어떤 역할을 맡고 있었습니까?
A. 댄스 동아리에서 특별한 역할을 맡고 있진 않았습니다.

Q. 댄스 동아리에는 전체 몇 명 정도가 있었습니까?
A. 매년 인원이 늘어나긴 했지만 이탈하는 사람들도 있어서 30명 내외였습니다.

Q. 당시 갈등 상황에 대해 구체적으로 이야기해주세요.
A. 저희 동아리는 각종 대회에 출전하며 상을 받을 정도로 실력있는 사람들이 많았고, 유튜브 채널도 있을 만큼 유명했습니다. 당시 저희 동아리는 시에서 주최하는 크리스마스 특별 공연에 섭외가 되었습니다. 큰 행사에 초청을 받은 것은 처음이어서 연습을 많이 해야 했습니다. 댄스 동아리에는 댄스를 배우고 싶어서 들어온 사람도 있지만, 고등학생 때부터 이미 춤을 잘 췄던 사람들도 있었습니다. 공식적인 행사에 초청된 만큼 춤을 잘추는 사람들로 구성하여 공연을 준비했습니다. 저도 그 공연에 참여하게 되었는데, 공연 연습과 관련하여 선후배 간의 마찰이 있었습니다. 당시 기말고사 준비로 바쁜 와중에 공연 연습을 하느라 힘든 상황이었습니다. 선배들은 큰 공연이니만큼 연습을 많이 하길 원했습니다. 하지만 저를 포함한 후배들은 연습 강도가 지나치다 생각했습니다. 저희가 프로 댄서들이 아니기 때문에 학교 수업이나 성적 관리에도 신경을 써야 한다고 생각했습니다. 연습 강도가 점점 높아져서 다들 지쳐가고 있었고, 연습을 해도 능률이 오르지 않는 것 같았습니다.

Q. 갈등의 원인은 무엇이라고 생각했습니까?
A. 선배들이 일방적으로 연습 횟수를 정했기 때문에 갈등이 생겼다고 생각합니다.

　　BAD POINT 갈등의 원인을 단편적으로 파악하고 있으며, 선배들이 잘못한 것으로만 파악하고 있다.

Q. 그런 상황에서 갈등을 해결하기 위해 어떻게 했습니까?

A. 누구도 선뜻 나서서 힘들다는 이야기를 못하고 있었습니다. 선배들의 마음은 이해가 되었지만, 이런 식으로 연습하다가는 공연 전에 모두 지쳐 쓰러질 것 같았습니다. 그래서 제가 대표로 나서서 연습 강도를 줄여달라고 선배들에게 솔직히 이야기 했습니다. 처음에 선배들은 받아들이지 못했으나, 저뿐만 아니라 다른 후배들도 비슷한 의견을 제시하여 결국 선배들이 저희의 의견을 들어주었습니다.

■ **BAD POINT** 갈등 해결을 위해 노력했다기 보다는, 힘든 상황에서 자신의 입장이나 생각을 이야기한 것으로 보인다. 갈등 해결을 위해 다양한 방법을 사용하거나 적극적으로 노력하는 행동이 드러나지 않았다.

Q. 선배들과의 갈등은 해결되었습니까?

A. 연습 횟수를 줄인 뒤로는 갈등이 없었습니다.

Q. 그렇게 생각하는 이유는 무엇입니까?

A. 선배들이 처음에는 연습 줄인 것에 대해 불만이 있는 것 같았지만, 열심히 하는 저희 모습을 보고 생각이 달라진 것 같았습니다.

■ **BAD POINT** 갈등이 해결되었다고 생각하는 근거가 단편적이고, 자신의 입장에서만 이야기하였다.

Q. 결과적으로 어떻게 되었습니까?

A. 기존보다 연습 횟수가 줄어들었고, 저희는 차질없이 댄스 연습과 학업에 매진할 수 있었습니다. 댄스 공연도 무사히 마쳤습니다.

■ **BAD POINT** '무사히 마쳤다'라는 건 주관적인 표현으로 지양해야 한다. '무사히 마쳤다'라고 이야기할 수 있는 객관적인 근거를 제시해야 한다.

● **자가진단**

■ **진단 체크리스트**

각 문항과 관련하여 자신의 행동 수준, 강도에 따라 평정하여 주시기 바랍니다.

문항	매우 미흡	미흡	보통	우수	매우 우수
1. 나는 갈등의 의미를 설명할 수 있다	1	2	3	4	5
2. 나는 발생한 갈등의 정확한 원인을 파악할 수 있다	1	2	3	4	5
3. 나는 갈등의 쟁점 사안을 명확히 파악할 수 있다	1	2	3	4	5
4. 나는 갈등 해결에 영향을 미치는 요인을 알고 있다	1	2	3	4	5
5. 나는 상호 윈-윈할 수 있는 갈등 해결 방안을 마련 할 수 있다	1	2	3	4	5

■ **평정 결과**

- 평균 3.0점 미만 : 갈등관리능력을 발휘하는데 다소 어려움이 예상된다. 기초 및 기본 지식 습득과 적용 노력이 필요하다.

- 평균 3.0점 이상~3.5점 미만 : 갈등관리능력을 보유하고 있으나, 갈등 당사자 간 갈등이 첨예하게 발생한 상황에서 갈등관리능력을 효과적으로 발휘하는데 어려움이 예상된다. 일정한 추가 보수 교육이 필요하다.

- 평균 3.5점 이상~4.0점 미만 : 갈등관리능력을 발휘할 수 있으나, 보다 우수한 수준의 갈등관리능력을 발휘하기 위해서는 약점 중심으로 개발해 나가야 한다.

- 평균 4.0점 이상 : 업무 수행 시 효과적으로 갈등관리능력을 발휘할 수 있다.

4 협상능력

● 학습모듈

① 협상의 의미

- **협상의 의미**

    - 협상하다(negotiate) = 라틴어 'negtir' = neg- : 아니다 + tir : 여가 = '여가가 아니다'라는 의미

    - 협상의 차원

        - 의사소통 차원 : 이해당사자들이 자신의 욕구를 충족시키기 위해 상대방으로부터 최선의 것을 얻고자 상대를 설득하는 커뮤니케이션 과정

        - 갈등 해결 차원 : 갈등관계에 있는 이해당사자들이 대화를 통해 갈등을 해결하고자 하는 상호작용 과정. 상반되는 이익은 조정하고 공통의 이익을 증진

        - 지식과 노력 차원 : 얻고자 하는 것을 가진 사람의 호의를 얻어내기 위한 것에 관한 지식이며 노력. 즉, 협상은 승진, 돈, 안전, 자유, 사랑, 지위, 명예, 정의, 애정 등 얻고자 하는 것을 어떻게 다른 사람들보다 더 우월한 지위를 점유하며 얻을 수 있을 것인가 등에 관련된 지식이며 노력의 장

        - 의사결정 차원 : 둘 이상의 이해당사자들이 여러 대안 가운데, 이해당사자들 모두가 수용 가능한 대안을 찾기 위한 의사결정 과정

        - 교섭 차원 : 선호가 서로 다른 협상당사자들이 합의에 도달하기 위해 공동으로 의사결정하는 과정이며, 둘 이상의 당사자가 갈등상태에 있는 쟁점에 대해 합의를 찾기 위한 과정

    - 종합하면, 협상이란 갈등상태에 있는 이해당사자들이 대화와 논쟁을 통해서 서로를 설득하여 문제를 해결하려는 정보전달 과정이자 의사결정 과정

② 협상의 과정

- ■ 협상의 5단계 과정

구분		내용
1단계	협상 시작	• 협상당사자들 사이에 상호 친근감 형성 • 간접적인 방법으로 협상의사 전달 • 상대방의 협상의지 확인 • 협상진행을 위한 체제 구성
2단계	상호 이해	• 갈등문제의 진행상황과 현재의 상황 점검 • 적극적으로 경청하고 자기주장 제시 • 협상을 위한 협상대상 안건 결정
3단계	실질 이해	• 겉으로 주장하는 것과 실제로 원하는 것 구분하여, 실제로 원하는 것 탐색 • 분할과 통합 기법을 활용하여 이해관계 분석
4단계	해결 대안	• 상대방에게 중요한 기준 명확히하기 • 자신에게 어떠한 기준이 중요한지 말하기 • 협상 안건마다 대안들 평가 • 개발한 대안들 평가 • 최선의 대안에 대해서 합의하고 선택 • 대안 이행을 위한 실행계획 수립
5단계	합의 문서	• 합의문 작성 • 합의문의 합의내용, 용어 등 재점검 • 합의문에 서명

- ■ 협상에서 주로 나타나는 7가지 실수와 그에 대한 효과적인 대처방안

협상의 실수	대처방안
1. 준비되기 전에 협상 시작하는 것	• 상대방이 먼저 협상을 요구하거나 재촉하면 아직 준비가 덜 되었다고 솔직히 말하고 상대방의 입장을 물어볼 것 • 협상준비가 되지 않았을 때는 듣기만 할 것
2. 잘못된 사람과의 협상	• 협상 상대가 협상에 대하여 책임을 질 수 있고 타결권한을 가지고 있는 사람인지 확인할 것 • 최고책임자는 협상의 세부사항을 잘 모르기 때문에 상급자는 협상의 올바른 상대가 아님을 고려할 것
3. 특정 입장만 고집하는 것(입장협상)	• 협상에서 한계를 설정하고 그 다음 단계를 대안으로 제시할 것 • 상대방이 특정 입장만 내세우는 입장협상을 할 경우에는 조용히 그들의 준비를 도와주고 서로 의견을 교환하면서 상대의 마음을 열게 할 것

협상의 실수	대처방안
4. 협상의 통제권을 잃을까 두려워하는 것	• 협상은 통제권을 확보하는 것이 아니라 함께 의견 차이를 조정하면서 최선의 해결책을 찾는 것 • 통제권을 잃을까 염려되면 그 사람과의 협상 자체를 고려해 볼 것 • 자신의 한계를 설정하고 그것을 고수할 것
5. 설정한 목표와 한계에서 벗어나는 것	• 한계와 목표를 잃지 않도록 그것을 기록하고, 기록된 노트를 협상의 길잡이로 삼을 것 • 더 많은 것을 얻기 위해 한계와 목표를 바꿀 수 있음을 고려할 것
6. 상대방에 대해서 너무 많은 염려를 하는 것	• 상대방이 원하는 것을 얻을까 너무 염려하지 말고, 협상을 타결 짓기 전에 자신과 상대방이 각기 만족할만한 결과를 얻었는지, 협상 결과가 현실적으로 효력이 있었는지, 모두 만족할 만한 상황이 되었는지 확인할 것
7. 협상 타결에 초점을 맞추지 못하는 것	• 협상의 모든 단계에서 협상의 종결에 초점을 맞추고, 항상 종결을 염두에 둘 것 • 특정한 목적을 위해 협상을 하고 있기 때문에 목표가 가까이 왔을 때 쟁취할 것

③ 협상전략의 종류

■ 협상전략의 4가지 형태

• 협력전략(cooperative strategy, 문제해결전략)

– 의미 : 협상 참여자들이 협동과 통합으로 문제를 해결하고자 하는 협력적 문제해결전략이며, 가장 효과적인 전략

– 특징 : 'Win-Win' 전략, 자신도 잘되고 상대방도 잘되어 모두가 잘되는 'I Win, You Win, We Win' 전략

– 협상 방안

✓ 협상당사자들은 자신의 목적이나 우선순위에 대한 정보를 서로 교환하고, 이를 통합해 문제해결 노력

✓ 자신에게 우선순위가 낮은 것에 대해서는 상대방에게 양보하는 협력적 과정을 통해 합의

✓ 협상 참여자들이 신뢰에 기반을 둔 협력 진행(신뢰적 협력전략)

– 사용 전술 : 협동적 원인탐색, 정보수집과 제공, 쟁점의 구체화, 대안 개발, 개발된 대안들에 대한 공동평가, 협동하여 최종안 선택 등

- 유화전략(smoothing strategy, 양보전략)

  - 의미 : 양보전략, 순응전략, 화해전략, 수용전략, 굴복전략. 상대방이 제시하는 것을 일방적으로 수용하여 협상의 가능성을 높이려는 전략

  - 특징 : 'Lose-Win' 전략, 상대의 승리를 위해서 자신은 손해를 보아도 괜찮다는 'I Lose, You Win' 전략

  - 협상 방안

    ✓ 협상으로 인한 결과보다는 상대방과의 인간관계 유지를 선호하여, 상대방과 충돌을 피하고자 할 때 사용

    ✓ 상대방과의 우호관계를 중시하고 지속하기 위해, 자신보다 상대방의 이익과 입장을 고려하여 상대방의 주장에 순응

  - 사용 전술 : 유화, 양보, 순응, 수용, 굴복, 요구사항의 철회 등과 같은 전술 사용

- 회피전략(무행동전략)

  - 의미 : 무행동전략이자 협상 철수전략으로, 협상을 피하거나 잠정적으로 중단하거나 철수하는 전략

  - 특징 : 'Lose-Lose' 전략, 자신도 손해를 보고 상대방도 피해를 입게 되어 모두가 손해를 보게 되는 'I Lose, You Lose, We Lose' 전략

  - 협상 방안

    ✓ 회피전략은 상대방 혹은 자신에게 돌아올 결과에 대해 전혀 관심을 가지지 않을 때 사용할 수 있고, 자신이 얻게 되는 결과나 인간관계 모두에 대해 관심이 없을 때 상대방과의 협상 거절 가능

    ✓ 협상의 가치가 낮거나, 협상 중단으로 상대방에게 심리적 압박감을 주어 필요한 양보를 얻어내고자 할 때, 또는 협상 이외의 방법으로 쟁점해결을 위한 대안이 존재할 경우 회피전략 사용

    ✓ 회피전략은 협상을 계속 진행하는 것이 자신에게 불리하게 될 가능성이 있을 때, 협상 상황이 자신에게 불리하게 전개되고 있을 때, 협상국면을 전환하고자 할 때 사용

  - 사용 전술 : 협상을 회피, 무시, 상대방의 도전에 대한 무반응, 협상안건을 타인에게 넘겨주기, 협상으로부터 철수 등

- 강압전략(경쟁전략)

  - 의미 : 공격적 전략이자 경쟁전략으로, 자신이 상대방보다 힘에 있어서 우위를 점

유하고 있을 때 자신의 이익을 극대화하기 위한 공격적 전략이며, 상대방의 주장을 무시하고 힘으로 밀어붙여 상대방에게 자신의 입장을 강요하는 전략

- 특징 : 'Win-Lose' 전략, 자신이 승리하기 위해 상대가 희생되어야 한다는 'I Win, You Lose' 전략으로, 제로섬의 결과가 산출될 수 있음

- 협상 방안
  - ✔ 명시적 또는 묵시적으로 강압적 위협이나 강압적 설득, 처벌 등의 무력시위 또는 카드 등을 사용하여 상대방을 굴복 또는 순응시킴
  - ✔ 일방적인 의사소통으로 일방적인 양보를 받아내는 전략
  - ✔ 인간관계를 중요하게 여기지 않고, 자신의 입장과 이익 극대화를 관철시키는 것에만 관심이 있어 합의도출이 어려움
  - ✔ 상대방에 비해 자신의 힘이 강하고, 상대방과의 인간관계가 나쁘고, 상대방에 대한 신뢰가 전혀 없을 때, 자신의 실질적 결과를 극대화하고자 할 때 강압전략 사용

- 사용 전술 : 위압적인 입장 천명, 협박과 위협, 협박적 설득, 확고한 입장에 대한 논쟁, 협박적 회유와 설득, 상대방 입장에 대한 강압적 설명요청 등

• 가장 효과적인 전략은 협력전략, 즉 문제해결 전략이며, 이 과정에서 상대방을 설득하여 문제를 해결하는 일은 매우 중요

■ **상대방 설득전략**

• 설득이란 상대방의 인지, 정서, 행동 등과 같은 태도를 자신이 의도하는 방향으로 움직이게 하는 것

• 상대방을 설득하는 방법은 상대에 따라, 상황에 따라 매우 다양하며, 설득은 이성적인 요인도 있지만 감정적인 요인도 작용

• 상대방 설득의 9가지 전략

전략	내용
1. See-Feel-Change 전략	• See 전략 : 시각화하고 직접 보게 하여 이해시키는 전략 • Feel 전략 : 스스로가 느끼게 하여 감동시키는 전략 • Change 전략 : 변화시켜 설득에 성공한다는 전략
2. 상대방 이해 전략	• 협상 상대방을 설득하기 위해서는 장애가 되는 요인들 척결 필요 • 협상과정상의 갈등 해결을 위해서 상대방에 대한 이해가 선행되면 갈등 해결 용이

전략	내용
3. 호혜 관계 형성 전략	• 협상당사자 간에 어떤 혜택들을 주고받는 호혜 관계가 형성되어 있으면 협상과정상의 갈등 해결 용이 • 차후 어떤 정책을 추진할 때 상대방의 협조 요청이 용이
4. 헌신과 일관성 전략	• 협상당사자 간 기대하는 바에 일관성 있게 헌신적으로 부응하여 행동하게 되면 협상과정상의 갈등 해결 용이 • 상대방의 기대에 헌신적이고 일관성 있게 부응하여 행동하는 것 • 일종의 습관 같은 것으로 반복하다가 보면 존재하지 않는 것도 존재하는 것처럼 착각
5. 사회적 입증 전략	• 동료를 비롯한 다른 사람들의 말과 행동으로 상대방을 설득하는 것이 어떤 과학적인 논리보다도 협상과정에서 생기는 갈등 해결에 용이 • 사람은 과학적 이론보다 자신의 동료나 이웃의 말이나 행동에 의해서 쉽게 설득된다는 것과 관련된 기술
6. 연결 전략	• 협상과정에서 갈등이 발생했을 때 그 갈등 문제와 갈등관리자를 연결하는 것이 아니라 그 갈등을 야기한 사람과 관리자를 연결하면 갈등 해결에 용이 • 제품(예컨대 정부정책)과 자신을 연결하는 것이 아니라 그 제품을 판매(예컨대 집행)하는 사람과 자신 연결 • 어떤 정책을 집행할 때 그 정책에 이해관계를 가진 집단들에게 우호적인 사람으로 하여금 집행하게 하면 그 정책으로 인해 발생하는 갈등을 용이하게 해결 • 연결기술을 효과적으로 사용하기 위해서는 우호적이거나 좋은 이미지, 협력적인 행정이나 정책들을 사용하여 다른 사람을 설득하는 것 필요
7. 권위 전략	• 직위나 전문성, 외모 등을 이용하면 협상과정에서 생기는 갈등 해결 용이 • 사람들은 자신보다 더 높은 지위나 더 많은 지식을 가지고 있다고 느끼는 사람으로부터 설득되기 쉬움
8. 희소성 해결 전략	• 인적 및 물적자원 등의 희소성을 해결하는 것이 협상과정에서 생기는 갈등의 해결에 용이 • 희소성의 문제는 희소한 것을 강력히 소유하고자 하는 사람 또는 집단들의 소유욕이 있을 경우에만 통용 • 자원이 희소하더라도 그것을 소유하고자 하는 사람이 없으면, 희소성으로 인해 갈등이 야기되지 않음
9. 반항심 극복 전략	• 반항심은 협상과정상의 갈등관리를 위해서 자신의 행동을 통제하려는 상대방에게 반항한다는 것에 관련된 것 • 억압하면 할수록 더욱 반항하게 될 가능성이 높아지며, 비난하거나 부정하는 말 혹은 행동으로 설득시키려 하면 반항 심리를 유발시켜 설득에 실패할 확률이 높아짐

● 필기전형

■ NCS 직업기초능력 평가 문항 예시 및 해설

> 직업기초능력명 : 대인관계능력
> 하위영역명 : 협상능력(모듈형)

1 협상에는 상황에 따라 구사할 수 있는 전략이 다양하게 존재한다. 아래의 설명과 적합한 협상 전략을 올바르게 짝지은 것은 무엇인가?

> ㉠ 자신이 가지고 있는 것 가운데 우선순위가 낮은 것에 대해서는 상대방에게 양보한다.
> ㉡ 상대방이 제시하는 것을 일방적으로 수용한다.
> ㉢ 협상 이외의 방법으로 쟁점 해결을 위한 대안이 존재할 경우 사용할 수 있는 전략이다.
> ㉣ 상대방의 주장을 무시하고 자신의 힘으로 일방적으로 밀어붙인다.
> ㉤ 협상 당사자들은 자신들의 목적이나 우선순위에 대한 정보를 서로 교환한다.
> ㉥ 협상 상황이 자신에게 불리하게 전개되고 있을 때, 협상 국면을 전환하기 위해서 사용할 수 있는 전략이다.
> ㉦ 단기적으로는 상대방이 얻는 결과에 순응하고 수용하더라도 자신은 잃을 것이 없을 때 사용할 수 있는 전략이다.

	협력	유화	회피	강압
①	㉠, ㉤	㉡, ㉦	㉢, ㉥	㉣
②	㉠	㉢, ㉤	㉡, ㉦	㉣, ㉥
③	㉢, ㉤	㉠, ㉤	㉦	㉣, ㉥
④	㉢, ㉥	㉠, ㉤	㉡, ㉣	㉤, ㉦
⑤	㉤, ㉥	㉠, ㉦	㉡	㉢, ㉣

출제 의도 협상의 전략별 특성을 구분하여 파악하고 있는지를 평가하고자 하였다

정답 ①

해설 ㉠과 ㉤은 협상 참여자들이 협동과 통합으로 문제를 해결하고자 하는 협력 전략에 해당한다. ㉡과 ㉦은 상대방의 욕구와 주장에 자신의 욕구와 주장을 조정하고 순응시켜 굴복하는 유화 전략에 해당한다. ㉢과 ㉥은 상대방에게 심리적 압박감을 주어 필요한 양보를 얻어내고자 하는 회피 전략에 해당한다. ㉣은 명시적 또는 묵시적으로 강압적 위험이나 설득, 처벌 등을 통해 상대방을 굴복시키거나 순응시키는 강압 전략에 해당한다.

직업기초능력명 : 대인관계능력
하위영역명 : 협상능력(PSAT형)

2 아래의 사례에서 K씨가 활용한 설득 전략은 무엇인가?

> H씨는 최근 대규모 카페를 오픈했다. 지역 신문지와 어플 광고에 막대한 비용을 들여
> 초기 매출을 끌어올리고자 했으나, 오히려 기대와는 반대로 카페를 찾는 고객들이 점
> 점 줄어들었다. 이에 홍보 및 마케팅 경력이 있는 K씨를 영입했고, 이후 K씨는 개인적
> 으로 손꼽는 지인들을 카페에 초대하여 H씨의 색다르고 맛있는 디저트를 소개했다. 이
> 에 특별한 감동을 받은 지인들은 다시 자신의 지인들에게 해당 디저트의 정보를 공유했
> 고, 카페를 찾는 고객과 단골의 수는 대폭 증가했다.

① 상대방 이해 전략　　　　　② 호혜 관계 형성 전략
③ 헌신과 일관성 전략　　　　④ 사회적 입증 전략
⑤ 연결 전략

출제 의도 제시된 자료에 근거하여 설득 전략을 알맞게 파악하고 있는지를 평가하고자 하였다.
정답 ④
해설 K씨가 사용한 설득 전략은 어떤 과학적인 논리보다도 동료나 사람들의 행동에 의해서 상대
방을 설득시키는 '사회적 입증 전략'에 해당한다. K씨는 자신의 지인들을 카페에 초대하여
직접 디저트를 경험하게 하고, 이후 지인들이 또 다른 지인들에게 관련 정보를 전파하여
카페를 홍보한 것은 사회적 입증 전략을 활용했다고 할 수 있다.

● 자가진단

■ 진단 체크리스트

각 문항과 관련하여 자신의 행동 수준, 강도에 따라 평정하여 주시기 바랍니다.

문항	매우 미흡	미흡	보통	우수	매우 우수
1. 나는 협상의 의미와 중요성을 설명할 수 있다	1	2	3	4	5
2. 나는 협상과정 5단계에 대해 정확하게 이해하고 있다	1	2	3	4	5
3. 나는 협상과정에서 해야할 일을 정확하게 알고 있다	1	2	3	4	5
4. 나는 다양한 협상 전략을 활용할 수 있다	1	2	3	4	5
5. 나는 상대방과 상황에 따라 적절한 방법을 활용하여 효과적으로 설득할 수 있다	1	2	3	4	5

■ 평정 결과

- 평균 3.0점 미만 : 협상능력을 발휘하는데 다소 어려움이 예상된다. 기초 및 기본 지식 습득과 적용 노력이 필요하다.
- 평균 3.0점 이상~3.5점 미만 : 협상능력을 보유하고 있으나, 협상 이슈가 첨예하게 대립되는 상황에서 효과적으로 협상능력을 발휘하는데 어려움이 예상된다. 일정한 추가 보수 교육이 필요하다.
- 평균 3.5점 이상~4.0점 미만 : 협상능력을 발휘할 수 있으나, 보다 우수한 수준의 협상능력을 발휘하기 위해서는 약점 중심으로 개발해 나가야 한다.
- 평균 4.0점 이상 : 업무 수행 시 효과적으로 협상능력을 발휘할 수 있다.

5 고객서비스능력

● 학습모듈

① 고객서비스의 의미

- **고객서비스의 의미**
  - 다양한 고객의 요구를 파악하고, 대응법을 마련하여 고객에게 양질의 서비스를 제공하는 것
  - 고객서비스를 제공하는 목적은 조달, 생산, 판매, 혹은 고객지원 등의 기업활동 중 중점을 두고 있는 것에 따라 상이
  - 고품위의 고객서비스를 제공하여 고객이 감동을 받으면, 이로 인해 회사에 대한 고객의 충성도가 증가하게 되고, 기업에 대한 선호도가 고객들 사이에 높아져 성장과 이익 달성
  - 고객 중심 기업의 일반적인 특성
    - 내부 고객과 외부 고객 모두 중요시
    - 고객만족에 중점
    - 고객이 정보, 제품, 서비스 등에 대해 높은 접근성을 가짐
    - 보다 나은 서비스를 제공할 수 있도록 기업정책 수립
    - 기업의 전반적 관리시스템이 고객서비스 업무 지원
    - 기업이 실행한 서비스에 대해 계속적인 재평가 실시
    - 고객에게 양질의 서비스를 제공하도록 서비스 자체를 끊임없이 변화시키고 업그레이드

② 고객의 불만 표현 유형 및 대응방안

- **불만을 표현하는 고객의 유형**
  - 거만형 : 자신이 타인보다 우월하다고 생각하며, 자신이 가진 지식이나 능력, 소유를 과시적으로 드러내고 싶어하는 유형. 보통 제품을 폄하하고자 하는 사람들
    - 대응방안 : 정중하게 대하는 것이 좋으며, 과시욕이 충족될 수 있도록 그들의 언행을 제지하지 않고 인정. 적절히 대응하여 호감을 얻게 되면 우호적 태도와 적극적으로 지지하는 태도로 전환

- **의심형** : 타인과 세상을 잘 신뢰하지 못하는 유형으로, 직원의 설명이나 제품의 품질에 대해 의심이 많으며, 확신 있는 말이 아니면 잘 믿지 않음
  - 대응방안 : 분명한 증거나 근거를 제시하여 스스로 확신을 갖도록 유도하고, 때로는 책임자로 하여금 응대하는 것이 필요
- **트집형** : 사소한 것으로 트집을 잡는 까다로운 고객 유형
  - 대응방안 : 이야기를 경청하고, 맞장구치고, 추켜세우고, 설득해 가는 방법이 효과적. 고객의 지적이 옳음을 표시한 후 설득하는 것 필요, 고객의 의견을 경청하고 사과를 하는 응대가 바람직
- **빨리빨리형** : 매사에 성격이 급하며, 특히 일처리가 늦어지는 것에 대해 불만을 가지는 유형
  - 대응방안 : 애매한 화법을 사용하면 고객은 신경이 더욱 날카롭게 곤두서게 됨. 여러 가지 일을 신속하게 처리하는 모습을 보이면 응대가 용이

- **고객의 불평에 대해 유의할 사항**
  - 서비스에 불만족하는 고객의 대부분은 불평하지 않으며, 불평하는 고객은 사업자를 도와주려는 생각에서 불평을 하는 경우가 많기에 고객의 불평을 개방적으로 수용할 필요가 있음
  - 고객의 불평은 종종 거친 말로 표현되나, 불만의 내용이 공격적이지 않을 수 있음에 유의
  - 대부분의 불평 고객은 단지 기업이 자신의 불평을 경청하고, 잘못된 내용을 설명하고, 제대로 고치겠다고 약속하면서 사과하기 원함
  - 미리 들을 준비를 하고 침착하게 긍정적으로 고객을 대하는 것 필요, 대부분의 불평은 빠르고 큰 심적 소진 없이 해결됨

③ **고객불만 처리 프로세스 및 고객만족조사 방법**

- **고객불만의 원인**
  - 불만 고객이란 서비스 제공자(기업)를 상대로 불만을 표현하고 해결을 요구하는 고객
  - 고객불만은 서비스 제공자의 불친절한 태도, 고객에 대한 무관심, 고객의 요구 외면 또는 무시, 건방떨기 및 생색내기, 무표정과 기계적 서비스, 규정 핑계, 이 문제는 자신의 담당 소관이 아니라는 식의 고객 뺑뺑이 돌리기 등 여러 가지 원인에 의해 발생
  - 고객이 어떤 점에서 불만이 있는지 정확히 파악하고, 이에 맞게 대응하는 것이 필요

■ **고객불만 처리 프로세스**

- 1단계 : 경청
  - 고객의 항의 경청
  - 선입관을 버리고 문제 파악
- 2단계 : 감사와 공감표시
  - 일부러 시간을 내서 해결의 기회를 준 것에 대한 감사 표시
  - 고객의 항의에 공감 표시
- 3단계 : 사과
  - 고객의 이야기를 듣고 문제점에 대해 인정하고, 잘못된 부분을 사과
- 4단계 : 해결약속
  - 고객이 불만을 느낀 상황에 대해 관심과 공감을 표시하고, 빠른 문제 해결을 약속
- 5단계 : 정보파악
  - 문제해결을 위해 꼭 필요한 질문 실시
  - 최선의 해결방법을 찾기 어려울 경우, 고객에게 어떻게 하면 만족스러울지 질문
- 6단계 : 신속처리
  - 잘못된 부분을 신속하게 시정
- 7단계 : 처리확인과 사과
  - 불만처리 후 고객에게 처리 결과에 만족하는지 확인
- 8단계 : 피드백
  - 고객불만 사례를 회사 및 전 직원에게 알려, 다시는 동일한 문제가 발생하지 않도록 조치

■ **고객만족조사**

- 고객만족을 높이기 위해서는 고객의 불만을 잘 처리하는 것뿐만 아니라, 고객의 욕구를 파악하는 것 또한 매우 중요하며, 이를 위해 고객만족조사 활용
- 고객만족조사의 목적은 고객의 주요 욕구를 파악하여 가장 중요한 고객요구를 도출하고, 자사가 가지고 있는 자원을 토대로 경영 프로세스의 개선에 활용함으로써 경쟁력을 증대시키는 것. 이로 인해 기업은 수익이 증대되고 품질 향상으로 인한 유형 및 무형의 가치 창출 가능

- 고객만족을 측정할 때, 많은 사람들이 범할 수 있는 오류의 유형
  - 고객이 원하는 것을 알고 있다고 생각
  - 적절한 측정 프로세스 없이 조사 시작
  - 비전문가로부터 조언을 얻는 것
  - 포괄적인 가치만 질문
  - 중요도 척도의 오용
  - 모든 고객들이 동일한 수준의 서비스를 원하고, 필요로 한다고 가정
- 고객만족조사를 적절히 수행하기 위해서는 적절한 조사계획을 수립
- 고객만족조사 계획은 조사 분야 및 대상 결정, 조사목적 설정, 조사방법 및 횟수 설정, 조사결과 활용 계획 수립

● 서류전형

■ 주요 평가 방안

- 고객서비스능력은 공공기관들 중 대민 서비스를 제공하는 기관, 국민이 수혜자인 사업을 추진하는 기관들에서 중요하게 요구하는 능력이다.
- 일반적으로 같은 조직 구성원을 내부 고객, 조직외 다양한 이해관계자들 제품 및 서비스 수혜자 등을 외부 고객으로 보는데 면접 장면에서는 주로 외부 고객과의 경험을 중요하게 고려한다.
- 고객만족 요인과 불만족 요인에 대해 이해하고 있는지, 고객의 니즈를 파악하고 고객을 만족시키는 방안을 도출할 수 있는지 등에 대해 평가한다.

■ 준비 방안

- 학업, 학업외 다양한 활동을 하면서 다양한 고객들과 상호작용할 수 있는 기회를 탐색하여 고객들과 효과적으로 상호작용하는 경험을 쌓아야 한다.
- 고객의 니즈를 파악하여 고객의 니즈를 충족시키기 위해 노력했던 경험, 불만족하여 컴플레인을 제기하는 고객을 응대하여 만족시켰던 경험 등에 대해 구체적으로 기록해야 한다.
- 이때, 고객의 니즈는 무엇이었는지, 무엇 때문에 고객이 불만족했는지, 고객을 만족시키기 위해서 어떤 노력을 했는지, 고객관련 문제를 해결하기 위해 어떤 조치를 취했는지 등에 대해 구체적으로 기록해야 한다.

■ **자기소개서 사례**

[자기소개서 문항 1]

> 최근 3년 이내 고객서비스능력을 효과적으로 발휘하여 고객으로부터 칭찬 또는 긍정적
> 인 피드백을 받았던 경험에 대해 기술하시오. 어떤 상황에서 어떤 역할을 맡아 어떤 노력
> 행동을 했는지 구체적으로 작성해주시기 바랍니다.

• GOOD 사례 ❶

대학교 3학년 1학기 때 총학생회 봉사국장으로 활동했을 때의 일입니다. 당시 봉사국에서 학교 가을축제에서 자선바자회를 개최하여 수익금을 복지재단에 기부하였습니다. 저는 봉사국장으로서 자선바자회를 총괄 운영하였습니다. 학생들로부터 300여 점의 상품을 기증받아 자선바자회 때 판매를 실시하였습니다. 독거노인, 중증 장애인과 같은 취약계층을 돕는다는 취지가 좋긴 했지만 기증받은 300여 점의 상품을 판매하는 일은 생각보다 힘들었습니다. 기증품은 도서, 의류, 구두, 가방, 전자 기기, 인테리어 소품 등이었는데, 상품의 상태를 고려하여 가격을 책정하고, 학생들에게 홍보하고, 상품을 판매하는 일까지 제가 직접 참여하여 일을 진행하였습니다. 자선바자회의 취지가 좋다고 해도, 돈이 많지 않은 학생들에게 상품을 판매하기 위해서는 전략이 필요했습니다. 기증 받은 300여 점의 상품을 모두 판매하는 것을 목표로 하여 상품 특성에 맞는 디스플레이와 홍보 전략을 마련하였습니다. 총학생회 학생들의 도움을 받아서 기증받은 물품들의 판매 포인트를 정리하고, 제품번호와 가격이 적힌 태그를 달았습니다.

저는 여성 의류, 구두, 가방의 판매 포인트를 정리하고 직접 판매에 나섰습니다. 우선 매대에 상품을 진열할 때, 귀여운 스타일, 심플한 스타일, 화려한 스타일, 캐쥬얼한 스타일 등 스타일에 따라 분류를 했습니다. 일부 아이템들은 의류, 구두, 가방을 함께 매치하여 진열해 놓고 함께 구매할 경우 가격을 할인해주는 전략을 세웠습니다. 또한, 판매를 하면서 학생의 특성, 성향, 스타일을 고려하여 어울릴 만한 제품을 추천하였으며, 제품의 구매를 통해서 독거노인 및 중증 장애인과 같은 취약계층을 도울 수 있음을 강조했습니다.

이런 저의 노력으로 인해, 약 50여 점의 상품을 가장 빠르게 매진시킬 수 있었습니다.

GOOD POINT 자선바자회 개최 상황, 물품 판매를 위해 노력했던 행동 등에 대해 구체적으로 작성하였다. 고객의 특성을 고려하여 고객을 만족시킬 수 있는 방안을 모색하고, 고객을 특성을 고려하여 문제를 해결해나가는 과정과 결과가 명확히 드러났다.

• BAD 사례 ❶

> 작년 5월부터 11월까지 A은행의 대학생 홍보대사로 활동한 경험이 있습니다. 대학생 홍보대사는 총 30명이었으며, 사회공헌활동, 봉사활동, 브랜드 홍보 기획 및 진행을 하였습니다. 월 1회 봉사단 전체 활동을 하거나 팀별 활동을 하였으며, 월 1회 정도 정기회의가 있었습니다. 8월 한 달 동안에는 팀을 나누어 은행의 상품 판촉을 했었는데, 날씨가 더운데다 고객들의 호응이 없어서 어려움을 겪었습니다. 이런 상황에서 팀원들 간 갈등도 발생했습니다. 짜증을 내는 팀원도 있었고, 불만을 계속 이야기하는 팀원도 있었습니다. 저는 팀장은 아니었지만, 팀원들을 다독이면서 판촉 방식을 바꿀 것을 제안했습니다. 저의 제안에 불만을 제기하는 팀원이 일부 있었지만, 대체로 판촉 활동을 성공적으로 마치고 싶어 했기에 판촉 방식에 대한 아이디어들을 제시하기 시작했습니다. 팀원들과 논의를 통해 타깃 고객층을 세분화하여 20대 대학생, 30~40대 직장인, 50~60대 퇴직자 및 예비 퇴직자의 특성에 맞게 상품을 제안하고, 사은품을 증정하기로 하였습니다. 모든 팀원들이 협력하여 다양한 아이디어를 제시하여 결국 많은 고객의 호응을 끌어낼 수 있었습니다.

BAD POINT 판촉 활동 상황에 대해서는 구체적으로 작성하고 팀에서 적절한 고객 서비스를 제공하기 위해 노력했던 경험은 잘 드러났으나, 본인이 고객서비스능력을 발휘했던 측면은 잘 드러나지 않았다. 본인이 고객의 니즈나 특성을 파악하여 제시했던 아이디어나 고객 만족을 위해 했던 행동 등에 대해 구체적으로 제시해야 한다.

[자기소개서 문항 2]

> 최근 3년 이내 고객(타인)의 니즈나 특성을 파악하여 고객(타인)을 만족시키기 위해 노력했던 경험에 대해 구체적으로 작성해주시기 바랍니다.

• GOOD 사례 ❷

> 저는 대학교 2학년 때, 휴대폰 판매점에서 아르바이트를 했던 경험이 있습니다. 저는 무언가를 판매하는 아르바이트는 처음 해보는 것이어서 어려움을 겪었습니다. 저는 고객들에게 최대한 예의 바르고 친절하게 응대했는데, 판매 실적은 저조했습니다. 3~4일 동안 제품을 한 대도 판매하지 못한 적도 있었습니다. 저는 휴대폰 판매 실적을 높이려면 어떻게 해야 할 지 많은 고민을 했습니다.
>
> 휴대폰은 고가의 전자제품이기에 저의 친절한 태도만으로는 구매 결정을 내리기 어렵다는 것을 알게 되었으며, 기본적인 제품에 대한 정보만 알아서는 제품을 판매하기 어렵다는 것을 알게 되었습니다. 고객들마다 특성이 다르기에 고객에 따라 다르게 대하는 것이 중요하다는 생각이 들었습니다.

휴대폰에 대한 정보를 사전에 파악하고 왔는지, 휴대폰 구매 시 가장 중요하게 고려하는 것은 무엇인지 등을 파악하여 고객을 응대했습니다.

예를 들어, 사전에 휴대폰에 대해 많이 파악하고 오는 고객들에게는 다른 판매점과 다르게 고객에게 줄 수 있는 혜택이나 서비스 등을 강조했습니다. 기존 사용 휴대폰 요금제, 휴대폰 사용 스타일, 연령 등을 고려하여 적합한 요금제와 서비스를 제안하기 위해 노력했습니다. 휴대폰에 대한 사전 정보를 파악하지 않고 오는 고객들에게는 휴대폰 기종별 장점 및 단점에 대해 최대한 쉽게 설명했습니다. 그리고 무엇보다 휴대폰 판매를 위해서라기보다 진정성 있게 고객의 편의를 생각하여 서비스를 제안하는 모습을 보여주기 위해 노력했습니다. 그 결과, 하루에 최소 1대의 휴대폰을 판매할 수 있게 되었으며, 하루에 최대 5개까지 판매할 수 있게 되었습니다.

GOOD POINT 고객의 특성과 니즈를 파악하여 고객을 응대하기 위해 노력한 측면이 명확히 드러났다. 고객의 성향에 따라 설명하는 내용이나 방식을 달리하고, 고객에게 맞춤화된 서비스를 제공하기 위해 노력했던 행동을 구체적으로 언급하였다.

• BAD 사례 ❷

저는 대학교 3학년 때 약 1년 동안 학원에서 중학생들에게 수학을 가르쳤습니다. 수학 과목의 특성상 수학 원리를 이해하지 못하면 문제를 풀 수 없어서 어려움을 느끼는 학생들이 많았습니다. 당시 학원에서는 수학을 잘하는 학생과 그렇지 않은 학생들로 반을 나누어 수업을 진행했었습니다. 저는 수학을 잘 못하는 학생들 반을 맡게 되었습니다. 학원의 원장님께서는 제가 맡은 반 아이들의 3분의 1 정도는 수학을 잘 할 수 있도록 가르쳐 달라는 지시를 하셨습니다. 저는 우선, 수학을 잘 못하는 학생들을 맡은 것이기 때문에 기본 원리를 가르치는데 집중했습니다. 제가 생각하기에는 최대한 쉽게 설명하였지만, 아이들은 여전히 어려워했습니다. 부모님 때문에 어쩔 수 없이 수학 수업을 듣고 있는 일부 학생들은 엎드려 잠을 자기도 했습니다. 저는 아이들에게 다른 방식으로 접근해야겠다는 생각이 들었습니다. 우선 아이들과 친해지기 위해 노력했습니다. 모르는 것이 있을 경우에는 쉽게 질문을 할 수 있도록 편하게 대하려고 노력했습니다. 그리고 아이들에게 할 수 있다는 자신감을 심어주기 위해 노력했습니다. 반년 정도 지났을 때, 아이들이 점점 달라지는 것을 느낄 수 있었습니다. 수학 과목 특성상 갑자기 수학 실력이 좋아지거나 하지는 않았지만, 이전보다 질문하는 학생들이 늘어났으며 수학 과목에 재미를 느끼는 학생들이 늘어났습니다.

BAD POINT 학생들이 수학을 어려워하는 이유를 면밀히 파악하여, 학생들이 수학을 잘 할 수 있도록 노력하는 측면이 구체적으로 드러나지 않았다. 학원 원장님의 니즈와 학생들의 니즈 및 특성을 고려하여 수학을 어떻게 가르쳤는지에 대한 구체적인 노력 행동을 제시해야 한다. 아이들과의 소통을 위해 노력했던 행동은 학생들의 성적을 높이거나 학생들의 수업에 대한 만족도를 높이기 위해 노력했던 행동으로 보기 어렵다.

● 필기전형

■ NCS 직업기초능력 평가 문항 예시 및 해설

직업기초능력명 : 대인관계능력
하위영역명 : 고객서비스능력

1 고객불만 처리 프로세스는 [경청 - 감사와 공감표시 - 사과 - 해결약속 - 정보파악 - 신속처리 - 처리 확인과 사과 - 피드백]으로 총 8단계로 나누어진다. 이 중, [피드백] 단계에 대한 옳은 설명은 무엇인가?

① 최선의 해결 방법을 찾기 어려우면 고객에게 어떻게 해주면 만족스러운지를 묻는다.
② 고객불만 사례를 회사 및 전 직원에게 알려 다시는 동일한 문제가 발생하지 않도록 한다.
③ 불만처리 후 고객에게 처리 결과에 만족하는지를 물어본다.
④ 고객이 느낀 상황에 대해 관심과 공감을 보이며, 문제의 빠른 해결을 약속한다.
⑤ 고객의 항의에 공감을 표시한다.

> **출제 의도** 고객불만 처리 프로세스의 각 단계 및 그 내용에 대해 명확히 파악하고 있는지를 확인하고자 하였다.
> **정답** ② 고객불만 사례를 회사 및 전 직원에게 알려 다시는 동일한 문제가 발생하지 않도록 한다.
> **해설** ②가 피드백 단계에 대한 설명이며, ①은 정보파악, ③은 처리확인과 사과, ④는 해결약속, ⑤는 감사와 공감 표시 단계에 각각 해당하는 내용이다.

2 귀하는 조직 내 고객접점에서 근무하는 팀의 팀장이다. 아래와 같은 어려움을 토로하는 부하직원에게 해줄 수 있는 조언으로 가장 적절하지 않은 것은?

> "팀장님, 최근에 막말하는 일부 고객 때문에 너무 힘이 듭니다. 제 설명은 들으려고 하지도 않고 이런저런 불만사항을 마구잡이로 얘기하는 통에 다른 업무를 할 시간도 빼앗기고 있어요. 어떻게 하면 좋을까요?"

① 고객의 표현이 거칠다고 해서 내용도 들을 가치가 없는 건 아니야. 침착하게 듣고 대응하면 생각보다 쉽게 해결되기도 해.

② 불만족하더라도 속으로만 생각하고 마는 사람도 있는데 그걸 우리에게 얘기해준다는 건 감사하게 생각해야 할 일이야.

③ 처음엔 까다롭게 느껴지는 고객도 불만사항을 잘 해결해주면 우호적인 충성고객으로 변하기도 하니 긍정적으로 생각해.

④ 불만 많은 사람은 어디에나 있는 법이야. 일일이 스트레스 받으면 본인만 힘들어지니 귀담아 듣지 말고 스트레스 관리하도록 해.

⑤ 대부분의 불평고객은 얘기를 잘 들어주고, 잘못된 부분에 대해서는 사과하고 고치겠다고 약속해 주는 걸 원하니 그렇게 해보도록 해.

출제 의도 고객의 불평은 서비스를 개선하기 위한 중요한 정보가 되므로, 이를 좋은 방안으로 활용할 수 있는 긍정적 시각을 가지고 있는지를 평가하고자 하였다

정답 ④

해설 나머지 답변들은 고객의 불평이 내재하고 있는 긍정적 가치를 인식하고 올바로 대응하기 위한 적절한 조언을 제시하고 있다. 그에 반해 ④는 고객의 불만을 들을 가치가 없는 것으로 폄하하고 있어, 팀장으로서 부하직원에게 해주어야 할 적절한 조언이라고 할 수 없다.

● 면접전형

■ 주요 평가 방안

학교 전공 관련 팀 프로젝트, 동아리, 아르바이트, 인턴 등의 활동을 하면서 고객의 요구를 파악하여 고객을 만족시키기 위해 노력했던 경험에 대한 질의응답을 통해 고객의 니즈를 정확하게 파악하여 적절하게 응대하는지, 고객 불만 사항에 대해서는 효과적으로 해결하는지 등에 대해 평가한다.

■ 준비 방안

- 일반적으로 고객은 흔히 생각하는 제품을 구매하고 서비스를 이용하는 사람으로 생각할 수 있으므로, 일반적으로 고객에게 서비스를 제공했던 경험에 대한 정리가 필요하다.

- 일반 조직에서는 외부 고객만족을 중요하게 여기지만, 최근에는 내부 고객인 구성원 만족을 중요하게 여기고 있다. 즉, 일반적인 외부 고객만족 경험이 없는 경우, 내부 고객이라고 할 수 있는 소속 조직 구성원들을 만족시켰던 경험에 대해 답변할 수 있다.

- 아르바이트나 인턴 경험을 통해 직접적으로 고객을 응대하거나 민원을 처리했던 경험이 있다면 그러한 경험에 대해 구체적으로 기록해두는 것이 필요하다.

- 고객의 니즈를 정확하게 파악하고, 고객을 만족시키기 위해 다양한 노력을 적극적으로 기울이는 것이 중요하다.

■ 경험면접 사례

[면접 질문 1]

> 아르바이트, 인턴, 봉사활동, 동아리 활동 등을 하면서 고객을 만족시키기 위해 노력했던 경험에 대해 이야기해주시기 바랍니다.

- GOOD 사례 ❶

  A. 제가 재작년에 미국의 한 패스트푸드점에서 서버로 아르바이트했을 때의 일입니다. 고객의 불만을 해결하고 고객만족도를 높였던 경험이 있습니다.

  Q. 당시 상황에 대해 구체적으로 이야기해주세요.

  A. 당시 서버는 저를 포함해서 총 5명이 있었습니다. 서버 중 제가 제일 근무를 오래해서 전체 서버들을 관리하는 역할을 맡고 있었습니다.

Q. 얼마나 오랫동안 일했습니까?

A. 2년 반 정도 일을 했습니다. 당시에는 2년 정도 일했을 때였습니다.

Q. 전체 서버를 관리하는 역할을 했다고 했는데 구체적으로 어떤 역할인가요?

A. 프랜차이즈 매장은 아니었지만 매장의 규모가 커서 다른 프랜차이즈 매장의 매니저가 할 일을 제가 했습니다. 매니저와 비슷한 대우와 월급을 받았습니다. 서버들을 교육시키고, 서버들의 일정을 관리하는 일이었습니다.

Q. 언어적인 어려움은 없었습니까?

A. 중학교때부터 미국에서 공부했기 때문에 기본적인 소통에는 어려움이 없었습니다.

Q. 고객의 불만을 해결했다고 했는데, 구체적으로 고객이 어떤 불만을 가지고 있었습니까?

A. 당시 손님으로부터 주문을 받아 주방에 주문을 전달하는 과정에서 문제가 있어 음식이 잘못 나오는 경우가 종종 있었습니다. 특히, 채식주의자 고객들의 주문 건들에서 문제가 많이 발생하였습니다. 채식주의자인 고객들이 채식하는 정도도 달라서 더 문제가 많았습니다. 고기만 드시지 않는 분도 있고, 고기뿐만 아니라 계란까지도 드시지 않는 분도 있었습니다. 그런 세부적인 주문 사항들이 정확하게 전달되지 않고 있었습니다.

GOOD POINT 고객의 불만 사항에 대해 구체적으로 파악하였다.

Q. 고객의 불만을 해결하기 위해 어떤 노력을 했습니까?

A. 일단 고객님들이 그런 불만을 제기하면 제가 직접 손님들에게 다가가 사과를 하고, 재빨리 주문한 메뉴가 나올 수 있도록 조치를 취했습니다. 그러나 비슷한 문제가 지속적으로 발생하고 있어 근본적인 대책이 필요하다는 생각이 들었습니다. 그런 일이 지속적으로 발생하면 손님들이 저희 가게에서 즐겁게 식사를 하시지 못하겠다는 생각이 들었습니다. 그래서 며칠동안 주문을 넣고 음식을 조리하고 음식이 손님에게 나가기까지 과정을 지켜봤습니다. 서버들을 아무리 교육시켜도 손님들이 많이 몰리는 시간에 서버들이 혼란스러워 해서 시스템적인 해결이 필요하다는 생각이 들었습니다. 그래서 다른 패스트푸드점들은 어떻게 해결하고 있는지 알아봤습니다. 더불어 손님들에게도 개선점에 대해서 물어보고 정보들을 수집하였습니다. 그래서 여러 가지 사항을 종합해서 개선 방안을 점장님께 말씀드렸습니다.

프랜차이즈 매장처럼 키오스크를 추가하는 것은 어려울 것 같아서 채식주의자나 할랄푸드를 주문하는 라인을 따로 만들고, 그 분들을 위한 세부적인 주문서를 따로 만들 것을 제안했습니다. 그리고 직원들이 자주 실수하는 사항을 매뉴얼화하여 매일 아침, 저녁으로 주지시킬 것을 제안했습니다.

GOOD POINT 고객의 불만을 해결하기 위해 직접 문제의 원인을 파악하고, 근본적으로 문제를 해결하기 위해 적극적이고 다양한 노력을 기울였다.

Q. 그 결과는 어땠습니까?

A. 점장님께서는 저의 제안을 거의 받아들이셨습니다. 그 결과, 고객들의 불만이 매우 줄어들었습니다. 예전에는 고객 카드에 불만 사항들이 가득했었는데, 개선한 이후에는 칭찬 사항들이 많아졌습니다. 불만 사항은 절반 이상 줄어들었고, 칭찬은 두 배 이상 늘어났습니다. 또한, 채식주의자나 할랄푸드를 드시는 고객들의 수도 증가했습니다.

GOOD POINT 고객의 불만 감소나 만족과 관련하여 매우 구체적인 수준의 수치를 제시하지는 못하였으나, 고객 불만족 해결 및 만족도 제고 사항을 알 수 있는 측면을 언급하였다.

• BAD 사례 ❶

A. 저는 대학 재학시절 B노인복지관에서 문맹 어르신들을 대상으로 한글교육을 한 경험이 있습니다. 한글 교육을 하는 과정에서 어르신들에게 도움이 될 수 있도록 노력했습니다.

Q. 당시 상황에 대해 구체적으로 이야기해주세요.

A. B노인복지관에서는 매년 문맹이신 어르신들을 대상으로 한글 교육을 하고 있습니다. 1년에 두 번, 6개월씩 교육을 운영했습니다. 신청하시는 어르신들 인원수가 꽤 많았기에 전체 두 클래스가 있었습니다. 강사는 저 외에도 3명 정도가 더 있었고, 강사 2명이 한 클래스를 맡았습니다. 저는 당시 대학교 3학년이었는데, 선배의 추천으로 봉사활동에 참여하게 되었습니다. 한글 교육에 참여하신 어르신들은 처음에는 자신이 문맹이라는 것을 부끄러워 하셔서 수업 참여에 소극적이셨습니다. 그래서 저는 어르신들이 적극적으로 참여하실 수 있는 방법에 대해 고민했습니다.

Q. 그 경험이 어떤 측면에서 고객을 만족시킨 경험이라고 생각하나요?

A. 강의를 들으시는 어르신들을 고객 관점에서 생각하여 강의를 진행했습니다.

Q. 강의는 얼마동안 한 것인가요?

A. 저는 6개월 동안 참여를 하였고, 2주일에 한번씩, 총 12회에 걸쳐 교육했습니다.

Q. 어르신들을 고객 관점에서 생각하여 강의를 했다고 했는데 구체적으로 어떻게 한 것인가요?

A. 우선 어르신들과 눈맞춤을 자주하고, 어르신들의 말씀에 리액션을 잘해주고, 어르신들에게 자주 칭찬을 해드렸습니다. 처음에는 부끄러워하며 수업에 소극적으로 참여하셨었는데, 저의 그런 행동들 때문에 수업에 적극적으로 참여하시게 되었습니다. 그리고 교재 내용이 다소 어렵고 딱딱한 부분이 있었는데 저는 되도록 쉽고 유머러스하게 설명하여 수업의 분위기가 좋았습니다.

BAD POINT 어르신들을 고객 관점에서 생각하여 강의를 진행했다고는 하지만, 어르신들의 교육에 대한 니즈, 어르신들의 만족이나 불만족 사항 등을 파악하여 만족시키기 위한 노력은 드러나지 않았다. 어르신들을 수업에 참여하게 하고, 어르신들과 소통하며 강의를 하는 노력은 강의를 하는 강사로서 당연히 해야 하는 일이고, 고객을 만족시키기 위해 했다고 보긴 어려운 면이 있다.

Q. 교재는 본인이 직접 만든 게 아닌가요?

A. 네, 기존에 강의했던 분이 만든 것을 계속 사용하고 있었습니다.

Q. 그 외 고객이신 어르신들을 만족시키기 위해 노력한 행동이 있습니까?

A. 음 … 특별히 생각나지 않습니다.

BAD POINT 고객, 즉 어르신들의 니즈를 반영하여 교재를 만들거나 교재를 수정하거나 강의 방식을 바꾸는 등, 고객을 만족시키기 위한 추가적인 노력을 기울였는지를 파악하기 위해 질문했으나, 그와 관련된 경험은 없었다.

Q. 교육하는 것과 관련하여 어르신들이 불만을 제기하거나 힘들어하시는 부분은 없었습니까?

A. 특별한 불만은 없었습니다. 다만, 수업 초기에 어르신들의 반응이 별로 없어서

제가 강의 진행할 때 힘들었는데, 제가 어르신들과 대화하며 강의를 하다보니 그런 어려움도 해소되었습니다.

BAD POINT 고객, 즉 어르신들의 불만 사항을 파악하여 해결한 경험도 드러나지 않았다.

Q. 강의 결과는 어땠습니까?

A. 어르신들로부터 재밌었다는 평가를 받았습니다. 강의 만족도는 평균보다 조금 높게 나왔습니다.

[면접 질문 2]

아르바이트, 인턴, 봉사활동, 동아리 활동 등을 통해 고객의 불만족을 해결하기 위해 노력했던 경험에 대해 이야기해주시기 바랍니다.

• GOOD 사례 ❷

A. 저는 B기관에서 인턴으로 일할 때 기관에 방문하시는 고객들을 맞이하고 내방 목적에 맞게 안내해드리는 일을 한 적이 있습니다. 당시 고객의 불만족을 파악하여 적극적으로 대처하고자 했습니다.

Q. 당시 상황에 대해 구체적으로 이야기해주세요.

A. 저는 처음에 의욕이 넘쳐서 잘해보고자 하는 마음에 적극적으로 고객들에게 다가가 방문목적을 여쭤보고 관련 안내를 드렸습니다. 그러나 고객들은 제가 적극적으로 다가가 질문을 드리니 질문 내용에 혼란스러워하시는 분들이 더 많았습니다. 어떤 고객은 저에게 짜증을 내기도 했습니다.

Q. 그런 상황에서 어떻게 대응했습니까?

A. 당시에 저는 일단 고객분들에게 일 시작한지 얼마되지 않아 미숙한 점이 있다고 양해를 구하고 사과를 드렸습니다. 이와 같은 일이 반복되면 안되겠다 싶어서 저의 행동에 대해서 다시 하나하나 되짚어 보면서 문제점을 찾아보았습니다. 그리고 그러한 문제점을 직접 찾기 위해서 고객들 몇몇 분에게 직접 문의도 하고 관련 사항에 대해서 대리님에게 확인을 받았습니다. 그 결과, 문제의 원인은 연령대에 맞지 않는 생소한 용어나 니즈에 맞지 않는 내용을 제가 질문을 드렸다는 점이었습

니다. 무조건 다가가서 질문하면 되는 것이 아니었던 것이었습니다. 특히 직접
방문하시는 분들은 주로 60대 이상의 스마트폰이나 온라인 정보 검색에 미숙하신
어르신들이 대부분이었는데, 그분들에게는 안내 책자에 나와있는 것 이상의 상세
한 설명이 필요했습니다. 그래서 어르신들이 자주하시는 질문사항과 관련하여 최
대한 자세한 안내 자료를 만들었습니다. 그리고 인턴의 고객 응대 매뉴얼을 만들
었습니다. 저처럼 고객 응대를 어떻게 해야할지 몰라서 시행착오를 겪는 일이 없
도록 하고 싶었습니다. 일반 직원분들의 업무 매뉴얼은 있었는데, 저희 인턴이
하는 일보다는 높은 수준의 일들이었기 때문에 인턴들이 참고하기에는 적절하지
않았습니다. 당시 민원인 응대하시는 직원분들은 워낙 바쁘셔서 인턴용 매뉴얼을
따로 만들지 못했고, 구두로만 업무를 알려주고 있는 상황이었습니다.

GOOD POINT 고객의 불만 원인을 파악하고, 그러한 문제를 해결하기 위해 적
극적이고 다양한 노력을 기울였다. 또한, 유사한 문제가 발생하지 않도록, 근본
적인 고객만족을 위해 자발적으로 매뉴얼을 개발하였다.

Q. 매뉴얼을 만들 때는 어떤 점을 중요하게 고려했습니까?

A. 고객 응대 업무의 절차, 고객 응대 시 주의할 점 등에 대한 정보를 상세하게 제시하
고, 보다 고객이 만족할 수 있는 포인트나 노하우를 담으려고 노력했습니다. 여러
상사분들에게 조언을 구하고, 그 분들의 고객 응대 노하우를 담았습니다. 그리고
최종적으로 업무처리 매뉴얼에 대해 대리님께 검토받고 수정 및 보완 작업을 거쳤
습니다.

GOOD POINT 업무 매뉴얼 개발 과정에서도 고객만족도를 높일 수 있는 방안에
대해 고민하였다.

Q. 그 결과는 어땠습니까? 고객의 반응은 어떻게 달라졌습니까?

A. 우선 짜증을 내시는 분들이 없어졌습니다. 그리고 제가 설명하는 게 가장 잘 이해
가 된다고 고맙다는 인사를 하시는 분들이 많아졌습니다. 저의 친절한 설명에 대
해 모두 칭찬을 해주셨습니다. 그리고 같이 일하신 분들이 저 때문에 고객을 응대
하는 일이 조금 수월해졌다는 이야기를 해주셨습니다.

GOOD POINT 구체적이고 객관적인 수치를 제시하지는 않았지만, 상사나 고객
으로부터 들은 피드백을 구체적으로 언급하였다.

• BAD 사례 ❷

A. 저는 대학교 3학년부터 4학년 때까지 2년 동안 학원 인포데스크에서 일하면서 학생이나 학부모님들의 컴플레인을 처리한 경험이 있습니다.

Q. 당시 상황에 대해 구체적으로 이야기해주세요.

A. 학원은 초등학생부터 중학생, 고등학생들을 대상으로 수학, 과학, 코딩 융합수업을 하는 학원이었습니다. 저는 데스크에 있으면서 안내, 응접, 기본 행정 보조 업무를 하였습니다. 저와 같은 업무를 하는 아르바이트생이 한 명 더 있었습니다. 당시 학원의 학생 수가 줄어들고 있었고 학원 원장님이나 선생님들도 이러한 현상에 대해서 걱정이 많았습니다. 그리고 종종 학부모님들이 학원으로 전화하시어 학원에 대한 불만을 이야기하시곤 하셨습니다.

Q. 학부모님들의 불만은 무엇이었나요?

A. 수학, 과학 수업의 경우, 선생님의 전문성은 뛰어나지만 전달력이 좋지 않은 것 같다는 의견이 많았습니다. 코딩융합 수업의 경우, 수준별 수업을 진행하지 않아 초등학생, 중학생, 고등학생이 모두 한반에서 수업을 듣는 게 불만이었습니다. 코딩융합수업의 경우, 초등학생, 중학생, 고등학생이 배우는 내용이 크게 다르지 않았습니다. 그래서 통합 수업을 운영하고 있었는데, 고등학생의 학부모님들은 초등학생들이 수업 분위기를 흐려서 고등학생들이 수업에 집중하기 힘들어 한다는 것이었습니다. 한편, 초등학생 부모님들은 수업의 난이도가 높아서 아이들이 수업을 따라가기 힘들어 한다는 것이었습니다.

Q. 학부모님들의 그러한 불만 제기에 대해서는 어떻게 대응했습니까?

A. 사실, 인포에 있는 저희들의 잘못은 아닌데, 저희한테 강하게 불만을 제기하셔서 어떻게 대응해야 할지 고민이 많았습니다. 저희가 직접적으로 해결해줄 수 있는 부분은 없다는 생각이 들었습니다. 제가 할 수 있는 일은 학부모님들의 불만 사항을 들어주는 것 밖에 없다는 생각이 들었습니다. 우선, 학부모님들의 불만 사항을 정리하여 원장선생님께 보고드렸습니다. 그런데 원장선생님께서는 학부모님들의 불만 사항을 당장 들어줄 수 없는 상황이라는 입장이었습니다.

BAD POINT 고객의 불만 사항을 해결하기 위해 노력했다고 하지만, 고객의 불만 사항을 정리하여 원장에게 보고한 것밖에 없다. 고객만족을 위해서라기 보다는 당연히 해야 하는 업무를 한 것으로 볼 수 있다. 해야 하는 업무 외에 고객의 불만을 해결하고 만족도를 높이기 위해 추가적으로 노력한 부분이 드러나지 않는다.

Q. 그 이후에는 어떻게 되었습니까?

A. 지속적으로 같은 불만을 제기하고 있었기에 저는 원장님께 제 생각을 말씀드렸습니다. 수학, 과학 수업의 경우, 새로운 선생님을 구하는 게 힘들 수 있겠지만, 코딩 수업 관련 문제는 해결할 수 있는 부분도 있다는 생각이 들었습니다. 그리고 코딩 수업을 하고 있는 선생님도 유사한 문제를 지적하셨습니다. 결국 원장님은 코딩 수업만 초등반과 중·고등학생반을 나누어 운영하기로 했습니다.

▌BAD POINT▐ 고객의 불만 해결 과정에서 지원자가 기여한 부분은 고객의 불만 사항을 정리하여 보고한 것 밖에 없다.

Q. 그 결과는 어땠습니까?

A. 코딩 수업과 관련하여서는 불만이 많이 줄어 들었습니다.

▌BAD POINT▐ 단순히 고객의 불만이 줄어든 것은 고객 만족도를 높였다고 보기는 어렵다. 또한 본인의 노력으로 인해 고객의 불만이 줄어들었다고 보기도 어렵다.

● 자가진단

■ 진단 체크리스트

각 문항과 관련하여 자신의 행동 수준, 강도에 따라 평정하여 주시기 바랍니다.

문항	매우 미흡	미흡	보통	우수	매우 우수
1. 나는 고객서비스의 정의를 설명할 수 있다	1	2	3	4	5
2. 나는 고객의 니즈를 정확하게 파악할 수 있다	1	2	3	4	5
3. 나는 고객불만 처리 프로세스에 대해 이해하고 있다	1	2	3	4	5
4. 나는 고객불만 표현 유형에 따라 적절히 대처할 수 있다	1	2	3	4	5
5. 나는 고객 만족도 향상 방안을 마련할 수 있다	1	2	3	4	5

■ 평정 결과

- 평균 3.0점 미만 : 고객서비스능력을 발휘하는데 다소 어려움이 예상된다. 기초 및 기본 지식 습득과 적용 노력이 필요하다.
- 평균 3.0점 이상~3.5점 미만 : 고객서비스능력을 보유하고 있으나, 강하게 고객이 불만을 제기하는 상황에서 효과적으로 고객서비스능력을 발휘하는데 어려움이 예상된다. 일정한 추가 보수 교육이 필요하다.
- 평균 3.5점 이상~4.0점 미만 : 고객서비스능력을 발휘할 수 있으나, 보다 우수한 수준의 고객서비스능력을 발휘하기 위해서는 약점 중심으로 개발해 나가야 한다.
- 평균 4.0점 이상 : 업무 수행 시 효과적으로 고객서비스능력을 발휘할 수 있다.

02

의사소통능력

학습에 들어가기 전에...

의사소통능력의 하위능력인 문서이해능력, 문서작성능력, 경청능력, 의사표현능력, 기초외국어능력은 보통 하위능력별로 독립적으로 평가하지 않는다. 특히, 서류전형과 면접전형에서 통합적으로 평가하며, 필기전형의 경우 모듈형 문제는 하위능력별로 문항이 출제되기도 한다.

일반적으로 모든 하위영역에 대해 평가하지는 않으며, 기관마다 보다 중요하게 여기는 의사소통능력의 하위능력에 따라 의사소통능력에 대한 평가기준은 조금씩 다르다.

이에 의사소통능력 단원에서는 직업기초능력 단위에서 서류전형, 면접전형의 평가 방안 및 준비 방안에 대해 기술하였다.

한편, 의사소통능력의 하위능력 중 기초외국어능력은 주로 서류전형에서 공인 영어 성적으로 평가한다. 이에 서류전형과 필기전형의 평가 방안 및 준비 방안에 대해 다루지 않았다.

| Chapter 01 | Chapter 02 | Chapter 03 | Chapter 04 | Chapter 05 |

의사소통능력

● 학습모듈

① 의사소통의 개념

■ 의사소통의 의미

- 의사소통(communication)의 원래 뜻은 '상호 공통점을 나누어 갖는 것'으로, 라틴어 'communis(공통, 공유)'에서 유래
- 두 사람 또는 그 이상의 사람들 사이에서 일어나는 의사의 전달과 상호교류가 이루어 진다는 뜻
- 어떤 개인 또는 집단이 개인 또는 집단에 대해서 정보, 감정, 사상, 의견 등을 전달하고 그것들을 받아들이는 과정

■ 일 경험에서 의사소통

- 공식적인 조직 안에서의 의사소통
- 일 경험에서 발생하는 의사소통의 목적은 조직의 생산성을 높이고, 구성원들의 사기를 진작시키며, 조직 생활을 위해 필요한 정보를 전달하고, 구성원 간 의견이 다를 경우 설득하는 것
- 공통의 목표를 추구해야 하는 조직 특성상 의사소통은 집단 내의 기본적 존재 기반이 자 성과를 결정하는 핵심 기능을 수행
- 서로에 대한 지각의 차이를 좁히고, 선입견을 줄이거나 제거해 주는 수단
- 상사나 동료 혹은 부하와의 원활한 의사소통은 구성원 간 공감 및 조직 내 팀워크 향상, 직원들의 사기 진작과 능률을 향상시킴
- 동일한 내용의 메시지를 전달하더라도 구성원에 따라 각각 다르게 받아들일 수 있으며, 메시지는 주고받는 화자와 청자 간의 상호작용에 따라 다양하게 변형될 수 있음

② 의사소통의 종류

- **문서적인 측면 : 문서이해능력과 문서작성능력**
  - 문서를 통한 의사소통능력의 의미
    - 문서를 보고 그 내용을 이해하고, 요점을 파악하며, 이를 바탕으로 목적과 상황에 적합한 정보를 효과적으로 전달하기 위해 문서를 작성하는 능력
    - 전화메모부터 고객을 위한 예산서나 주문서, 직장 내에 의견전달을 위한 기획서나 다른 회사와의 협력을 위한 공문에 이르기까지 다양한 상황에서 요구되는 능력
  - 문서적 측면에서의 의사소통 구분
    - 문서이해능력 : 업무와 관련된 다양한 문서를 읽고, 문서의 핵심을 이해하며, 구체적인 정보를 획득하고, 수집 및 종합하는 능력
    - 문서작성능력 : 업무 관련 상황과 목적에 적합한 문서를 시각적이고 효과적으로 작성하는 능력
  - 문서적 측면으로서 의사소통의 특징
    - 문서적인 의사소통은 언어적인 의사소통에 비해 권위감이 있고 정확성을 기하기 쉬우며 전달성이 높고 보존성도 크지만, 때로는 혼란과 곡해 유발

- **언어적인 측면 : 경청능력과 의사표현력**
  - 언어적 의사소통능력의 의미
    - 언어를 통해 의사소통을 하는 방법은 가장 오래된 것으로, 사람은 자신의 일생에서 75%의 시간을 언어적인 의사소통에 사용
  - 언어적 의사소통능력의 구분
    - 경청능력 : 원활한 의사소통을 위해 상대방의 이야기를 주의 기울여 집중하고 몰입하여 듣는 능력
    - 의사표현력 : 자신의 의사를 목적과 상황에 맞도록 설득력 있게 표현하는 능력
  - 언어적 측면으로서의 의사소통의 특징
    - 정확성을 기하기 힘든 경우 발생
    - 대화를 통해 상대의 반응이나 감정을 살필 수 있고 그때그때 유동적으로 상대방 설득 가능
    - 의사소통 중에서도 듣고 말하는 시간이 상대적으로 많다는 점에서 경청능력과 의사표현력 매우 중요

■ 일 경험에서 필요한 기초외국어능력의 의미

• 기초외국어능력

– 외국어로 된 간단한 자료를 이해하거나, 외국인의 간단한 의사표현을 이해하고, 자신의 의사를 기초외국어로 표현할 수 있는 능력

• 일 경험에서 요구되는 기초외국어능력

– 일 경험 중에 필요한 문서이해나 문서작성, 의사표현, 경청 등 기초적인 의사소통을 외국어로 수행할 수 있는 능력

– 일 경험 중 관련된 컴퓨터나 공장의 기계에 적힌 간단한 외국어 표시 등을 이해하는 능력

③ 의사소통능력 개발

■ 의사소통 저해 요소

• '일방적으로 말하고', '일방적으로 듣는' 무책임한 마음 : 의사소통 과정에서의 상호작용 부족

– 내 메시지가 '정확히 전달되었는지', 상대방이 '정확히 이해했는지'를 확인하지 않고 그 순간을 넘겨 버린다면 서로 '엇갈린 정보' 공유 가능성 존재

– 듣는 사람은 자신이 들은 정보에 대해 확인하는 책임이 있고, '엇갈린 정보'에 대한 책임도 듣는 사람에게 있으므로 정보 확인 필요

• '하고 싶은 말이 정확히 무엇인지 알 수 없는' 불명확한 메시지 : 복잡한 메시지, 모순되는 메시지 사용

– 말하는 사람은 지나치게 많은 정보를 한 번에 담거나, 서로 모순되는 내용을 가진 경쟁하는 메시지를 전달하는 것은 '잘못된' 의사소통으로 가는 지름길로 가는 것이므로 주의

• '말하지 않아도 아는 문화'에 안주하는 마음 : 의사소통에 대한 잘못된 선입견

– '말하지 않아도 안다.', '호흡이 척척 맞는다.', '일은 눈치로 배워라.' 등과 같이 직접적인 대화를 통해서 관계하는 것보다 오히려 '눈치'를 중요시하는 의사소통을 미덕이라고 생각하는 잘못된 선입견 존재

– 비즈니스 현장에서 필요한 것은 마음으로 아는 눈치의 미덕보다는 정확한 업무처리임을 명심

■ **의사소통능력 개발하기**

• **사후검토와 피드백(feedback) 주고 받기**

- 피드백 : 상대방에게 그의 행동 결과에 대한 정보를 제공해 주는 것. 즉, 그의 행동이 나의 행동에 어떤 영향을 미치고 있는가에 대하여 상대방에게 솔직하게 알려주는 것

- 사후검토와 피드백 활용 : 의사소통의 왜곡에서 오는 오해와 부정확성을 줄이기 위해, 말하는 사람이 사후검토와 피드백을 이용하여 메시지의 내용이 실제로 어떻게 해석되고 있는지 조사하는 것

- 사후검토와 피드백 시 유의점 : 피드백은 상대방에게 행동을 개선할 기회를 제공해 줄 수 있으나, 부정적인 피드백을 계속해서 제공하면 오히려 역효과가 나타날 수 있으므로 상대방의 긍정적인 면과 부정적인 면을 균형 있게 전달하도록 주의

• **언어의 단순화**

- 의사소통 시에는 듣는 사람을 고려하여 명확하고 이해 가능한 어휘를 주의 깊게 선택해 사용

- 상황에 따라 다르게 용어 선택

  ✓ 대표적으로, 전문용어는 해당 언어를 사용하는 집단 구성원들 사이에서는 이해를 촉진시키지만, 조직 밖의 사람들에게 사용하면 의외의 문제를 야기할 수 있으므로 의사소통할 때 주의하여 단어 선택

• **적극적인 경청**

- 단순하게 상대방의 이야기를 들어주는 것과 경청은 다른 의미

- 듣는 것은 수동적인 데 반해, 경청은 능동적인 의미의 탐색

- 경청은 의사소통을 하는 양쪽 모두가 같은 주제에 관해 생각하고 있다는 것

- 경청은 지적인 노력과 집중을 필요로 하며, 적극적인 경청은 상대방의 입장에서 생각하려고 노력하면서 감정이 이입될 때 더욱 용이

• **감정의 억제**

- 의사소통 과정에서 자신의 감정에 지나치게 몰입하게 되면 상대방의 메시지를 오해하기 쉽고, 반대로 자신이 전달하고자 하는 의사를 명확하게 표현하지 못하는 경우 발생

- 감정의 억제를 위해서는 침착하게 마음을 비우고 평정을 어느 정도 찾을 때까지 의사소통을 연기하는 것이 좋으나, 조직 내에서 의사소통을 무한정 연기할 수는 없기에 자신의 분위기와 조직의 분위기를 개선하도록 노력하는 등의 적극적인 자세 필요

● 적용사례

■ 문서이해능력, 문서작성능력 발휘 사례

A공사의 신입사원 P는 사수로부터 타공사의 유사 사업의 성공적 추진 사례를 정리해달라는 요청을 받았다. P는 사수의 지시 사항에 대해 곰곰이 생각해본 후, 본인이 지시사항과 관련하여 이해한 부분에 대해 확인하였고, 궁금한 점에 대해 질문하였다. 구체적으로 우선 성공 사례 작성 목적이 무엇인지, 사례를 정리한 것을 어떻게 활용할 것인지, 어느 정도의 분량으로 작성하면 될지, 어떤 형식으로 작성하면 될 것인지에 대해 확인하였다. 이후 타공사의 사업 추진 사례를 검토하면서 공개된 자료 외에 추가로 필요한 자료를 파악하여 협력 요청을 하였다. 타공사에서 공유한 자료를 검토하면서 모호한 부분, 이해가 되지 않는 부분에 대해서는 추가적으로 문의를 하였다. 타공사 사례 수집 및 분석 작업이 끝난 후에 문서를 작성하는 과정에서는 정확한 용어를 사용하고, 핵심적인 내용을 일목요연하게 정리하는 데 초점을 맞췄다. 문서를 작성하면서 사수에게 중간 점검을 받았으며, 초안을 작성하여 피드백을 받았다. 사수의 피드백 내용을 최대한 반영하여 수정할 수 있도록 사수에게 확인하고 질문하는 과정을 거쳤다. 이후 초안을 수정 및 보완하여 최종적으로 타공사 유사 사업 성공적 추진 사례 보고서를 작성하였다.

■ 경청능력, 의사표현능력, 기초외국어능력 발휘 사례

B공사의 대외협력팀 신입사원 L은 K대리와 함께 최근 독일의 M사와 MOU 체결관련 업무를 담당하고 있다. 이 일을 성공적으로 추진하기 위해서는 팀 구성원들과의 협업도 중요하지만, 독일의 M사 담당자, 독일의 M사와 일을 하는 현업 부서 담당자들과의 의사소통 및 협업도 중요하다. 이러한 상황에서 L은 업무 관련 회의, 전화 통화, 이메일 송수신 과정에서 함께 일하는 모든 사람들의 발언을 경청하며 중요 사항은 기록하여 숙지하기 위해 노력하였다. 또한, 독일의 M사 담당자와 커뮤니케이션할 때는 영어로 이야기하며 정확하게 소통할 수 있도록 노력하였다. 이와 같은 노력을 통해 M사와의 MOU체결 과정에서 의사소통상의 오류는 발생하지 않았으며, 성공적으로 MOU를 체결할 수 있었다.

● 서류전형

■ 주요 평가 방안

- 의사소통능력은 대개 실제 작성한 문서, 대화를 통해 드러나는 행동 등을 통해 평가한다.

- 서류전형에서는 자기소개서에 작성된 전반적인 내용을 바탕으로 서면 의사소통능력을 평가한다.

- 의사소통능력과 관련된 자기소개서 문항이 있는 경우에는 팀 프로젝트, 동아리 활동, 인턴, 아르바이트 등을 통해 여러 사람들과 구두와 서면을 통해 효과적으로 의사소통하기 위해 어떤 상황에서 어떤 역할을 맡아서 구체적으로 어떤 노력 행동을 했는지를 평가한다.

■ 준비 방안

- 의사소통능력의 경우, 관련 지식을 많이 알고 있다고 하여 효과적으로 의사소통능력을 발휘할 수 있는 게 아니다.

- 효과적으로 의사소통능력을 발휘하기 위해서는 어떻게 생각하고, 어떻게 말하고, 어떻게 행동해야 하는 지를 명확히 인식하고 있어야 하며, 그런 부분들을 몸에 체화시켜야 한다.

- 평소 자신이 효과적으로 의사소통했던 경험, 즉 타인을 효과적으로 설득했던 경험, 효과적으로 발표했던 경험, 나와 성향이 다른 사람과 원활하게 소통하며 일했던 경험 등에 대해 구체적으로 기록해야 한다.

- 또한, 자기소개서도 문서의 일환으로 보고, 자기소개서 전반에 작성한 내용을 바탕으로 문서작성능력을 평가하는 기관도 있으므로 자기소개서에 작성한 표현, 문구, 내용 등에 대한 충분한 검토 및 수정 보완이 이루어져야 한다.

- **자기소개서 사례**

[자기소개서 문항 1]

> 최근 3년 이내 자신의 의사소통능력을 잘 발휘했던 경험에 대해 기술하시오. 어떤 상황에서 의사소통능력을 어떻게 발휘했는지 구체적으로 작성해주시기 바랍니다.

• GOOD 사례 ❶

> 저는 대학교 3~4학년, 2년 동안 생활관 자치회 활동을 하였습니다. 자치회는 생활관에 살고 있는 학우들이 불합리한 상황에 놓였을 때 학우들의 권리를 대변해주고, 학우들이 좀 더 편안한 생활관 생활을 할 수 있도록 다양한 활동을 하였습니다. 자치회는 대개 6~8명 정도의 학생으로 구성되어 있습니다.
>
> 자치회 활동을 하면서 학교 내 생활관 운영팀 담당자분들과 의사소통을 원활하게 하는 것이 매우 중요했습니다. 저는 생활관의 학우들과 생활관 운영팀 담당자분의 입장을 조율하는 일을 주로 했습니다. 생활관 사용과 관련하여 학우들의 의견을 수렴하여 생활관 운영팀 담당자분들에게 전달하여 반영될 수 있도록 했습니다. 때로는 생활관 운영팀 담당자분들의 입장을 생활관 내 학우들에게 전달하는 일을 했습니다. 생활관 내 새로운 시설을 설치하거나 교체해야 하는 사안이 많았는데, 생활관 운영팀 담당자분의 입장에서는 비용이 들어가야 해서 학생들의 의견을 수용하지 않는 경우가 많았습니다. 그러나 학생들 입장에서는 생활관 이용에 따른 비용을 내고 있기 때문에 최대한 편하게 생활하고 싶어 했습니다.
>
> 저는 아주 많은 비용이 들어가는 사안이 아니라면 최대한 학생들의 의견이 반영될 수 있도록 생활관 운영팀 담당자분을 설득했습니다. 생활관 운영팀 담당자를 만나서 학생들의 의견이나 입장을 한 번 정도 설명하는 것으로는 충분하지 않았습니다. 여러 번 방문하여 새로운 시설을 설치해야 하는 이유, 현재 학생들의 불편함, 다른 학교 생활관 비용과 시설 현황 등에 대해 지속적으로 설득하였습니다. 때로는 비교 견적서까지 받아서 제안하기도 했습니다. 또한 이슈가 있을 때만 생활관 운영팀 담당자분을 만나서 이야기하는 것은 효과적이지 않을 것 같아서, 특별한 이슈가 없더라도 생활관 운영팀 담당자분을 만나서 이런저런 이야기를 하면서 밥을 먹고 친해지기 위해 노력했습니다. 그 결과, 생활관 내 공용 전산실 설치, 온수기 교체, 택배물 보관실 설치 등 학우들이 보다 편안한 생활을 할 수 있도록 생활관 환경을 개선할 수 있었습니다.

GOOD POINT 효과적으로 의사소통하기 위해 노력했던 행동을 구체적으로 작성하였다. 근거와 자료에 기반을 두고 상대방을 효과적으로 설득하고자 했으며, 지속적으로 소통하며 자신의 입장을 전달하였다. 특히, 의사표현능력의 세부요소인 '목적과 상황에 맞는 정보 조직, 목적과 상황에 맞게 전달' 측면이 잘 드러났다.

• BAD 사례 ❶

> 저는 대학교 3학년 때 언니와 함께 자취를 했을 때 소통을 통해 갈등을 해결했던 경험이 있습니다. 고등학교 때부터 언니는 기숙사 생활을 해서 거의 5~6년 만에 함께 생활하게 된 거였는데, 서로의 성향이 달라서 잦은 다툼이 일어났습니다. 청소 주기나 방식, 욕실 사용 방식, 세탁 방식 등 다양한 측면에서 서로의 의견이 달랐습니다.
> 기숙사 생활을 할 때는 룸메이트와 서로 잘 모르는 사이여서 조심스럽게 행동하다보니 서로 다투는 상황까지 가지는 않았었지만 당시 저는 스트레스가 심했습니다. 최소 2년 동안 함께 생활해야 했기에 저는 언니에게 서로 허심탄회하게 어려움을 이야기하고 서로 논의하여 생활의 규칙을 정할 것을 제안했습니다. 언니와 허심탄회하게 이야기를 하면서 언니에 대해 조금 더 이해하게 되었습니다. 이후 다툼이 현저히 줄어들었으며, 서로 불편한 부분이 있으면 바로바로 이야기를 하여 해결해 나갔습니다.

BAD POINT 작성한 경험은 사적인 관계를 맺고 있는 사람과 의사소통했던 경험으로 업무 장면에서의 의사소통 능력을 가늠하기 어려운 측면이 있다. 채용 장면에서는 공적인 관계를 맺고 있는 사람들과의 의사소통을 어떻게 해나가는 지를 보고자 한다. 채용 평가 시에는 기본적으로 업무수행 잠재력을 보고자 하는 것이기에 팀 프로젝트나 인턴, 아르바이트 등 과업 수행 장면에서 의사소통했던 경험에 대해 작성해야 한다. 또한, 의사소통이 잘 되지 않았던 이유와 함께 의사소통을 원활하기 위해 본인이 노력했던 행동, 그 과정과 결과에 대해 구체적으로 작성해야 한다.

[자기소개서 문항 2]

> 최근 3년 이내 효과적으로 의사소통하며 문제를 해결하기 위해 노력했던 경험에 대해 작성해주시기 바랍니다. 어떤 노력 행동을 했는지 구체적으로 작성해주시기 바랍니다.

• GOOD 사례 ❷

대학교 3학년 때 봉사동아리에서 부회장을 맡았을 때의 일입니다. 당시 동아리 운영 방식과 관련하여 회장과 의견이 다른 상황에서 지속적인 소통을 통해 문제를 해결했던 경험이 있습니다.

당시 동아리 회장은 자유로운 분위기 속에서 동아리 회원들이 봉사활동에 참여하는 것을 중요하게 여겼습니다. 저는 자유로운 분위기는 중요하지만, 봉사활동 참여와 관련해서는 엄격한 규칙이 필요하다고 생각했습니다. 자유로운 분위기 속에서 봉사활동에 참여하게 하고, 개인 사정이 있으면 봉사활동에 참여하지 못했다고 하더라도 페널티를 부여하지 않다 보니 무책임하게 당일에 봉사활동에 불참하는 일이 자주 발생했고, 동아리의 중요한 모임이나 행사에도 참여하지 않는 회원들이 늘어났습니다. 이에 저는 동아리의 존속을 위해서는 봉사활동 참여 횟수, 불참 시 페널티 부여 방식과 관련된 엄격한 규정이 필요함을 제안하였습니다. 회장은 자율성을 기반으로 봉사활동을 할 수 있어야 사람들의 부담감이 덜하고, 보다 자주 그리고 적극적으로 봉사활동에 참여하게 된다며 최소한의 규칙을 정하자는 의견을 제시하였습니다. 저는 회장의 의견에도 일리가 있다는 생각이 들었고, 서로 논의 하에 불참 통보는 일주일 전에 해야 하며, 사전 통보 없이 3번 연속 불참 시 봉사활동을 할 수 없다는 규칙을 마련하였습니다. 이와 관련하여 동아리 회원들의 의견을 수렴하여 최종적으로 동아리 운영 규칙을 정했습니다. 이후에도 회장과 저는 동아리가 활발하게 운영될 수 있는 더 좋은 방안이 마련될 수 있도록 동아리 운영 관련하여 의견을 자주 교환하였으며, 서로 의견이 다른 부분에 대해서는 충분한 대화를 통해서 조율해 나갔습니다. 이전 연도에 비해 저와 그 회장이 동아리를 운영했을 때 동아리 회원 수가 많이 늘어났으며, 봉사활동 횟수는 동아리 설립 이래 가장 많았습니다. 이러한 경험을 통해 건설적인 비판과 적극적 의견 제시 등을 통해 소통하며 문제를 해결하는 것의 중요성을 깨달을 수 있었습니다.

GOOD POINT 자신과 의견이 다른 사람과 어떻게 의견을 조율해나갔는지 그 과정과 노력 행동에 대해 구체적으로 기술하였다. 당시 상황에서 실제 의견이 어떻게 달랐는지에 대해서도 구체적으로 기술하여 지원자가 작성한 경험이 실제 지원자가 경험했던 사례로 평가자에게 인식될 가능성이 높다.

• BAD 사례 ❷

> 대학교 3학년 때, 팀 프로젝트가 많은 수업을 들었을 때의 일입니다. 저희 조에 교환학생으로 온 중국인 학생이 한 명 있었는데, 그는 졸업 후에 바로 중국으로 돌아갈 예정이었으며 졸업장만 있으면 된다는 생각을 하고 있었습니다. 기본적으로 한국어로 대화를 나누고 문서를 작성하는데 큰 어려움이 없는 친구였으나, 자신은 좋은 성적을 받을 필요가 없다며 팀 프로젝트 시 참여를 거의 하지 않았습니다. 조원들과 함께 팀 프로젝트 수행과 관련하여 역할을 배분하는 과정에서 그 친구는 자신은 팀 프로젝트에 참여하기 어려우니 동료 평가 시 최하점을 줘도 된다는 이야기를 하였습니다. 교수님께도 팀 프로젝트에 참여하지 않았음을 알려도 되니, 자신에게는 역할을 주지 말라는 이야기를 하였습니다. 그 친구 말대로 해도 되지만, 팀 프로젝트 과제가 어렵고 힘들어서 모든 조원이 적극적으로 참여하고, 자신이 맡은 역할을 충실히 해야지만 성공적으로 팀 프로젝트 과업을 완수할 수 있는 상황이었습니다. 또한 모든 구성원들과 함께 팀 프로젝트를 성공적으로 완수하고 싶었던 저는 그 친구를 설득해 나갔습니다. 고집이 센 친구였기에 저의 생각이나 입장만을 전달하면 반발심이 생길 것 같아서, 우선 과제 외적인 이야기를 하며 함께 밥을 먹고 운동을 하면서 친해지기 위해 노력했습니다. 일주일쯤 지나고 나서 그 친구는 저에게 마음을 열었으며, 팀 프로젝트에도 조금씩 참여하는 모습을 보여주었습니다. 최종적으로 팀 프로젝트 과제는 성공적으로 완수하였으며, 교수님으로부터 긍정적인 피드백을 받았습니다.

BAD POINT 지원자가 효과적으로 중국인 학생과 의사소통하기 위해 구체적으로 어떤 노력을 했는지가 드러나지 않았다. 결과적으로 중국인 학생과 친밀해지고 팀 프로젝트에 참여하였지만, 그것이 지원자가 효과적으로 소통하고 설득했기 때문인지는 명확하게 드러나지 않았다. 중국인 학생과 어떻게 소통해나갔는지, 왜 그렇게 했는지, 보다 더 효과적으로 소통하기 위해서 어떤 노력을 기울였는지에 대해 구체적으로 작성해야 한다.

● 면접전형

■ 주요 평가 방안

- 의사소통능력은 서면 의사소통과 구두 의사소통으로 구분할 수 있다.

- 구두 의사소통은 경험면접과 상황면접의 경우 면접 질의응답 과정을 통해 평가하며, 경청능력, 의사표현능력에 대해 주로 평가한다. 이 경우, 의사소통 관련 별도의 질의 응답을 통해 평가하는 경우도 있지만, 일반적으로는 면접의 전반적인 과정을 통해 평가한다.

- 서면 의사소통은 문서이해 및 작성 능력을 의미하며 보고서를 작성하게 하여 서면으로만 평가하거나, 발표면접때 작성하는 자료에 대해 평가한다.

- 기초외국어능력의 경우, 일반적으로 서류전형에서 제시하는 영어 성적으로 평가한다. 다만 기초외국어능력이 중요한 직무 분야의 면접 시 영어 면접을 하는 경우가 있으며, 이 경우에는 주로 자신의 강점 및 약점, 지원 직무 분야 및 조직에 대한 이해 정도, 직무관련 기초 지식과 관련된 질문을 한다.

■ 준비 방안

- 평소 발표 수업 시간에 자신의 의사를 정확하게 전달하고, 논리적으로 설명하기 위해 노력하고, 토론 수업 시간에는 타인의 의견에 경청하며 근거에 기반하여 자신의 주장을 펼치고, 타인의 의견에 적절히 반박하고 수용하는 노력이 필요하다.

- 발표 면접 시 작성한 자료에 대해 별도 평가를 실시하는 기관의 경우, 문서 작성 연습이 필요하다.

- 일반적으로 알려주는 면접 스킬들이 주로 의사소통능력과 관련되어 있다.

- 면접 장면에서 면접위원은 언어적 의사소통 뿐만 아니라 비언어적 의사소통에도 주의를 기울이고 있으므로 자신의 비언어적 의사소통 방식에 대해 스스로 모니터링 해 볼 필요가 있다.

- 면접장면에서는 소통 방식도 중요하지만 말하거나 쓰는 내용 자체도 중요하다.

- 특정 상황에서 해야 하는 멘트나 행동 등과 같은 스킬을 연습하는 것도 도움이 되지만, 근본적으로 타인의 말이나 글을 정확하게 이해하여 자신의 의사를 명확하게 전달하는 연습을 하는 것이 훨씬 도움이 된다.

■ **경험면접 사례**

[면접 질문 1]

> 학업 및 팀 프로젝트, 동아리, 아르바이트, 인턴 등의 활동을 하면서 문서를 바탕으로 자신의 의사를 효과적으로 전달했던 경험에 대해 이야기해주시기 바랍니다.

• GOOD 사례 ❶

A. 교양 수업에서 팀 프로젝트를 준비하고 발표한 경험이 있습니다.

Q. 당시 상황에 대해 구체적으로 이야기해주세요.

A. 작년 2학기 때 저는 총 5명의 팀원과 함께 발표 준비를 하였습니다. 당시 저는 발표 PPT를 만들고 발표하는 역할을 맡았습니다.

Q. 팀의 다른 동료들은 어떤 역할을 맡았습니까?

A. 저를 제외한 나머지 4명은 발표 주제와 관련된 정보를 수집하고 정리한 후, 주제와 관련된 기초 자료를 만드는 일을 했습니다.

Q. 발표를 효과적으로 하기 위해서 어떤 노력을 했습니까?

A. 제가 발표 준비를 하면서 가장 중요하게 생각한 것은 수업을 같이 듣는 학생들이 내용에 대해서 쉽게 그리고 집중력 있게 내용에 대해 몰입할 수 있도록 만드는 것이었습니다. 그래서 저는 어떻게 발표를 준비할 것인가에 대해 고민을 많이 했고, 발표를 잘 한 동영상을 찾아보았습니다. 그래서 TED, 세바시 등 강의 동영상과 발표 스킬이나 전략에 대한 유튜브 동영상을 보며 발표 연습을 했습니다. 그리고 다양한 전공 학생들이 모여있는 교양수업에서 몇몇 학생들에게 어떤 식의 발표가 가장 기억에 남는지 조사하였습니다. 그 결과, PPT를 보고 읽는 것이 아니라 발표자가 발표 문서에 대해서 청중과 아이콘택을 하면서 발표하는 방식이 적절할 것 같다는 생각이 들었습니다. 또한 발표하는 동안 학생들이 지루함을 느끼지 않고 집중할 수 있도록 발표 내용과 관련된 퀴즈를 넣었으며, 실제 조직의 문제를 스토리화하여 현실감있게 구성하였습니다.

   GOOD POINT 어떻게 하면 보다 효과적으로 발표 내용을 전달할 수 있을지에 대한 고민을 바탕으로 발표를 잘하기 위해 다양한 노력을 기울였다.

Q. 결과는 어땠습니까?

A. 발표를 성공적으로 마쳤습니다. 발표를 듣는 학생들의 집중도가 높았습니다. 또한 교수님께서 발표 준비를 많이 한 것 같다며, 오늘 발표자들중에서 제일 잘한 것 같다는 칭찬을 해주셨습니다. 또한, 발표에 대해 학생들이 직접 발표 평가하는 부분도 있었는데 당시 6개 조 중 저희 조가 1등을 하였습니다. 저는 이와 같은 경험을 통해 단순히 발표자의 입장이 아니라 청중의 입장에서 전달하고자 하는 내용을 어떻게 작성하느냐에 따라서 그 의미와 내용의 전달력이 큰 차이가 난다는 것을 배울 수 있었습니다.

■ **GOOD POINT** 발표 결과와 관련하여 정량적 결과와 정성적 결과를 모두 구체적으로 언급하였다.

• BAD 사례 ❶

A. 대학교 2학년 때 저는 학과 임원으로 일한 적이 있습니다. 당시 새학기가 시작됨과 동시에 학과장님께서는 학과 임원회에서 신입생들을 대상으로 MT에서 학과에 대해 오리엔테이션을 해달라는 요청을 하셨습니다. 그래서 임원회에서는 오리엔테이션을 준비했습니다. 저는 제가 직접 오리엔테이션을 진행하진 않더라도 오리엔테이션이 효과적으로 잘 진행될 수 있도록 다양한 의견을 제시하였습니다.

Q. 임원회에서는 오리엔테이션과 관련하여 어떤 논의를 하였으며, 어떤 의견을 제시하였습니까?

A. 오리엔테이션 내용, 오리엔테이션 진행 방식 등에 대해 논의했습니다. 그런데 당시 어떻게 할 것인가에 대해 임원들의 의견이 너무 다양하여 진척이 없었습니다. 실제 발표 기간도 얼마 남지 않은 상황에서 저는 빨리 오리엔테이션 방향을 정하고 자료를 만드는 게 급선무라고 생각했습니다. 당시 오리엔테이션과 관련된 경험이 있는 임원이 없었기에 저는 새롭게 오리엔테이션 자료를 만들고 새로운 방식으로 하기보다는 작년에 선배들이 했던 내용을 바탕으로, 수정 보완해 나가는 게 어떨지 제안했습니다. 기존에는 파워포인트 중심으로 오리엔테이션을 진행했었는데, 파워포인트에 기술된 내용과 관련된 이미지와 동영상을 추가하자는 제안을 했습니다.그래서 이후에 텍스트 보다는 이미지 중심으로 발표 자료를 구성하였습니다.

■ **BAD POINT** 자신의 의사를 효과적으로 전달한 사례로 보기 어렵다. 자신의 의견을 이야기한 것에 불과하다.

Q. 본인이 제시한 의견을 다른 구성원들이 잘 받아들였습니까?

A. 잘 받아들이는 사람도 있었고, 그렇지 않은 사람도 있었습니다.

Q. 본인의 의견이 잘 받아들여질 수 있도록 하기 위해서는 어떤 노력을 기울였습니까?

A. 오리엔테이션 준비 시간이 얼마 남지 않은 상황에 대해 설명하고, 현재 저희가 할 수 있는 최적의 방안에 대해 고민한 부분을 설명했습니다.

> **BAD POINT** 자신의 의견을 효과적으로 전달하기 위해 노력한 측면이 거의 드러나지 않았다. 단편적으로 당면한 상황과 방안에 대해 설명했다고만 이야기하였다.

Q. 본인이 제시한 의견을 잘 받아들이지 않는 사람에게는 어떻게 설명했습니까?

A. 그 친구의 의견을 들어보고, 경청하고 공감하면서 제 생각을 차분히 이야기했습니다.

> **BAD POINT** 자신의 의견과 다른 의견을 지닌 사람에게 어떻게 의사를 전달했는지 확인해보기 위해 질문했지만, 단편적으로 경청하고 공감하며 차분히 이야기했다고만 대답하였다. 효과적으로 의사를 전달하기 위해 노력한 부분이 드러나지 않았다.

Q. 발표 자료를 구성하는 과정에서는 어떤 역할을 맡았습니까?

A. 저는 발표 자료를 구성하는 일에는 참여하지는 않았고, 오리엔테이션 운영을 담당했습니다. 오리엔테이션 발표 자료를 출력하고, 발표를 위한 기자재 준비를 담당했습니다.

Q. 오리엔테이션 결과는 어땠습니까?

A. 오리엔테이션을 진행할 때 신입생들이 집중해서 들었고, 분위기가 좋았습니다. 교수님도 오리엔테이션한 것에 대해 만족하셨습니다.

Q. 그러한 결과와 관련하여 본인이 기여한 부분은 어떤 것이라고 생각합니까?

A. 오리엔테이션을 준비하는 과정에서 제가 방향성이나 방안에 대한 의견을 제시하지 않았다면 오리엔테이션 준비에 차질이 생겼을 것이라고 생각합니다.

BAD POINT 오리엔테이션 결과는 좋았다고 하지만, 직접 발표하지 않은 상황에서 지원자 본인이 의사를 효과적으로 전달하여 긍정적인 결과를 초래했다고 보기 어렵다.

[면접 질문 2]

> 동료들과 효과적으로 의사소통하며 과업을 성공적으로 수행했던 경험에 대해 이야기해 주시기 바랍니다.

• GOOD 사례 ❷

A. 저는 작년 말에 졸업과제를 수행하면서 팀 동료들과 적극적으로 소통했던 경험이 있습니다.

Q. 당시 상황에 대해 구체적으로 이야기해주세요.

A. 당시 졸업과제 프로젝트 팀은 총 6명이었습니다. 6명의 팀원은 각각 설계, 제작, 보고서 작성 등의 업무를 배분하여 맡았습니다. 각자 맡은 업무를 배분할 때는 잘할 수 있는 부분과 하고 싶은 분야를 서로 이야기하고 역할을 나누었습니다. 저는 CAD 동아리에도 가입하여 활동하고 있었고, 관련 자격증도 취득한 상태여서 CAD 설계를 담당했습니다. 저 외에도 다른 친구 한 명이 CAD 설계를 담당했습니다. 하지만 재료 선정, 분해 및 조립 등을 고려해서 설계 초안을 만들고, 그것을 제작하는 친구들과 논의하는 과정에서 의견 차이가 발생했습니다.

GOOD POINT 경험과 관련하여 구체적인 상황, 본인의 역할, 동료들의 역할에 대해 구체적으로 언급하여 경험의 사실성에 대한 신뢰를 높였다.

Q. 구체적으로 어떤 의견 차이가 있었습니까?

A. 제작을 담당하는 친구들은 설계안대로 제작하는 것은 불가능하며, 설계안의 일부를 수정해줄 것을 요청해왔습니다. 당시 프로젝트 팀장도 일정 계획에 따라 완료될 수 있으려면 제작 과정에서의 시행착오를 줄여야 하고, 그러기 위해서는 설계도를 수정하는 것이 적절할 것 같다는 의견을 제시하였습니다.

GOOD POINT 효과적 의사소통을 했던 배경, 문제 상황에 대해 구체적으로 이야기하였다.

Q. 그런 상황에서 의견 차이를 줄이고 성공적으로 프로젝트를 완수하기 위해서는 어떤 노력을 기울였습니까?

A. 제작팀이나 프로젝트 팀장의 의견에도 일리가 있다는 생각이 들었고, 저는 과제에 참여하고 있는 모든 사람들이 모여서 의견을 수렴할 필요가 있다고 판단했습니다. 저는 모든 사람들이 모여 있는 자리에서 제가 어떤 점을 고려하여 그렇게 설계를 하였고, 그렇게 설계를 함으로써 기대되는 효과는 무엇인지, 설계를 변경할 경우 예상되는 어려움이나 장애요인은 무엇인지, 설계 변경으로 얻을 수 있는 이점은 무엇이고 어느 정도인지에 대해 설명했습니다. 그리고 제작팀이 요청했던 만큼의 설계 변경은 힘들다는 점을 분명하게 밝혔으며, 보다 나은 결과를 위해서는 설계안 변경없이 진행해야 함을 강조했습니다. 그런 후에 제작파트의 의견을 듣고 제작팀과 절충안을 찾기 위해 노력했습니다. 다른 팀원들에게 저희 설계 파트와 제작 파트의 입장을 절충할 수 있는 아이디어를 요청했습니다. 크게 설계를 변경하지 않으면서 최적의 효과를 낼 수 있는 방안에 대해 브레인 스토밍을 실시했습니다. 그런 과정을 통해 설계상의 일부분을 변경하기로 했습니다. 변경하는 데 업무 로드도 크지 않고, 변경으로 인해 기대되는 효과도 컸기 때문입니다.

GOOD POINT 동료들과 의사소통했던 과정에 대해 구체적으로 이야기하였으며, 효과적으로 소통하기 위해 노력했던 부분이 명확하게 드러났다.

Q. 그 결과는 어땠습니까?

A. 결과적으로 졸업 과제는 무사히 제출할 수 있었으며, 학과 내에서 다섯 손가락안에 들 정도로 우수한 성적을 받았습니다. 교수님으로부터 아이디어가 좋다는 칭찬도 받았습니다. 저는 이 경험을 통해서 목표를 이뤄가면서 구성원들이 서로 의견차이가 발생하는 것이 당연한데 그 과정에서 서로 존중하며 서로의 의견을 제시하는 것과 여러 다양한 객관적 데이터를 기반으로 문서화하여 타인을 설득하는 것이 중요하다는 것을 느낄 수 있었습니다.

GOOD POINT 동료들과 의사소통했던 결과에 대해 구체적으로 이야기하였다.

• BAD 사례 ❷

A. 저는 후배들과 적극적으로 의사소통하며 전공과목 관련 자격증 스터디 그룹을 만들어 운영한 적이 있습니다.

Q. 당시 상황에 대해 구체적으로 이야기해주세요.

A. 작년에 있었던 일입니다. 저와 후배 한 명, 이렇게 두 명이 스터디를 하다가, 여러 명을 더 모집하여 스터디 그룹을 만들기로 했습니다. 저와 후배 두 명이서만 스터디를 하다보니, 스터디 일정을 취소하거나 미루는 일이 많았고, 스터디 공부를 하다가 저녁을 먹거나 술을 한 잔 하는 일이 자주 발생했습니다. 그래서 저희와 친하지 않은 후배들 5~6명 정도를 더 모아서 스터디 그룹을 만들고, 스터디 그룹을 효과적으로 운영하기 위해 스터디 그룹의 규칙을 정했습니다. 저는 스터디 그룹장으로서 그룹원들과 적극적으로 소통했습니다.

Q. 구체적으로 스터디 그룹원들과 어떻게 소통해나갔습니까?

A. 스터디 그룹의 목적이 자격증 취득이었기 때문에 자유롭게 스터디하기 보다는 나름의 규칙이 필요하다고 생각했습니다. 그래서 제가 생각한 규칙안을 만든 다음에 스터디 그룹원들의 의견을 받아 수정, 보완했습니다. 사실, 스터디의 다른 그룹원들은 자격증 취득을 목적으로 하는 스터디 그룹 경험은 처음이어서 대부분 저의 의견을 따라주었습니다. 그리고 스터디 진행 방식이나 일정에 대한 부분도 스터디 그룹원들의 의견을 반영하여 조정해 나갔습니다.

■ BAD POINT 스터디 그룹원들과 소통했다기 보다는 자신이 주로 의견을 제시하면 스터디 그룹원들이 들어주는 상황이다. 보다 효과적으로 소통하기 위해 추가적인 노력을 기울인 경험이 드러나지 않았다.

Q. 그런 과정에서 반발하거나 반대 의견을 제시하는 그룹원에게는 어떻게 대응했습니까?

A. 대부분 자격증 취득이라는 목표를 가지고 있어서 열심히 공부하는 분위기였습니다. 그리고 제가 선배여서 그런지 후배들이 잘 따라와 주었습니다. 가끔 엄격한 규칙 때문에 불만을 표시하는 친구가 있긴 했지만, 스터디 그룹의 목적에 대해 이야기하며 설득했습니다. 특별히 스터디 후반으로 갈수록 반대 의견을 내는 그룹원은 없었습니다. 스터디 초기에 개인적인 사정으로 바빠서 스터디에 잘 참여하지 못하고, 스터디 분위기에 적응하지 못하는 친구가 있었는데, 그 친구는 스터디 그룹에 들어오고 한 달뒤에 자발적으로 그만두었습니다.

■ BAD POINT 자신의 의견, 입장과 다른 구성원들과 효과적으로 소통했다기 보다는 자신의 의견, 입장만을 전달하는 데 초점을 맞추고 있다.

Q. 그만 둔 친구와는 이야기를 해보셨나요? 그 친구와는 어떻게 소통했었습니까?

A. 평소에 말이 별로 없는 친구였습니다. 그만두는 이유에 대해서도 특별히 말하지 않아서, 더는 묻지 않았습니다. 그런 친구가 한 명 있으면 스터디 분위기를 흐리기도 해서 스터디를 그만둔다고 했을 때 특별히 말리지 않았습니다.

BAD POINT 자신의 의견, 입장과 다른 구성원들과 효과적으로 소통하기 위한 노력이 드러나지 않았다.

Q. 결과적으로는 어땠습니까?

A. 스터디 그룹원들 중 한 명을 제외하고는 모두 자격증을 취득할 수 있었습니다.

1 문서이해능력

● 학습모듈

① 문서이해능력의 개념

■ **문서이해능력**

- 다양한 종류의 문서에서 전달하고자 하는 핵심 내용을 요약 및 정리하여 이해하는 능력
- 문서에서 전달하는 정보의 출처를 파악하고, 옳고 그름까지 파악하는 능력

■ **일 경험 중 현장에서 요구되는 문서이해능력**

- 일 경험 중에는 업무 관련 인쇄물부터 기호화된 정보로 간략하게 적힌 메모까지 수많은 문서를 접하게 되는데, 업무 수행을 위해서는 문서의 내용을 이해하고, 요점을 파악하며 통합할 수 있는 능력 필요
- 문서이해능력은 문서의 내용 파악에 그치지 않고, 문서에서 전달하는 정보를 바탕으로 업무와 관련하여 요구되는 행동이 무엇인지 추론하는 능력, 생산성과 효율성을 높이기 위해 자신이 이해한 업무 지시의 적절성을 판단하는 능력까지 포함
- 문서이해능력이 부족하면 본인의 업무를 이해하고 수행하는 데 큰 지장 초래

② 문서의 종류

■ **공문서**

- 정부 행정기관에서 대내적, 혹은 대외적 공무를 집행하기 위해 작성하는 문서
- 정부기관이 일반회사 또는 단체적으로 접수하는 문서 및 일반회사에서 정부기관을 상대로 사업을 진행하려고 할 때 작성하는 문서 포함
- 엄격한 규격과 양식에 따라 정당한 권리를 가진 사람이 작성해야 하며, 최종 결재권자의 결재가 있어야 문서로서의 기능 성립

■ **기획서**

- 적극적으로 아이디어를 내고 기획한 하나의 프로젝트를 문서형태로 만들어, 상대방에게 그 내용을 전달하여 기획을 시행하도록 설득하는 문서

■ **기안서**

- 흔히 사내 공문서로 불리며, 회사의 업무에 대한 협조를 구하거나 의견을 전달할 때 작성

- 예산의 지출을 동반하는 안건의 승인을 구하는 품의서와 새로운 행사나 사업을 시작하기 위한 기획서, 새로운 방향이나 안건을 제시하는 제안서 등 포함

■ **보고서**

- 특정한 일에 관한 현황이나 진행 상황 또는 연구 및 검토 결과 등을 보고하고자 할 때 작성하는 문서
  - 영업보고서 : 재무제표와 달리 영업상황을 문장 형식으로 기재해 보고하는 문서
  - 결산보고서 : 진행되었던 사안의 수입과 지출결과를 보고하는 문서
  - 일일업무보고서 : 매일의 업무를 보고하는 문서
  - 주간업무보고서 : 한주 간 진행된 업무를 보고하는 문서
  - 출장보고서 : 회사 업무로 출장을 다녀와 외부 업무나 그 결과를 보고하는 문서
  - 회의 보고서 : 회의 결과를 정리해 보고하는 문서

■ **설명서**

- 상품의 특성이나 사물의 성질과 가치, 작동 방법이나 과정을 소비자에게 설명하는 것을 목적으로 작성한 문서
  - 상품소개서 : 소비자에게 상품의 특징을 잘 전달해 상품을 구입하도록 유도하는 것을 목적으로 일반인이 친근하게 읽고 내용을 쉽게 이해하도록 하는 문서
  - 제품설명서 : 제품 구입도 유도하지만 제품 사용법에 대해 더 자세히 알려주는 것을 목적으로 제품의 특징과 활용도에 대해 세부적으로 언급하는 문서

■ **보도자료**

- 정부 기관이나 기업체, 각종 단체 등이 언론을 상대로 자신들의 정보가 기사로 보도되도록 하기 위해 보내는 자료

■ **자기소개서**

- 개인의 가정환경과 성장가정, 입사 동기와 근무자세 등을 구체적으로 기술하여 자신을 소개하는 문서

■ **비즈니스 레터(E-mail)**

- 사업상의 이유로 고객이나 단체에 쓰는 편지
- 직장업무나 개인 간의 연락, 직접 방문하기 어려운 고객관리 등을 위해 사용되는 비공식적 문서, 제안서나 보고서 등 공식 문서 전달 시 사용

- **비즈니스 메모**

  • 업무상 필요한 중요한 일이나 앞으로 체크해야 할 일이 있을 때, 필요한 내용을 메모 형식으로 작성하여 전달하는 글

    - 전화 메모

      ✓ 업무 내용부터 개인적인 전화의 전달 사항 등을 간단히 작성하여 당사자에게 전달하는 메모, 휴대폰의 발달로 현저히 감소

      ✓ 전화 발신자, 발신자 연락처, 일시, 전달 사항 등의 내용 포함

    - 회의 메모

      ✓ 회의에 참석하지 못한 상사나 동료에게 전달 사항이나 회의 내용에 대해 간략하게 적어 전달하는 메모 또는 회의 내용을 기록하여 기록이나 참고자료로 남기기 위해 작성한 메모

      ✓ 회의 안건관련 참석자별 주요 의견, 업무 관련 확인 사항, 향후 업무 추진 시 반영해야 하는 사항 등의 내용 포함

    - 업무 메모

      ✓ 개인이 추진하는 업무나 상대의 업무 추진 상황을 적은 메모

      ✓ 업무 추진시 고려해야 하는 사항, 확인해야 하는 사항, 협조 필요 사항, 유관 부서 등의 내용 포함

③ **문서이해 지침**

- **문서이해를 위한 구체적인 절차**

1 문서목적 이해하기	2 문서 작성 배경 및 주제 파악하기	3 문서 제시 정보 및 현안 문제 파악	4 상대 욕구와 의도 및 요구 행동 분석	5 문서 목적 달성 행동 생각 및 결정	5 상대방 의도 도표나 그림등 요약. 정리

- **문서이해를 위해 필요한 사항**

  • 꼭 알아야하는 중요한 내용만을 파악하여 필요한 정보를 획득하고, 종합하는 능력 필요

  • 다독과 다작을 통해 문서이해능력과 내용종합능력을 키워나가는 노력 필요

  • 문서에서 전달하는 정보를 나만의 방식으로 소화하여 작성

  • 평소에 다양한 종류의 문서를 읽고, 구체적인 절차에 따라 이해하고, 정리하는 습관을 들이되 자신에게 적합한 정리 방식을 찾는 노력 필요

● 필기전형

■ NCS 직업기초능력 평가 문항 예시 및 해설

> 직업기초능력명 : 의사소통능력
> 하위영역명 : 문서이해능력(모듈형)

1 다음 대화 중 ㉠과 ㉡에 적합한 서류의 명칭으로 올바르게 짝지어진 것은 무엇인가?

> • 곽 팀장 : 방 과장, 이번 분기의 목표를 달성하기 위해서는 경쟁사 A기업과 격차를 더 벌려야 하는 상황입니다. 지금 많이 힘든 조건이지만, 잘 이겨낼 수 있도록 우리 사업 전략과 실현 가능한 계획을 정리해서 사장님께 보고할 예정이에요. 방 과장이 직접 필요한 ㉠서류를 작성해 주세요.
> • 방 과장 : 알겠습니다, 곽 팀장님.
> • 곽 팀장 : 음, 그리고 추가로 첨부해야 하는 게 있는데, 이 대리에게 A기업 현황과 시장 분석을 포함한 ㉡서류를 준비하도록 하세요.

	㉠	㉡
①	보고서	기안서
②	설명서	기획서
③	보고서	설명서
④	기획서	보고서
⑤	기안서	기획서

출제 의도 문서의 내용을 올바르게 이해하기 위해 문서의 종류와 그에 따른 특징을 파악하고 있는 지를 평가하고자 하였다.

정답 ④

해설 ㉠은 사업을 진행하기 위해 사업 전략과 계획에 관한 내용을 정리한 문서로서 기획서에 해당한다. 기획서는 적극적으로 아이디어를 내고 기획하여 하나의 프로젝트를 문서 형태로 만들어, 기획의 내용을 전달하여 시행하도록 설득하는 문서이다. ㉡은 경쟁사와 시장을 분석하여 기획서에 첨부하는 문서로서 보고서에 해당한다. 보고서는 특정한 일에 관한 현황이나 진행 상황, 연구 및 검토 결과 등을 보고할 때 작성하는 문서이다.

직업기초능력명 : 의사소통능력
하위영역명 : 문서이해능력(PSAT형)

2 다음은 공공저작물의 저작권 관리 가이드라인의 일부이다. [보기]의 사례 중 주어진 자료의 내용과 일치하지 <u>않는</u> 것은 무엇인가?

> 공공저작물은 공공기관이 업무상 창작하였거나 제3자로부터 취득하여 관리하고 있는 저작물을 의미한다. 여기서 공공기관은 다양한 기준에 따라 분류할 수 있는데, 공공저작물과 관련해서는 해당 기관의 법적 지위에 따라 국가기관, 지방자치단체 및 기타 공공기관으로 구분할 수 있다. 저작권법은 모든 유형의 공공기관에 동일하게 적용되나, 저작권의 귀속주체와 이에 따라 저작권 처리에 적용되는 법률은 유형별로 서로 다르다.
> 공공저작물 저작권 관리란 공공기관이 보유하고 있는 공공저작물을 민간에서 활발하게 활용할 수 있도록 저작권법의 원칙에 따라 관리되는 것을 말한다. 공공기관은 민간에서 공공저작물이 활발하게 활용되어 궁극적으로는 문화 및 관련 산업 향상 발전에 이바지될 수 있는 방향으로 공공저작물을 관리 및 처분해야 한다. 저작권법에서는 저작물을 인간의 사상 또는 감정을 표현한 창작물이라고 정의하며, 저작물과 비저작물을 구분하는 기준부터 이해할 필요가 있다.
> 첫째, 저작물은 인간의 사상이나 감정을 표현하고 있어야 한다. 따라서 단순한 사실만을 나열한 것은 저작물이라고 할 수 없다. 또한, 구체적인 창작의 표현이 아닌, 표현의 이면에 있는 아이디어 및 학술이론은 보호되지 않는다. 둘째, 저작물은 창작성을 포함하고 있어야 한다. 이는 완전히 새로운 것이 아니라 남의 것을 베끼지 않았다는 최소한의 수준을 의미한다. 따라서 누가 만들더라도 동일하거나 비슷할 수밖에 없다면 저작물로 인정받기 어렵다. 또한, 저작물을 작성하는데 상당한 시간과 비용이 소요되었거나 그 결과물이 유용하다고 해서 창작성이 있다고 볼 수는 없다.

> ㉠ 소비자기본법 중 "한국소비자원은 법인으로 한다"는 규정에 근거하여 한국소비자원이 취득한 저작권은 한국소비자원의 소유가 된다.
> ㉡ 학교 사생대회에서 그린 그림이나 동시, 학교의 시험문제는 저작물에 해당하지 않는다.
> ㉢ 홍수방지대책의 의견을 진술한 보고서는 저작물에 해당하며, 과거 발생한 홍수에 관한 사실을 진술한 보고서는 저작물로 인정되기 어렵다.
> ㉣ 어느 창작 뮤지컬이 저작자의 내재적 표현으로 인정된 문학과 이야기의 전반적 전개가 동일하더라도 구체적인 표현이 다르다면, 저작권을 침해한 것은 아니다.
> ㉤ 지하철 노선도는 다른 누가 작성하더라도 유사한 결과를 가져올 수밖에 없고, 우리나라보다 먼저 지하철이 건설된 다른 나라에서 이미 유사한 지하철 노선도를 작성했으므로 창작성이 있다고 볼 수 없다.

① ㉠, ㉡   ② ㉠, ㉢, ㉣

③ ㉡, ㉣   ④ ㉡, ㉤

⑤ ㉡, ㉢, ㉤

출제의도 주어진 제시문을 읽고 바르게 이해했는지를 평가하고자 하였다.

정답 ③

해설 ㉡ 학교 사생대회에서 그린 그림이나 동시, 학교의 시험문제는 저작물에 해당된다. 창작성을 포함하고 있다는 것은 기존의 다른 저작물을 베끼지 않았거나 저작자의 정신활동의 소산임을 의미한다. ㉣ 동일한 아이디어나 학술이론이라고 하더라도 표현방식을 달리하여 설명한다면 저작권을 침해한 것은 아니다. 그러나 소설이나 만화 등의 스토리는 아이디어에 해당되지만, 저작자의 내재적 표현으로 인정하여 저작물로서 보호된다. 따라서 구체적인 표현이 다르더라도 이야기 전반의 흐름이 동일하다면 저작권을 침해하는 것이다.

● 자가진단

■ 진단 체크리스트

각 문항과 관련하여 자신의 행동 수준, 강도에 따라 평정하여 주시기 바랍니다.

문항	매우 미흡	미흡	보통	우수	매우 우수
1. 나는 문서의 종류 및 특성을 설명할 수 있다	1	2	3	4	5
2. 나는 문서이해의 구체적 절차와 원리를 이해하고 있다	1	2	3	4	5
3. 나는 문서를 통한 정보 획득 및 종합 방법을 설명할 수 있다	1	2	3	4	5
4. 나는 다양한 문서에 따라 각기 다른 이해방법을 알고 있다	1	2	3	4	5
5. 나는 문서의 내용을 정확하게 파악할 수 있다	1	2	3	4	5

■ 평정 결과

- 평균 3.0점 미만 : 문서이해능력을 발휘하는데 다소 어려움이 예상된다. 기초 및 기본 지식 습득과 적용 노력이 필요하다.
- 평균 3.0점 이상~3.5점 미만 : 문서이해능력을 보유하고 있으나, 복합적인 정보가 포함되어 있거나 다양한 형태의 문서를 정확하게 이해하는데 어려움이 예상된다. 일정한 추가 보수 교육이 필요하다.
- 평균 3.5점 이상~4.0점 미만 : 문서이해능력을 발휘할 수 있으나, 보다 우수한 수준의 문서이해능력을 발휘하기 위해서는 약점 중심으로 개발해 나가야 한다.
- 평균 4.0점 이상 : 업무 수행 시 효과적으로 문서이해능력을 발휘할 수 있다.

2 문서작성능력

● 학습모듈

① 문서작성의 중요성

- **문서작성의 중요성**
  - 업무와 관련하여 조직의 비전을 실현시키는 과정으로, 조직의 생존을 위한 필수 행위
  - 개인의 의사표현이나 의사소통을 위한 과정일 수도 있지만, 이를 넘어 조직의 사활이 걸린 중요한 업무

- **문서작성 시 고려사항**
  - 문서를 작성하는 목표, 즉 문서를 작성하는 이유와 문서를 통해 전달하려는 것을 명확히 한 후 작성
  - 문서의 대상, 목적, 시기가 포함되어야 하며, 기획서나 제안서 등 경우에 따라 기대효과 등을 포함

② 문서작성 지침

- **상황에 따른 문서작성법**
  - 요청이나 확인을 부탁하는 경우
    - 업무 내용과 관련된 요청사항이나 확인절차를 요구해야 할 경우, 일반적으로 공문서 활용
  - 정보제공을 위한 경우
    - 기업 정보를 제공하는 홍보물이나 보도 자료 등의 문서, 제품 관련 정보를 제공하는 설명서나 안내서 등
    - 시각적인 자료를 활용하는 것이 효과적이며, 신속하고 정확하게 정보 제공
  - 명령이나 지시가 필요한 경우
    - 관련 부서나 외부기관, 단체 등에 명령이나 지시를 내려야 하는 경우, 일반적으로 업무 지시서 작성
    - 업무 지시서를 작성할 때는 상황에 적합하고 명확한 내용 작성, 즉각적인 업무 추진이 실행될 수 있도록 작성

- 제안이나 기획을 할 경우
  - 회사의 중요한 행사나 업무를 추진할 때 제안서나 기획서를 효과적으로 작성하는 것 매우 중요
  - 제안이나 기획의 목적을 달성하기 위해서는, 관련된 내용을 깊이 있게 담을 수 있는 작성자의 종합적인 판단과 예견적인 지식 요구
- 약속이나 추천을 위한 경우
  - 약속을 위한 문서는 고객이나 소비자에게 제품의 이용에 관한 정보를 제공하고자 할 때 작성
  - 추천서는 개인이 다른 회사에 지원하거나 이직을 하고자 할 때 일반적으로 상사가 작성

■ 종류에 따른 문서작성법
- 공문서
  - 회사외부로 전달되는 문서이므로 누가, 언제, 어디서, 무엇을, 어떻게(왜)가 정확하게 드러나도록 작성
  - 날짜 작성 시 연도와 월일을 반드시 함께 기입해야 하며, 날짜 다음 괄호 사용시 마침표 미사용
  - 내용 작성 시 유의사항으로, 한 장에 담아내는 것이 원칙이며, 마지막에는 반드시 '끝'자로 마무리해야 함. 복잡한 내용은 항목별로 구분하고('―다음―', 또는 '―아래―'), 대외문서이며 장기간 보관되는 문서이므로 정확하게 기술
- 설명서
  - 명령문보다 평서형으로 작성
  - 상품이나 제품에 대해 설명하는 글의 성격에 맞춰 정확한 기술
  - 정확한 내용전달을 위한 간결한 작성
  - 이해하기 어려운 전문용어는 가급적 사용 지양
  - 도표 사용 등을 통해 시각화하여 복잡한 내용에 대한 이해도 제고
  - 동일한 문장 반복 지양 및 다양한 표현 사용
- 기획서
  - 기획서 작성 전 유의사항으로, 기획서의 목적을 달성할 수 있는 핵심 사항이 정확하게 기입되었는지 확인하고, 설득력을 갖추기 위해서는 상대가 요구하는 것이 무엇인지 고려하여 작성

- 기획서 내용 작성 시 유의사항으로, 내용이 한눈에 파악되도록 체계적으로 목차를 구성하고, 핵심 내용의 표현에 유의
- 효과적인 내용전달을 위해, 내용에 적합한 표나 그래프를 활용하여 시각화
- 기획서 제출 시 충분한 검토를 한 후 제출하도록 하며, 인용한 자료 출처의 정확성 확인

• 보고서
- 보고서 내용 작성 시 유의사항으로, 업무 진행 과정에서 쓰는 보고서의 경우에는 진행과정에 대한 핵심내용을 구체적으로 작성
- 일반적으로는 핵심 사항만을 간결하게 작성해 내용 중복을 피하고, 복잡한 내용일 때에는 도표나 그림 활용
- 보고서 제출 시 제출하기 전에 반드시 최종점검을 하고, 참고자료를 정확하게 제시
- 내용에 대한 예상 질문을 사전에 추출해 보고, 그에 대한 답을 미리 준비하는 것 필요

■ **문서작성의 원칙**

• 문장 구성 시 주의사항
- 문서의 내용을 바로 파악할 수 있도록 간단한 표제를 붙일 것
- 문서의 주요 내용(결론 등)을 먼저 제시
- 문장을 짧고, 간결하게 작성하며 불필요한 한자 사용 배제
- 긍정문으로 작성하며 부정문이나 의문문의 형식 지양

• 문서작성 시 주의사항
- 문서작성 시기의 정확한 기입
- 문서작성 후 반드시 내용 검토
- 문서의 첨부자료는 반드시 필요한 자료 외에는 미첨부
- 문서내용 중 금액, 수량, 일자 등의 정확한 기재

③ 효과적 문서작성

■ **문서표현의 시각화**

• 문서 시각화를 통해, 문서를 읽는 대상은 문서의 전반적인 내용을 쉽게 파악하고, 문서 내용의 논리적 관계를 더욱 쉽게 이해할 수 있으며, 적절한 이미지 사용은 문서 내용에 대한 기억력 제고

- 시각화할 정보의 성격에 따라, 그에 맞는 적절한 시각화 방식 사용
- 문서 시각화 구성 방법
  - 차트 시각화 : 데이터 정보를 쉽게 이해할 수 있도록 시각적으로 표현하는 것. 주로 통계 수치 등을 도표(graph)나 차트(chart)를 통해 명확하고 효과적으로 전달
  - 다이어그램 시각화 : 개념이나 주제 등 중요한 정보를 도형, 선, 화살표 등 여러 상징을 사용하여 시각적으로 표현
  - 이미지 시각화 : 전달하고자 하는 내용을 관련 그림이나 사진 등으로 표현

● 필기전형

■ NCS 직업기초능력 평가 문항 예시 및 해설

> 직업기초능력명 : 의사소통능력
> 하위영역명 : 문서작성능력(모듈형)

1 아래와 같은 문서 작성 시 유의사항으로 알맞지 <u>않은</u> 것은 무엇인가?

수신자　한국○○○○○

(경유)　홍보실

제 목　2021년도 △△△ 방문 협조 요청
_____

1. 귀 기관의 무궁한 발전을 기원합니다.

2. △△△에서는 국내 SOC 확충 방안 수립을 위한 연구를 위해 아래와 같이 방문을
   신청합니다.

– 아　　래 –

　가. 일시 : 2021. ○. ○ (화) 13:00~16:00

　나. 방문목적 : 한국○○○○○

　다. 방문인원 : 붙임문서 참조

　라. 내용 : 국내 SOC 확충 방안 수립을 위한 연구

붙임 본원시설 견학신청서 1부.　끝.

---

① 문장표현은 작성자의 성의가 담기도록 경어나 단어 사용에 신경을 써야 한다.

② 상대방의 이해를 높이기 위해 문장을 최대한 자세하게 풀어서 작성한다.

③ 한 장의 용지에는 한 사안을 작성하는 것이 원칙이다.

④ 문서의 첨부자료는 반드시 필요한 자료 외에는 첨부하지 않는다.

⑤ 한자의 사용은 자제하고, 긍정문으로 작성한다.

출제 의도 문서 작성 시 주의해야 하는 사항을 올바르게 이해하며 판단할 수 있는지를 평가하고자
하였다.

정답 ②

해설 상대방이 이해하기 쉽게 작성하되, 문장은 짧고 간결한 것이 바람직하다.

직업기초능력명 : 의사소통능력
하위영역명 : 문서작성능력(PSAT형)

---

2 공문서 작성 원칙에 따라 아래의 공문서를 다음과 같이 수정했다고 할 때, 적절하지 <u>않은</u> 것은 무엇인가?

수신자　　수신자 참조
(경유)
제 목　　재난 및 안전기술개발 종합계획 부처 전문가 자문회의 참석요청
1. 귀 기관의 무궁한 발전을 기원합니다.

2. 우리 부에서 수립 중에 있는 「재난 및 안전기술개발 종합계획」의 내실있는 추진을 위해 부처추천 전문가를 대상으로 아래와 같이 자문회의를 개최하고자 하오니 귀 기관의 전문가가 자문위원으로 참석할 수 있도록 협조하여 주시기 바랍니다.

　　가. 개최일시 : 2021. ○. ○ (금) 15:00~17:00
　　나. 개최장소 : 국립△△연구원 2층 회의실
　　다. 자문위원 : 붙임문서 참조
　　라. 주요내용 : 종합계획 초안 의견청취

붙임 부처추천 전문가 자문회의 참석자 명단 1부.　 끝.

---

① 첫째 항목기호는 왼쪽 처음부터 띄어쓰기 없이 바로 시작하도록 수정했다.
② 둘째 항목부터는 상위 항목 위치에서 오른쪽으로 2타씩 옮겨 시작하도록 수정했다.
③ 공문서 항목 표시의 원칙에 따라 둘째 항목 표시의 '1)~4)'를 '가.~라.'로 수정했다.
④ '03:00~05:00'은 오전 시각을 나타내므로 오후를 의미하는 '15:00~17:00'으로 수정했다.
⑤ 공문서에는 특수기호(-)를 사용할 수 없으므로 특수기호를 삭제하는 것으로 수정했다.

출제 의도 공문서 작성원칙에 따라 주어진 자료의 수정사항을 올바르게 확인하고 있는지를 평가하고자 하였다.

정답 ⑤

해설 공문서에서도 필요한 경우에는 ㅁ, ○, -, · 등과 같은 특수기호를 사용할 수 있다.

● 자가진단

■ 진단 체크리스트

각 문항과 관련하여 자신의 행동 수준, 강도에 따라 평정하여 주시기 바랍니다.

문항	매우 미흡	미흡	보통	우수	매우 우수
1. 나는 문서 작성 목적 및 상황을 정확히 파악할 수 있다	1	2	3	4	5
2. 나는 상황에 따라 작성해야 하는 문서에 대해 이해하고 있다	1	2	3	4	5
3. 나는 문서 작성 방법에 대해 이해하고 있다	1	2	3	4	5
4. 나는 목적과 상황에 맞는 문서를 작성할 수 있다	1	2	3	4	5
5. 나는 문서 작성 시 시각적인 표현을 효과적으로 사용할 수 있다	1	2	3	4	5

■ 평정 결과

• 평균 3.0점 미만 : 문서작성능력을 발휘하는데 다소 어려움이 예상된다. 기초 및 기본 지식 습득과 적용 노력이 필요하다.

• 평균 3.0점 이상~3.5점 미만 : 문서작성능력을 보유하고 있으나, 목적과 상황을 고려하여 다양한 전략을 사용하여 효과적으로 문서를 작성하는데 어려움이 예상된다. 일정한 추가 보수 교육이 필요하다.

• 평균 3.5점 이상~4.0점 미만 : 문서작성능력을 발휘할 수 있으나, 보다 우수한 수준의 문서작성 능력을 발휘하기 위해서는 약점 중심으로 개발해 나가야 한다.

• 평균 4.0점 이상 : 업무 수행 시 효과적으로 문서작성능력을 발휘할 수 있다.

3 경청능력

● 학습모듈

① 경청의 중요성

- **경청의 의미**
  - 상대방이 보내는 메시지 내용에 주의를 기울이고 이해를 위해 노력하는 행동

- **경청의 중요성**
  - 상대방의 소통 내용에 관심과 흥미를 가지고 있음을 전달
  - 상대방으로 하여금 개방적이고 솔직한 의사소통을 하도록 촉진하는 기능
  - 의사소통은 상대방과의 상호작용을 통해 메시지를 다루는 과정이기에, 의사소통을 하기 위한 기본적인 자세는 경청
  - 상대의 감정, 사고, 행동을 평가하거나 비판 또는 판단하지 않고 그대로 받아들이는 태도
  - 상대방과의 관계에서 느낀 감정과 생각 등을 긍정적이든 부정적이든 솔직하고 성실하게 표현하는 태도
  - 상대방의 입장에 공감 및 이해. 선입견이나 편견 없이 상대방으로 하여금 진정으로 자신을 이해하고 있다는 느낌 전달

② 경청 훈련

- **경청의 종류**
  - 적극적 경청 : 상대방의 이야기에 집중하고 있음을 행동을 통해 외적으로 표현하며 듣는 것. 이해가 안 되는 부분을 질문하거나, 자신이 이해한 내용을 확인하기도 하고, 때로는 상대의 발언 내용과 감정에 대해 공감
  - 소극적 경청 : 상대방의 이야기에 특별한 반응을 표현하지 않고 수동적으로 듣는 것. 상대방이 하는 말을 중간에 자르거나 다른 화제로 돌리지 않고, 상대의 이야기를 수동적으로 따라가는 것 의미

- **경청을 위한 기본적 태도**
  - 적극적 경청은 상대가 무엇을 느끼고 있는가를 상대의 입장에서 받아들이는 공감적

이해, 자신이 가지고 있는 고정관념을 버리고 상대의 태도를 받아들이는 수용의 정신, 자신의 감정을 솔직하게 전하고 상대를 속이지 않는 성실한 태도가 필수적

- 비판 및 충고적인 태도 지양
- 상대방이 말하는 의미 이해
- 단어 이외의 보여지는 표현에도 주의
- 상대방이 말하는 동안 경청하고 있다는 것 표현
- 대화 시 흥분 자제

■ **경청의 방해 요인**

구분	내용
짐작하기	상대방의 말을 듣고 받아들이기보다, 자신의 생각에 들어맞는 단서들을 찾는 것. 상대방이 하는 말의 내용은 무시하고, 자신의 생각이 옳다는 것만 확인하려 하는 것
대답할 말 준비하기	상대방의 말을 듣고, 곧 자신이 다음에 할 말을 생각하는 것에 집중해 상대방이 말하는 것을 잘 듣지 않는 것. 자기 생각에 빠져서 상대방의 말에 제대로 반응할 수 없게 되는 상황 초래
걸러내기	상대의 말을 듣기는 하지만 상대방의 메시지를 온전히 받아들이는 것이 아니라, 듣고 싶지 않은 상대방의 메시지는 회피하는 것
판단하기	상대방에 대한 부정적인 선입견 때문에, 또는 상대방을 비판하기 위해 상대의 말을 듣지 않는 것
다른 생각하기	대화 도중에 상대방에게 관심을 기울이는 것이 어려워지고, 상대방이 말하는 동안 자꾸 다른 생각을 하게 된다면, 이는 대화나 상황을 회피하고 있다는 신호
조언하기	상대가 공감과 위로를 원할 경우에 조언은 오히려 독
언쟁하기	언쟁은 단지 논쟁을 위해서 상대방의 말에 귀를 기울이는 것. 상호 문제가 있는 관계에서 드러나는 전형적인 의사소통 패턴
자존심 세우기	자신의 자존심에 상처를 입힐 수 있는 내용에 대한 강한 거부감으로 인해 자신의 부족한 점과 관련된 상대방의 이야기를 듣지 않는 것
슬쩍 넘어가기	대화가 너무 사적이거나 위협적이면 주제를 바꾸거나 농담으로 넘기려 하는 것. 문제 혹은 상대의 부정적인 감정을 회피하기 위해서 유머를 사용하거나 포인트를 잘못 맞추면 상대방의 진정한 고민을 놓치게 되는 상황 초래
비위 맞추기	상대방을 위로하기 위해 혹은 비위를 맞추기 위해 너무 빨리 동의하는 것. 상대방이 걱정이나 불안을 말하자마자 지지하고 동의하는 표현을 하면, 상대방에게 자신의 생각이나 감정을 충분히 표현할 시간을 주지 못하게 되는 상황 초래

■ **경청의 올바른 자세**

- 상대를 정면으로 마주하는 자세는 그와 함께 의논할 준비가 되었음을 알리는 것

- 손이나 다리를 꼬지 않는 소위 개방적 자세를 취하는 것은 상대에게 마음을 열어 놓고 있다고 표현하는 것

- 상대방을 향하여 상체를 기울여 다가앉은 자세는 자신이 열심히 듣고 있다는 사실을 표현하는 것

- 우호적인 눈의 접촉은 자신이 관심을 가지고 있다는 사실을 알리는 것

- 비교적 편안한 자세를 취하는 것은 전문가다운 자신만만함과 아울러 편안한 마음을 상대방에게 전하는 것

③ **경청과 공감**

■ **경청훈련**

- 주의 기울이기(바라보기, 듣기, 따라하기)

  - 비언어적인 부분, 즉 상대방의 얼굴과 몸의 움직임뿐만 아니라 호흡하는 자세까지도 주의하여 관찰하고, 상대방이 하는 말의 어조와 억양, 소리의 크기까지 귀를 기울이는 것 필요

- 상대방의 경험을 인정하고 더 많은 정보 요청하기

  - 다른 사람의 메시지를 인정하는 것은 상대와 함께 하며 상대가 인도하는 방향으로 따라가고 있다는 것을 언어 및 비언어적 표현을 통하여 상대방에게 알려주는 반응

  - '요청하기'는 부드러운 지시나 진술, 질문의 형태를 취함으로, 상대방이 무엇이든지 더 많은 것을 말할 수 있도록 하는 수단

- 정확성을 위해 요약하기

  - 요약하는 기술은 상대방에 대한 자신의 이해의 정확성을 확인하는 것에 도움이 될 뿐만 아니라, 자신과 상대방을 서로 알게 하며 자신과 상대방의 메시지 공유

- 개방적인 질문하기

  - 보통 "누가, 무엇을 어디에서, 언제 또는 어떻게"라는 어휘로 시작. 이는 단답형의 대답이나 반응보다, 상대방의 다양한 생각을 이해하고 더욱 많은 정보를 얻기 위한 방법으로, 서로에 대한 이해도 제고

  - 명확하지 않은 정보와 혼돈된 정보를 명확하게 하기 위해서, 인정 또는 사과의 정확성을 검토하기 위해서 개방적인 질문 사용

- '왜?'라는 질문 피하기('왜?'라는 말 삼가기)
  - '왜?'라는 질문은 보통 진술을 가장한 부정적, 추궁적, 강압적인 표현이므로 사용을 삼갈 것

■ **공감 반응**
  - 상대방의 마음을 깊이 있게 이해하고 느끼는 것
  - 공감적 반응을 위해서, 상대방의 이야기를 자신의 관점이 아닌 그의 관점에서 이해하려는 태도 필요
  - 상대방의 말 속에 담겨 있는 감정과 생각에 민감하게 반응
  - 이야기를 들으면서 상대방의 입장에서 상대의 감정을 경험하고, 그 감정들을 다시 전달
  - 공감적 반응 통해 상대방은 자신이 깊이 이해받고 있다고 느끼게 되며, 더욱 원활한 의사소통 가능

● 필기전형

■ NCS 직업기초능력 평가 문항 예시 및 해설

직업기초능력명 : 의사소통능력
하위영역명 : 경청능력(모듈형)

1 얼마 전, 박 사원은 사내에서 제공하는 경청훈련 과정을 이수하였다. 박 사원이 효과적으로 적용하고 있는 경청훈련법으로 가장 적절한 것은?

> 박 사원 : 좋은 아침이에요. 그런데 왜 이리 힘이 없어요?
> 윤 사원 : 별일 아니에요. 주말 잘 보내셨어요?
> 박 사원 : 네, 주말에 간만에 푹 쉬었더니 피로가 풀리네요. 아, 새로 시작한 프로젝트는 요즘 어때요?
> 윤 사원 : 말도 마세요. 사실은…….

① 주의 기울이기
② 상대방의 경험을 인정하고 더 많은 정보 요청하기
③ 정확성을 위해 요약하기
④ 개방적인 질문하기
⑤ '왜?'라는 질문 피하기

출제 의도 경청훈련을 위한 다양한 방법을 숙지하고 있으며, 각 방법의 특징에 대해 이해하고 있는지를 평가하고자 하였다.

정답 ④

해설 개방적인 질문은 상대의 대답 및 반응을 이끌어 낼 때 효과적이다. 박 사원은 힘이 없어 보이지만 별일 아니라는 윤 사원의 대답을 이끌어 내기 위해, 프로젝트와 관련한 개방적인 질문을 던지고 있다.

직업기초능력명 : 의사소통능력
하위영역명 : 경청능력(모듈형)

2 다음의 대화를 읽고, 이 대리에게서 찾을 수 있는 경청의 방해 요인을 모두 고르시오.

> 김 대리 : 우리 팀에 하 사원 알지? 요즘 도통 업무에 집중을 하지 못하는 것 같더라고.
> 이 대리 : 그렇지 않아도 하 사원 표정이 좋지 않아 보이더라. 내 생각에는 아무래도 개인적인 면담이 필요할 것 같아. 혹시 업무에 어려움이 있는 건지, 아니면 개인적인 어려움이 있는 건지 우선 파악하는 것이 좋을 것 같아.
> 김 대리 : 면담은 이미 했지.
> 이 대리 : 그런데도 여전히 업무에 집중을 하지 못해서 고민인거구나. 그런데 하 사원은 워낙 유능하니까, 최대한 동기부여를 하고 개인 면담 시간도 종종 가지면 조금씩 좋아지지 않을까?
> 김 대리 : 글쎄, 잘 모르겠어. 하 사원과 면담을 했는데 개인적으로 굉장히 힘든 일들을 겪고 있더라고. 그렇지만 내가 도와줄 수 있는 부분이 없어서 더 마음이 좋지 않아.
> 이 대리 : 개인적인 부분이면 어떻게 할 수 없는 것 잘 알잖아. 팀원들의 고민을 다 짊어지려고 하지 말고, 맛있는 점심이나 먹으러 가자고.

> 〈보기〉
> ㉠ 슬쩍 넘어가기   ㉡ 조언하기   ㉢ 걸러내기   ㉣ 판단하기

① ㉠, ㉡   ② ㉠, ㉢
③ ㉠, ㉣   ④ ㉡. ㉢
⑤ ㉢, ㉣

출제 의도 경청을 방해하는 요인들에는 어떤 것들이 있으며, 각 요인별 특징에 대해 정확하게 이해하고 있는지를 평가하고자 하였다.

정답 ①

해설 이 대리는 김 대리의 이야기를 경청하기보다는 조언을 하기에 급급한 태도를 보이고 있다. 김 대리가 어떤 부분에 대해 고민을 하고 있는지 끝까지 듣지 않은 채 계속해서 조언을 건네고 있으며, 또한 대화의 말미에는 대화 주제를 바꾸려 슬쩍 넘어가는 행동을 취하고 있다.

● 자가진단

■ 진단 체크리스트

각 문항과 관련하여 자신의 행동 수준, 강도에 따라 평정하여 주시기 바랍니다.

문항	매우 미흡	미흡	보통	우수	매우 우수
1. 나는 경청의 개념과 중요성을 설명할 수 있다	1	2	3	4	5
2. 나는 경청을 방해하는 요인들을 이해하고 있다	1	2	3	4	5
3. 나는 경청을 위한 방법을 이해하고 있다	1	2	3	4	5
4. 나는 적절한 공감 반응을 할 수 있다	1	2	3	4	5
5. 나는 효과적으로 경청할 수 있다	1	2	3	4	5

■ 평정 결과

- 평균 3.0점 미만 : 경청능력을 발휘하는데 다소 어려움이 예상된다. 기초 및 기본 지식 습득과 적용 노력이 필요하다.
- 평균 3.0점 이상~3.5점 미만 : 경청능력을 보유하고 있으나, 적극적 경청을 통해 진정으로 상대의 말과 행동을 이해하고 공감하는데 어려움이 예상된다. 일정한 추가 보수 교육이 필요하다.
- 평균 3.5점 이상~4.0점 미만 : 경청능력을 발휘할 수 있으나, 보다 우수한 수준의 경청능력을 발휘하기 위해서는 약점 중심으로 개발해 나가야 한다.
- 평균 4.0점 이상 : 업무 수행 시 효과적으로 경청능력을 발휘할 수 있다.

4 의사표현능력

● 학습모듈

① 의사표현의 개념과 중요성

- **의사표현의 의미**
  - 말하는 이가 자신의 감정, 사고, 욕구, 바람 등을 상대방에게 효과적으로 전달하는 기술
  - 음성언어 : 입말로 표현하는 구어
  - 신체언어 : 신체의 한 부분인 표정, 손짓, 발짓, 몸짓 따위로 표현하는 몸말
  - 의사소통의 중요한 수단인 말하기는 말하는 이가 듣는 이의 생각이나 태도를 변화시키려는 의도로 주장, 즉 설득할 때 사용
  - 말하는 이가 자신에게 필요한 정보를 제공받기 위하여 청자에게 질문하거나, 청자에게 자신에게 필요한 일을 하도록 요청할 때에도 사용
  - 상황에 따른 의사표현의 종류
    - 공식적 말하기 : 사전에 준비된 내용을 대중을 상대로 말하는 것
      - ✓ 연설 : 말하는 이가 여러 사람을 대상으로 자신의 사상이나 감정에 관해 일방적으로 말하는 방식
      - ✓ 토의 : 여러 사람이 모여 공통의 문제에 대해 가장 좋은 해답을 얻기 위해 협의하는 말하기
      - ✓ 토론 : 논제에 관하여 찬성자와 반대자가 각기 논리적인 근거를 발표하고, 상대방의 논거가 부당하다는 것을 명백하게 하는 말하기
    - 의례적 말하기
      - ✓ 정치 및 문화적 행사에서 의례 절차에 따라 하는 말하기
      - ✓ 식사, 주례, 회의 등
    - 친교적 말하기
      - ✓ 매우 친근한 사람들 사이에서 가장 자연스러운 상태에 떠오르는 대로 주고받는 말하기

■ **의사표현의 중요성**

- 성공적인 일 경험을 위해서는 자신의 의견과 감정을 상대방에게 정확히 표현 및 전달하는 것 중요
- 적절한 의사표현을 통해 자신이 보이고 싶은 성격, 능력, 매력 등을 타인에게 어필
- 자신을 바라보는 다른 사람들의 방식에 영향
- 새로운 사람과의 관계를 시작하거나 이미 맺은 관계 관리 가능
- 의사표현 통해 전달하는 이미지들은 다른 사람들의 순응을 얻는 데도 효과적
- 다른 사람들과 나누는 사교적인 대화 통해 호의적 관계 구축 가능
- 나중에 어떤 문제나 협업이 필요한 상황에서 협조 요청 용이

② **의사표현에 영향을 주는 요인**

■ **의사표현에 영향을 미치는 비언어적 요소**

- 연단공포증
  - 면접이나 발표 등 청중 앞에서 이야기해야 하는 상황에서 가슴이 두근거리고 입술이 타며 식은땀이 나고 얼굴이 달아오르는 생리적인 현상
  - 연단공포증은 소수가 경험하는 심리상태가 아니라, 90% 이상의 사람들이 호소하는 불안
- 말 : 전달하려는 메시지의 내용만큼이나 '비언어적' 측면도 중요
  - 장단
    ✓ 한 음절을 얼마나 오래 끌며 발음하느냐를 뜻하는 목소리의 길이
    ✓ 표기가 같은 단어라도 소리가 길고 짧음에 따라 전혀 다른 뜻이 되는 경우에는 긴 소리와 짧은 소리 구분하여 정확한 발음 필요
  - 발음
    ✓ 발음을 정확하게 하기 위해서는 천천히 복식호흡을 하여 깊은 소리를 내며 침착하게 이야기하는 습관 필요
    ✓ 발음을 바르게 내는 기본요령은 호흡을 충분히 하고, 목에 힘을 주지 않으며, 입술과 혀와 턱을 빨리 움직이는 것
  - 속도
    ✓ 발표할 때 말의 속도는 10분에 200자 원고지 15장 정도가 적정

✔ 빨리 말하게 되면 청중이 내용에 대해 생각할 시간이 부족하고, 놓친 메시지가 있다고 느끼게 되며, 말하는 사람에 대해 바쁘고 성의 없다고 느낄 수 있음

✔ 느리게 말할 경우에는 분위기가 처져서 청중이 내용에 집중하기 어려움

✔ 발표에 능숙하게 되면 청중의 반응을 감지하면서 말의 속도 조절 가능

- 쉼

✔ 대화 도중에 잠시 침묵하는 것

✔ 의도적인 경우와 비의도적인 경우로 구분

✔ 의도적으로 쉼을 잘 활용함으로써 논리성, 감정 제고, 동질감 등 확보

✔ 듣기 좋은 속도의 이야기에서 쉼의 총량은 이야기 전체의 35~40% 적당

✔ 쉼이 필요한 경우 : 이야기의 전이 시, 양해, 동조, 반문의 경우, 생략, 암시, 반성의 경우, 여운을 남길 경우

• 몸짓

- 몸의 방향

✔ 주로 말하는 이의 머리, 몸, 발 등이 듣는 이를 향하는가, 피하는가를 볼 것

✔ 몸의 방향은 의도적일 수도 있고, 비의도적일 수도 있으나 적어도 지금 현재의 상태 파악 가능

- 자세

✔ 의사표현의 비언어적인 요소 중에 가장 덜 모호한 유형

✔ 실제로 사람들은 다른 사람들의 자세를 보며 그 사람의 감정 이해

✔ 연구 결과에 따르면 적어도 특정 자세를 보고 그 사람의 분노, 슬픔, 행복과 같은 일부 감정들을 맞히는 것은 90% 이상 일치

✔ 자세는 우리가 미처 언어적으로 표현하지 못하는 감정을 표현하는 효과적인 의사표현의 요소

✔ 자신뿐 아니라 지금 대화를 나누고 있는 상대방의 자세에 주의를 기울임으로써 언어적 요소와는 다른 중요한 정보 획득 가능

- 몸짓

✔ 몸짓은 손과 팔의 움직임으로, 중요한 비언어적 요소 중 하나

✔ 몸짓의 가장 흔한 유형은 몸동작으로, 화자가 말을 하면서 자연스럽게 동반하는 움직임

✓ 몸짓의 또 다른 유형으로는 상징적 동작이 있으며, 엄지를 들어올리는 등의 상
징적 동작은 말을 동반하지 않아도 의사표현이 가능함. 몸동작과 달리 상징적
동작은 문화권에 따라 다를 수 있으므로 주의

- 유머
  - 유머는 의사표현을 더욱 풍요롭게 하는데 효과적
  - 유머는 흥미 있는 이야기, 과장된 표현, 권위에 대한 도전, 자기 자신의 이유, 엄숙
    한 분위기를 가볍게 만드는 말, 변덕스러운 말, 풍자 또는 비교, 반대표현, 모방,
    예기치 못한 방향전환, 아이러니 등의 방법 사용

③ 의사표현을 위한 지침

■ **효과적인 의사표현 방법**

- 말하는 이는 자신이 전달하고 싶은 의도, 생각, 감정 분명하게 인식할 것
- 듣는 이가 이해하기 용이하도록 메시지에 전달하려는 내용을 충분히, 그리고 명료하
  게 담을 것
- 메시지를 전달하는 매체와 경로를 신중하게 선택할 것. 같은 내용의 메시지라도 직접
  얼굴을 보고 이야기하는 것과 전화나 이메일로 간접 표현하는 경우, 듣는 이에게 다
  른 의미로 전달
- 듣는 이가 자신의 메시지를 어떻게 받아들였는지 피드백 받는 것이 중요. 전달한 내
  용이 듣는 이에게 어떻게 해석되었는지 확인할 것
- 효과적인 의사표현을 위해 비언어적 방식을 활용하는 것 권장. 말하는 이의 표정, 음
  성적 특성, 몸짓 등을 통해 메시지의 내용을 더욱 강력하게 전달
- 확실한 의사표현을 위해 반복적인 전달 필요

■ **상황과 대상에 따른 의사표현법**

- 상대방의 잘못을 지적할 때
  - 상대방의 잘못을 지적해야 할 때 보통 충고나 질책을 통해 의사표현
  - 질책은 '칭찬의 말', '질책의 말', '격려의 말' 순서대로 이야기하는 샌드위치 화법을
    사용하면 상대방이 부드럽게 받아들일 수 있으며, 충고는 예를 들거나 비유법을 사
    용하는 것이 효과적

- 상대방을 칭찬할 때

  - 칭찬은 상대방을 기분 좋게 만드는 의사표현 전략이지만, 상황과 상관없이 별 의미 없는 내용에 대한 칭찬은 빈말이나 아부로 여겨질 수 있기에 주의

  - 상대에게 정말 칭찬해 주고 싶은 중요한 내용을 칭찬하거나, 대화 서두에 분위기 전환 용도로 간단한 칭찬을 사용하는 것 효과적

- 상대방에게 요구해야 할 때

  - 부탁을 해야 할 때 : 상대방의 사정을 듣고, 상대가 들어줄 수 있는 상황인지 확인하는 태도를 보여준 후, 응하기 쉽게 구체적으로 부탁해야 하며, 혹시 거절을 당해도 싫은 내색을 하지 않을 것

  - 업무상 지시와 같은 명령을 해야 할 때 : 강압적 표현보다 청유식 표현이 훨씬 효과적

- 상대방의 요구를 거절해야 할 때

  - 먼저 요구를 거절하는 것에 대한 사과를 한 다음, 응할 수 없는 이유 설명. 불가능한 요구일 경우, 모호한 태도를 보이는 것보다 단호하게 거절하는 것이 좋지만, 정색하는 태도 주의

- 설득해야 할 때

  - 설득은 상대방의 태도와 의견을 바꾸도록 하는 과정이며, 일방적인 강요는 금물

  - 설득력 있는 의사표현 지침

    ✓ 문 안에 한 발 들여놓기 기법(foot-in-the-door technique) : 요청하고 싶은 도움이 100이라면 처음에는 상대방이 승낙할 수 있도록 50, 60 정도로 부탁을 하고 점차 도움의 내용을 늘려서 상대방의 허락을 유도하는 방법

    ✓ 얼굴 부딪히기 기법(door-in-the-face technique) : 원하는 도움의 크기가 50이라면 처음에 100을 상대에게 요청하고 거절을 유도하는 방법. 이미 한 번 도움을 거절한 이는 미안한 마음을 가지게 되고, 좀 더 작은 도움 요청에는 응하게 되는 것

● 필기전형

■ NCS 직업기초능력 평가 문항 예시 및 해설

> 직업기초능력명 : 의사소통능력
> 하위영역명 : 의사표현능력(모듈형)

1 상대방을 질책해야 할 때, 가장 올바른 의사표현법을 사용하고 있는 사람은?

① 수빈 : 다른 많은 장점이 있지만, 약속 시간에 항상 늦는 것은 꼭 고쳐야 할 부분이라고 생각해. 지난 주 모임, 그리고 심지어 3주 전 중요한 회의에도 늦게 참석했잖아. 그건 다른 사람들에게도 피해를 주는 행동이야.

② 유나 : 정말 중요한 보고서였는데 검토를 한 번도 하지 않고 제출했다는 것이 도무지 이해가 되지 않아. 이미 제출했으니 어떻게 할 수는 없지만, 다음에는 문서를 제출하기 전에 적어도 한 번은 꼼꼼히 읽어보는 것이 필요할 것 같아.

③ 정우 : 오늘 발표 잘 들었어. 그런데 A 약품에 대한 내용이 빠진 점이 아쉬웠어. 만약 해당 내용을 생략한 이유가 있다면 그 부분을 언급하는 것이 좋았을 것 같아. 다른 과제들로 바쁜 와중에 수고 많았어.

④ 주은 : 상대방이 이야기할 때 말을 끊는 행동은 고쳐줬으면 좋겠어. 솔직히 기분이 상할 때도 있고, 대화가 끊기는 느낌이 들거든. 혹시 나에게도 불편한 점이 있다면 얘기해줘. 고치도록 할게.

⑤ 하준 : 아까 회의 시간에 큰 소리를 낸 건 정말 잘못된 행동이야. 회의를 마친 이후에 개인적으로 이야기했어도 되는 부분인데, 꼭 그렇게 다른 사람들도 불편한 상황을 만들어야 했어?

출제 의도 효과적 의사표현을 위한 방법에는 어떤 것들이 있으며, 주요 특징은 무엇인지 이해하고 있는지를 평가하고자 하였다.

정답 ③

해설 상대방을 질책해야 할 때, 효과적인 의사표현법은 샌드위치 화법이다. 정우는 먼저 발표를 잘 들었다는 칭찬의 말을 한 이후 아쉬운 점을 이야기하고, 수고 많았다는 격려의 말로 대화를 이어가고 있다.

직업기초능력명 : 의사소통능력
하위영역명 : 의사표현능력(PSAT형)

2 다음은 김 부장에 대한 다면평가 결과 중 주관식 일부를 발췌한 것이다. 김 부장에게 가장 필요한 효과적인 의사표현 방법은?

> • 의사결정을 할 때, 팀원들의 의견을 최대한 반영하려 노력함
> • 불필요한 회의 및 회식을 최소화하는 점이 긍정적임
> • 회의 이후, 같은 내용에 대해 서로 이해한 바가 다른 경우가 빈번함
> • 업무 지시를 받고 그대로 이행했음에도, 지시한 내용과 다르다는 이유로 처음부터 일을 다시 진행하게 된 적이 종종 있었음

① 메시지를 전달하는 매체와 경로를 신중하게 선택해야 한다.
② 듣는 이가 어떻게 자신의 메시지를 받아들였는지 피드백을 받아야 한다.
③ 표정, 몸짓 등 비언어적 요소를 활용하여 의사표현의 메시지를 강조한다.
④ 자신이 전달하고자 하는 내용을 분명히 인식해야 한다.
⑤ 전달하고자 하는 내용을 명료하고 적절한 메시지로 바꾸어야 한다.

출제 의도 의사표현에 영향을 미치는 비언어적 요소들은 무엇이며, 어떤 영향을 미치는지 정확하게 이해하고 있는지를 평가하고자 하였다.

정답 ②

해설 김 부장의 다면평가 결과를 보면, 회의 내용에 대해 이해한 바가 상대방과 서로 다른 경우와 업무 지시를 내린 사람(김 부장)과 지시를 받은 사람 간의 이해 불일치로 업무에 차질이 생긴 상황을 확인할 수 있다. 김 부장에게는 듣는 이가 자신의 메시지를 어떻게 이해했는지 피드백을 받는 것이 필요하다.

● 자가진단

■ 진단 체크리스트

각 문항과 관련하여 자신의 행동 수준, 강도에 따라 평정하여 주시기 바랍니다.

문항	매우 미흡	미흡	보통	우수	매우 우수
1. 나는 의사표현의 개념, 중요성을 설명할 수 있다	1	2	3	4	5
2. 나는 원활한 의사표현을 방해하는 요인들을 파악할 수 있다	1	2	3	4	5
3. 나는 상황에 따라 효과적인 의사표현 방법을 알고 있다	1	2	3	4	5
4. 나는 목적과 상황에 맞게 정보를 조직화할 수 있다	1	2	3	4	5
5. 나는 목적과 상황에 맞게 의사를 정확하게 전달할 수 있다	1	2	3	4	5

■ 평정 결과

• 평균 3.0점 미만 : 의사표현능력을 발휘하는데 다소 어려움이 예상된다. 기초 및 기본 지식 습득과 적용 노력이 필요하다.

• 평균 3.0점 이상~3.5점 미만 : 의사표현능력을 보유하고 있으나, 의사표현을 방해하는 요인들이 많은 상황에는 효과적으로 자신의 의사를 정확하게 전달하는데 어려움이 예상된다. 일정한 추가 보수 교육이 필요하다.

• 평균 3.5점 이상~4.0점 미만 : 의사표현능력을 발휘할 수 있으나, 보다 우수한 수준의 의사표현능력을 발휘하기 위해서는 약점 중심으로 개발해 나가야 한다.

• 평균 4.0점 이상 : 업무 수행 시 효과적으로 의사표현능력을 발휘할 수 있다.

5 기초외국어능력

● 학습모듈

① 기초외국어능력의 개념

- **기초외국어능력의 의미**
  - 일 경험의 무대가 세계로 넓어지면서 다른 나라의 언어로 의사소통을 하는 능력
  - 외국인과의 유창한 의사소통을 뜻하는 것이 아니라, 일 경험 중에 필요한 문서이해나 문서작성, 의사표현, 경청 등 의사소통을 기초외국어로 가능하게 하는 능력
    - 외국어로 된 간단한 자료 이해
    - 외국인과의 전화응대 및 간단한 대화
    - 외국인의 의사표현을 이해하고, 자신의 의사를 외국어로 표현할 수 있는 능력
    - 외국인과 간단하게 이메일이나 팩스로 업무 내용에 대해 상호 소통할 수 있는 능력

- **기초외국어능력의 중요성**
  - 외국인들과의 업무가 잦은 특정 직업인에게만 중요한 것이 아니며, 컴퓨터 용어에서부터 공장 기계, 외국산 제품의 사용법 등 외국어로 작성되어 있는 것이 많고, 기초외국어를 모르면 불편한 경우가 생기기 때문에 기초외국어능력은 직업인에게 중요

② 기초외국어능력이 필요한 상황

- **기초외국어능력이 필요한 상황**
  - 전화, 메일 등 의사소통을 위해 외국어를 사용하는 경우
    - 외국 기업과 협업하는 경우, 대면하지 않더라도 전화나 메일을 통해 영어로 업무를 진행해야 하는 상황 발생
  - 매뉴얼, 서류 등 외국어 문서를 이해해야 하는 경우
    - 일 경험 중 외국어로 된 문서나 제품 설명서, 매뉴얼 등을 이해해야 하는 상황 등이 발생할 수 있으며, 이 때 업무에 차질이 발생하지 않으려면 일정 수준의 독해 능력 필요
  - 필요한 정보를 얻기 위한 경우
    - 인터넷으로 필요한 정보를 얻기 위해 해외 웹 사이트를 방문하는 경우, 어느 정도의 기초외국어능력 필요

③ 기초외국어능력과 비언어적 소통

- **표정으로 알아채기**
  - 외국인과 대화할 때, 얼굴 표정으로 그들의 감정이나 생각을 쉽게 파악 가능
  - 웃는 표정은 행복과 만족, 친절을 나타내며, 눈살을 찌푸리는 표정은 불만족과 불쾌 의미
  - 눈을 마주 쳐다보는 것은 흥미와 관심 있음을, 눈을 쳐다보지 않는 것은 무관심함을 의미

- **음성으로 알아채기**
  - 전화로 업무를 하는 경우, 상대방의 목소리나 어조, 크기, 음속 등이 의사소통의 수단
    - 어조 : 높은 어조는 적대감이나 대립감을 나타내며, 낮은 어조는 만족이나 안심을 의미
    - 목소리 크기 : 큰 목소리는 내용 강조, 흥분, 불만족을 나타내며, 작은 목소리는 자신감 결여를 의미
    - 말의 속도 : 빠른 속도는 공포와 노여움을 나타내며, 느린 속도는 긴장 또한 저항을 의미

- **외국인과의 의사소통에서 피해야 할 행동**
  - 상대를 볼 때 흘겨보거나, 아예 보지 않는 행동
  - 팔이나 다리를 꼬는 행동
  - 표정 없이 말하는 것
  - 대화에 집중하지 않고 다리를 흔들거나 펜을 돌리는 행동
  - 맞장구를 치지 않거나, 고개를 끄덕이지 않는 것
  - 자료만 보는 행동
  - 바르지 못한 자세로 앉는 행동
  - 한숨, 하품을 하는 것
  - 다른 일을 하면서 듣는 것
  - 상대방에게 이름이나 호칭을 어떻게 할지 먼저 묻지 않고 마음대로 부르는 것

03

자기개발능력

[1] 자아인식능력
[2] 자기관리능력
[3] 경력개발능력

학습에 들어가기 전에...

자기개발능력의 하위능력인 자아인식능력, 자기관리능력, 경력개발능력은 보통 하위능력별로 독립적으로 평가하지 않는다. 특히, 서류전형과 면접전형에서 통합적으로 평가하며, 필기전형의 경우 모듈형 문제는 하위능력별로 문항이 출제되기도 한다.

일반적으로 모든 하위영역에 대해 평가하지는 않으며, 기관마다 보다 중요하게 여기는 자기개발능력의 하위능력에 따라 자기개발능력에 대한 평가기준은 조금씩 다르다.

이에 자기개발능력 단원에서는 직업기초능력 단위에서 서류전형, 면접전형의 평가 방안 및 준비 방안에 대해 기술하였다.

자기개발능력

● 학습모듈

① 자기개발의 개념

■ 자기개발의 의미

- 자신의 능력, 적성, 특성 등에 있어서 강점과 약점을 확인하여, 강점을 강화하고 약점을 관리하여 성장을 위한 기회로 활용하는 것
- 자기개발능력은 직업인으로서 자신의 능력, 적성, 특성 등의 이해를 기초로 자기 발전 목표를 스스로 수립, 성취해 나가는 능력

■ 자기개발의 필요성

- 끊임없이 변화하는 환경에 대한 적응
- 업무의 성과 향상
- 주변 사람들과 긍정적인 인간관계 형성
- 자신의 목표 발견 및 성취
- 자신감 획득 및 삶의 질 향상 통해 더욱 보람된 삶 영위

■ 자기개발의 특징

- 개발의 주체와 객체는 모두 자기 자신. 따라서 스스로 계획하고 실행하는 것이며, 자신의 능력, 적성, 특성 등에 대한 이해 필수
- 개별적인 과정이므로 사람마다 자기개발을 통해 지향하는 바와 선호하는 방법 상이
- 특정 단계나 일시적 기간이 아닌 평생에 걸쳐서 이루어지는 과정
- 일과 관련하여 이루어지는 활동
- 생활 가운데 이루어져야 하는 활동
- 효과적인 업무 수행과 환경 변화에 대한 적응, 목표달성을 통해 더 나은 삶을 영위하고자 노력하는 사람이라면 누구나 해야 하는 활동

② 자기개발 방법과 방해요인

■ **자기개발 방법**

- **자아인식** : 직업생활과 관련하여 자신의 가치, 신념, 흥미, 적성, 성격 등 자신이 누구인지 파악하는 것
  - 자기개발을 위한 첫 단계
  - 자신을 알아가는 방법 : 내가 아는 나를 확인하는 방법, 다른 사람과의 대화로 알아가는 방법, 표준화된 검사 척도를 이용하는 방법

- **자기관리** : 자신을 이해하고, 목표를 성취하기 위해 자신의 행동 및 업무 수행을 관리하고 조정하는 것
  - 자기관리 과정 : 자신에 대한 이해를 바탕으로 비전과 목표 수립→관련된 과제 발견→일정을 수립 및 조정하여 자기관리 수행→반성 및 피드백

- **경력개발** : 개인의 경력목표와 전략을 수립하고 실행하며 피드백하는 과정
  - 경력계획 : 자신과 상황을 인식하고 경력관련 목표를 설정하여 그 목표를 달성하기 위한 과정
  - 경력관리 : 경력계획을 준비하고 실행하며 피드백하는 과정

■ **자기개발 방해요인**

- **경제적 요인** : 교육비 등
- **물리적 요인** : 시간 부족, 먼 거리, 많은 업무 등
- **체력적 요인** : 빠른 체력 소모로 인한 집중력 저하 등

③ 자기개발 계획 수립과 자기개발 전략

■ **자기개발 설계 전략**

구분	내용
장단기 목표 수립	• 장기목표 : 5~20년 뒤의 목표 의미. 자신의 욕구, 가치, 흥미, 적성 및 기대와 직무 특성, 타인과의 관계 등 고려 • 단기목표 : 1~3년 정도의 목표 의미. 장기목표를 위한 기본단계로, 이를 위해 필요한 직무 관련 경험, 개발해야 될 능력 혹은 자격증, 필요한 인간관계 등 고려
인간관계 고려	• 인간관계 고려 없이 자기개발 계획을 수립하면 계획 실행 시 어려움 경험 • 자기개발 목표 중 하나로 다른 사람과의 관계 발전 가능
현재 직무 고려	• 현재의 직무상황과 이에 대한 만족도는 자기개발 계획 수립 시 중요한 역할 • 현 직무에 필요한 능력과 이에 대한 자신의 수준, 개발해야 할 능력, 관련된 적성 등 고려
구체적 방법 계획	• 명확하고 구체적인 계획을 통해 집중적이고 효율성 있게 노력할 수 있으며, 진행과정을 손쉽게 파악 • 장기목표는 경우에 따라 구체적인 계획이 어렵거나 바람직하지 않을 수 있음을 염두
자기 브랜드화	• 남들과는 다른 자신만의 차별성을 밝히고 강조하기 위해 지속적으로 자기개발하며 자신을 알리는 것 • 소셜네트워크와 인적네트워크 활용, 경력 포트폴리오 구성 등의 방법을 통해 가능

■ **자기개발 계획 수립이 어려운 이유**

• **자기정보 부족** : 자신의 흥미, 장점, 가치, 라이프 스타일에 대한 이해 부족

• **내부 작업정보 부족** : 회사 내의 경력 기회 및 직무 가능성에 대한 정보 부족

• **외부 작업정보 부족** : 다른 직업이나 회사 밖의 기회에 대한 정보 부족

• **의사결정시 자신감의 부족** : 자기개발과 관련된 결정을 내릴 때 자신감 부족

• **일상생활의 요구사항** : 개인의 자기개발 목표와 일상생활 간 갈등

• **주변 상황의 제약** : 재정적 문제, 연령, 시간 등

● 적용사례

■ 자아인식 및 관리능력 발휘 사례

A공사의 K는 입사 3년차로 올해 교육개발팀으로 배치되었다. 학교 교육과정을 통해서도 인적자원개발 과목을 들은 적도 없고, 관련 업무를 수행한 적이 없었다. 새롭고 낯선 업무를 보다 더 잘 수행하기 위해서는 교육훈련이 필요하다는 생각이 들었다. 평소 기획업무에는 자신이 있고, 잘한다는 평가를 받아왔지만, 인적자원개발 관련 지식이나 경험이 부족하여 관련 업무를 잘 수행할 자신이 없었다. 이에 인적자원개발 관련 사내 교육 과정을 찾아보았으나, 관련 교육이 없었다. 인적자원개발 관련 교육을 체계적으로 하고 있는 사설 교육기관을 찾았으며, 업무 일정을 고려하여 교육 수강 계획을 세웠다. 뿐만 아니라 퇴근 이후에는 온라인 교육과정을 수강하였다. 또한, 인적자원개발관련 업무를 수행하는 사람들의 스터디 카페에 가입하여 주말에는 스터디에 참여하였다. 회사에서는 선배 대리의 업무를 보조하며 업무 경험과 노하우를 쌓기 위해 노력했다.

■ 경력개발능력 발휘 사례

B기관의 연구개발1팀의 선임연구원인 P는 올해 입사한지 8년차에 접어들었으며, 앞으로의 자신의 경력을 어떻게 펼쳐나갈지에 대한 고민에 빠졌다. 앞으로 연구 분야와 관련하여 전문가로 성장할 수 있는 커리어를 쌓을지, 관리자로서 성장할 수 있는 커리어를 쌓을지를 선택해야 한다. 회사에서 연구 분야와 관련하여 어느 정도의 성과를 창출하였고, 이에 대한 인정을 받았다. 그러나 항상 무에서 유를 창조해야만 하는 상황에 대한 압박감 때문에 스트레스를 많이 받아서 다른 업무를 해보고 싶다는 생각이 들고 있다. 많은 고민 끝에 매번 새로운 연구 성과를 내야하는 업무보다는 신입 연구원들을 교육하고 관리하는 업무가 더 적성에 맞을 것 같다는 결론을 내렸다. 이에 따라 향후 5년 동안의 경력개발 계획을 세웠으며, 사내 운영되고 있는 관리자 양성과정 교육을 수강할 계획이다.

● 서류전형

■ 주요 평가 방안

자신의 강점 및 약점, 성향 및 가치관 등에 대한 이해를 바탕으로 자신의 강점을 강화하고 약점을 개선하기 위해 어떤 노력을 기울였는지, 자기개발 목표를 세우고 달성하기 위해 어떤 노력을 기울였는지, 단기 및 장기적 관점에서 자신의 경력개발 계획을 세우고 노력하는지 등에 대해 평가한다.

■ 준비 방안

• 자신에게 부족한 능력을 개발시키기 위해 노력했던 경험, 자신이 흥미있는 새로운 분야에 대한 능력을 쌓기 위해 노력했던 경험, 전공 분야 관련하여 지식이나 스킬을 향상 시키기 위해 노력했던 경험에 대해 평소에 기록해둬야 한다.

• 대부분의 지원자들이 공통적으로 노력하는 학업 성적 향상 노력, 토익 점수 향상 노력보다는 장기적 관점에서 자신의 부족한 능력이나 흥미있는 영역에 대한 능력을 개발했던 경험에 대해 작성하는 것이 좋다.

• 단기적으로 3개월 이내에 노력하고 끝냈던 경험보다는 장기적 관점에서 노력했던 경험, 지속적으로 개발 노력을 해오고 있는 경험에 대해 작성하는 것이 좋다.

■ 자기소개서 사례

[자기소개서 문항 1]

> 최근 3년 이내 자신의 전공 분야와 관련된 능력을 개발했던 경험에 대해 작성해주시기 바랍니다.

• GOOD 사례 ❶

저는 대학교 2학년 때부터 졸업할 때까지 전공 관련 자격증을 최소 3개 이상 취득하는 것을 목표로 설정하였습니다. 목표 달성을 위해 우선 자격증 시험과 관련성이 깊은 학교 교과목을 성실히 이수하였으며, 학교 교과목을 통해서 배우지 못하는 부분에 대해서는 별도로 이론에 대해 집중적으로 학습하였습니다. 또한, 자격증별로 최소 3개년 기출 문제를 풀어보면서, 문제 유형과 빈출 문제를 파악하였으며 오답 노트를 작성하였습니다. 예상 문제를 풀어보면서 저의 부족한 부분을 확인하면서 반복 학습을 해나갔습니다.

첫 번째로 목표했던 자격증을 준비하면서 혼자 공부하는 것이 너무 힘들게 느껴져서 이후에는 같은 자격증을 준비하는 친구와 함께 공부해 나갔습니다. 자격증 시험 과목에 대해 요약 정리한 내용을 서로 교환하여 보고 예상 출제 영역을 만들어서 공유했습니다. 어려운 문제는 서로의 풀이 방법을 비교하여 최적의 풀이 방법을 찾을 수 있었습니다. 오랜 노력 끝에 졸업할 때 까지 자격증 3개를 취득할 수 있었습니다. 현재 졸업은 했지만, 4번째 자격증 취득을 위해 공부하고 있습니다. 공부에는 끝이 없다는 것을 느끼고 있기에 지속적으로 전공 관련 자격증 취득을 위해 노력할 예정입니다.

GOOD POINT 자신의 전문성 개발을 위해 구체적인 목표를 설정하였으며, 목표 달성을 위해 단계적으로 접근하였으며, 다양한 방법을 시도하였다. 또한 목표 달성 과정과 방법에 대해 구체적으로 기술하였다.

• BAD 사례 ❶

저는 어머니와 같은 분야를 전공하여 전공 분야를 공부하면서 어머니의 영향을 많이 받았습니다. 어머니는 전공 분야와 관련된 최신 트렌드를 파악해야 함을 강조하셨습니다. 어머니는 항상 아침에는 국내외 뉴스를 탐독하시고, 주말에는 전공 분야와 관련된 책을 즐겨 읽습니다. 저는 어머니의 영향으로 인해 6개월 전부터 아침에 함께 국내외 뉴스를 탐독하고 있으며, 어머니와 함께 최신 트렌드에 대해 이야기를 나누고 있습니다. 또한, 주말에는 전공 관련 서적을 읽고 있습니다.
이로 인해 전공 분야에 대한 지식 뿐만 아니라 트렌드까지 파악하게 되었습니다.

BAD POINT 구체적으로 어떤 전공 분야와 관련하여 어떤 전문성을 개발했는지가 명확히 드러나지 않았으며, 뉴스 탐독과 독서와 같은 일반적이고 단편적인 노력 행동을 언급하였다. 또한, 지속적으로 노력을 기울여 온 것이 아니라 6개월전부터 노력해왔기에 자기소개서 평가 위원이 자기개발 노력의 진정성에 대해 의문을 가질 수 있다.

[자기소개서 문항 2]

최근 3년 이내 장기적 관점에서 자신의 능력을 개발하기 위해 노력했던 경험에 대해 구체적으로 작성해주시기 바랍니다.

• GOOD 사례 ❷

저는 대학교 1학년 때 최고 수준의 엔지니어가 되겠다는 목표를 세웠습니다. 우선, 대학교 4년 동안 전문 지식을 쌓기 위해 학과 수업을 성실히 듣고, 다양한 팀 프로젝트에 적극적으로 참여하였습니다. 대학교 3학년부터는 보통 취업을 위한 준비를 하는데, 저는 취업보다는 장기적으로 탁월한 수준의 엔지니어가 되고 싶었기에 대학교 3학년부터 대학원 선배들의 연구를 도와주었습니다.

또한 최고 수준의 엔지니어가 되기 위해서는 전문 가격증이 필요하기에 국내 뿐만 아니라 국제적으로 인정해주는 자격증 취득을 위해 노력하였습니다. 이러한 노력 끝에 국내 자격증 2개, 난이도가 높은 국제 자격증을 2개 취득할 수 있었습니다.

대학교 4학년 1학기를 마치고 난 후에는 공공기관에서 인턴으로 근무하면서 실무를 경험해 보았습니다. 6개월 동안 인턴으로 일하면서 업무가 이루어지는 과정, 필요한 지식 등에 대해 익힐 수 있었습니다.

대학교 4년 동안 저,의 자기개발 노력을 지켜보신 교수님께서 졸업식날, 원하는 대로 최고 수준의 엔지니어가 될 수 있을 것이라는 격려와 칭찬을 해주셨습니다.

GOOD POINT 단순히 취업을 위한 목표가 아니라 장기적 관점에서 최고의 엔지니어를 목표로 최고의 엔지니어가 되기 위해 필요한 지식, 스킬, 경험을 쌓기 위해 적극적이고 다양한 노력을 기울였다.

• BAD 사례 ❷

아르바이트, 봉사활동 등과 같은 다양한 대면 활동을 통해 고객 대응 능력을 개발할 수 있었습니다. 고객 대응 능력이 우수한 사람은 고객의 요구에 소극적으로 대응하는 것이 아니라 고객의 요구 사항을 미리 파악하여 고객이 최대한 만족할 수 있도록 일을 처리하는 사람이라고 생각합니다. 다양한 대면 활동을 통해 만난 사람들이 불만을 제기할 때, 저는 가족을 대하는 마음으로 친근하고 진정성있게 다가갔으며, 불만족을 만족으로 바꾸기 위해 노력했습니다. 현재는 00공단에서 인턴으로 일하면서 대민서비스 지원업무를 하고 있는데, 저의 고객 대응 능력이 향상되고 있음을 느끼고 있습니다.

BAD POINT 구체적으로 고객 대응 능력을 개발하기 위해 노력했던 행동이 드러나지 않았다. 고객 대응 능력과 관련된 자신의 견해 중심으로 작성하였다. 결과적으로 고객 대응 능력이 개발되었을 수는 있으나, 고객 대응 능력 개발을 목표로 하여 노력을 기울였던 것으로 보긴 어렵다.

● 면접전형

■ 주요 평가 방안

자신의 특성, 강점 및 개선점 등에 대한 정확한 이해를 바탕으로 능력을 개발하기 위해 적극적이고 지속적으로 노력하는지에 대해 평가한다.

■ 준비 방안

• 자기개발과 관련하여 이야기할 수 있는 경험의 분야는 다양하다. 우선 건강 또는 체중 감량을 위한 운동 경험, 토익 성적 향상을 위한 스터디 경험에 대해 이야기하는 경우가 많은데, 다른 지원자들과 차별점을 두고 싶다면 자신만의 경험을 이야기할 수 있어야 한다.

• 평소 자신의 강점과 약점을 파악하여 강점을 강화하고, 약점을 개선하기 위해 다양한 방법을 통해 지속적으로 노력하는 것이 중요하다.

• 자기개발 배경 상황, 개발 과정, 개발 노력 행동에 대해 구체적으로 이야기해야 한다.

• 자기개발 결과에 대해 이야기할 때는 '이전에는 어느 정도였는데, 자기개발 노력 이후에는 어느 정도로 변화되었다'와 같이 구체적인 수치를 근거로 제시하는 것이 좋다.

■ 경험면접 사례

[면접 질문 1]

> 1년 이상 지속적으로 자신의 부족한 측면을 개발하기 위해 노력했던 경험에 대해 이야기해주시기 바랍니다.

• GOOD 사례 ❶

A. 저는 대학교 2학년 때부터 꾸준히 전공 분야가 아닌 빅데이터 분야와 관련하여 지식이나 스킬을 습득하기 위해 노력했습니다.

Q. 당시 상황에 대해 구체적으로 이야기해주세요.

A. 최근 빅데이터를 사회 전반에 활용하고 있는 분위기가 확산되면서 빅데이터와 관련된 지식이나 스킬을 쌓아두면 좋을 것 같다는 생각이 들었습니다. 그래서 저는 빅데이터와 관련된 교과목을 수강하기 시작했습니다. 하지만 저는 데이터 과학과 관련된 기초지식이나 관련 지식이 없어 수업을 듣는 내내 많은 어려움을 겪었습니다. 그러나 어렵다고 포기하면 흐지부지 끝날 것 같아서 목표를 세워 공부했습니다.

Q. 구체적으로 목표는 무엇이었습니까?

A. 1년 후에 데이터 사이언스 학과 학생들과 함께 빅데이터에 대해서 자연스럽게 이야기하고 설명할 수 있는 수준으로 목표를 설정했습니다.

> **GOOD POINT** 막연한 자기개발 의지를 다진 것이 아니라 명확한 자기개발 목표를 설정하였다.

Q. 그러한 자기개발 목표를 달성하기 위해 어떤 노력을 기울였습니까?

A. 우선 수업 시간에 알게 된 데이터 사이언스 학과 친구들에게 어떤 것을 공부하면 좋을지 물어보았습니다. 그리고 기초 지식을 쌓기 위해 관련 서적을 읽고, 유튜브나 온라인 강의를 들었습니다. 하지만 내용이 어려워 혼자 공부하기에는 힘들었습니다. 그래서 학원을 등록하여 공부하였으며, 더 심화된 내용은 데이터사이언스 학과 친구들에게 물어보고 그래도 의문이 생기는 사항은 교수님을 찾아뵙고 관련 사항에 대해 여쭤보았습니다. 그리고 학습을 하다보니 전공자들이 많이 공부하는 C언어와 리눅스 및 네트워크에 대한 지식도 알아야 한다는 것을 알았습니다. 그런데 C언어 같은 경우는 제가 원래 조금 관심이 있어서 틈틈이 공부를 한 탓에 많은 도움이 되었습니다. 이렇게 공부를 하는 과정에서 학원비에 대한 부담도 생겼습니다.

> **GOOD POINT** 자기개발을 위해 단순히 서적 탐독이나 강의 수강 방식이 아니라 기초 지식부터 쌓기 위해 다양한 노력을 기울였다.

Q. 그런 과정에서 겪은 어려움이 있었다면 무엇이고, 어떻게 대처했습니까?

A. 오랜 기간 학원을 등록해서 수강하다보니 학원비도 만만치 않았습니다. 그래서 학과 공부와 빅데이터 공부하는 시간 외에 시간을 쪼개어 파트타임 알바를 구해 학원비를 벌었고 계속해서 학원을 다녔습니다.

> **GOOD POINT** 자기개발 과정에서 어려움을 겪어도 포기하지 않고 극복하기 위해서 추가적인 노력을 기울였다.

Q. 결과는 어땠습니까?

A. 데이터 사이언스 학과 친구들하고 자연스럽게 빅데이터에 관해 대화할 수 있고 빅데이터준전문가 자격증도 취득할 수 있었습니다. 저는 이렇게 발전하는 과정 속에서 제 자신이 성장하는 모습을 스스로 볼 수 있었고 앞으로도 계속 성장하는 기쁨을 느껴보고 싶습니다.

GOOD POINT 목표한 바를 달성하였으며 자기개발을 이루었다.

- BAD 사례 ❶

A. 저는 지원 분야와 관련성이 다소 적은 분야를 전공했습니다. 저는 작년에 3학년 1학기가 끝날 무렵, 지원 분야를 정한 뒤로, 지원 분야와 관련된 전문성을 갖추기 위해 공부했습니다.

Q. 자신의 전공과 다른 분야에 대한 전문성을 쌓기 위해 어떤 노력을 기울였습니까?

A. 우선, 저는 지원 분야와 관련된 다양한 서적을 읽었습니다. 또한 지원 분야와 관련된 자격증을 취득하기 위해 온라인 강의를 들으면서 공부했습니다. 관련된 자격증을 취득하기 위해서는 공부해야 하는 영역이 많았습니다.

BAD POINT 지원 분야와 다른 전공을 하여 전문성을 쌓기 위해 노력했다고 하지만, 일반적인 수준의 노력을 기울였다. 지원 분야 관련 전공자가 자격증 취득을 위해 공부하는 정도의 노력을 기울였으며, 자신의 부족한 점을 보완하기 위해 추가적으로 기울인 노력 행동이 드러나지 않았다.

Q. 지원 분야와 관련하여 읽었던 서적은 어떤 것들이었습니까?

A. 지금 당장 기억나지는 않지만, 관련 전공자들이 추천해주는 책들이었습니다.

BAD POINT 지원자가 최근에 읽은 책인데도 제목을 이야기하지 못하면 면접위원은 진실을 이야기하고 있는지에 대해 의문을 가질 수 있다.

Q. 얼마 간의 기간동안 몇 권의 책을 읽었습니까?

A. 1년동안 두 세권 정도 읽었습니다.

Q. 관련하여 온라인 강의는 어떤 것을 들었습니까?

A. 정확한 온라인 과목명은 생각나지 않지만 마찬가지로 전공자들이 추천해주는 온라인 학원에 등록하여 수강했습니다. 온라인 강의는 3개월동안 집중적으로 매일 한두 시간씩 들었습니다.

BAD POINT 서적과 마찬가지로 온라인 강의를 들은지 얼마되지 않은 시점에서 과목명을 제대로 이야기하지 못하면 면접위원은 지원자가 거짓말을 하고 있거나 실제와 다르게 왜곡하여 이야기하고 있을 수도 있다는 생각을 할 수도 있다.

지원자가 서적, 온라인 과목명 둘 다 이야기를 못했는데 이럴 경우, 지원자가 긴장해서라기 보다는 제대로 공부를 하지 않았기 때문이라고 면접위원은 판단을 내릴 수도 있다.

Q. 그렇게 노력했던 결과는 어땠습니까?

A. 아쉽게도 1차 필기시험에 불합격하였습니다. 그렇지만 저는 포기하지 않고 계속 도전을 할 생각입니다.

Q. 기대했던 결과가 나오지 않았던 이유는 무엇이라고 생각합니까?

A. 아무래도 전공 분야가 아니다보니, 용어도 어렵고 기초지식이 부족하여 관련 지식이나 스킬을 쌓는게 어려웠던 거 같습니다.

BAD POINT 면접위원은 자신의 부족한 면을 보완하기 위해 충분한 노력을 기울이지 않은 것으로 판단할 수 있다.

[면접 질문 2]

> 최근 3년 이내 자기개발을 위해 가장 많은 노력을 기울였던 경험에 대해 이야기해주시기 바랍니다.

• GOOD 사례 ❷

A. 학교에서 교과목 수업을 통해 얻을 수 있는 이론적 지식에서 더 나아가 현장에서 사용하는 실험을 하면서 실무적인 지식을 쌓고 싶어 1년 동안 학부연구생으로 연구과제에 참여한 경험이 있습니다.

Q. 당시 상황에 대해 구체적으로 이야기해주세요.

A. 보통 학부생은 연구과제에 참여하지 않지만, 저는 전공과목을 우수한 성적으로 이수하면서 교수님과 석사, 박사선생님과 교류할 기회가 많이 생겼습니다. 그때마다 저는 석사, 박사선생님들이 참여하는 연구과제에 보조 역할을 해보고 싶다는 의사를 지속적으로 밝혔습니다. 때마침 작년 초에 교수님께서 연구 프로젝트를 수주하셨고, 보조 연구원으로 참여할 수 있었습니다. 보조 연구원이 하는 일은 실험도구들을 정리하고 실험실을 청소하고 잡다한 행정적인 업무를 하는 것이 대

부분이었습니다. 그렇지만 저는 실제 이론을 적용해보는 연구 프로젝트에 참여함으로써 많은 것을 배울 수 있다고 생각했습니다.

GOOD POINT 학부생으로서 연구과제에 참여하게 된 배경과 자신의 역할에 대해 구체적으로 이야기함으로써 면접위원들에게 이야기하고 있는 경험의 진실성에 대해 신뢰감을 줄 수 있다.

Q. 당시 연구과제에 참여하면서 자기개발을 위해 어떤 노력을 기울였습니까?

A. 처음 3개월 동안은 중요하지 않은 일들을 처리하면서 옆에서 선배들이 실험하고 분석하는 모습을 보면서 간접적으로 배울 수 있었습니다. 또한 연구관련 회의에 참여하면서 처음에는 무슨 말을 하는 건지 전혀 알 수 없었는데 시간이 지날수록 점점 이해되는 부분들이 많아졌습니다. 제가 열심히 참여하는 모습을 보고 석사, 박사 선생님들에 조금씩 중요하고 난이도 있는 일들을 맡겨주셨습니다. 직접 실험하고 분석하는 일을 하게 되었습니다. 실험을 하면서 모르는 부분들은 석사, 박사 선생님에게 물어보거나 관련 서적을 공부하면서 알게 되었습니다. 그리고 국내외 논문들을 공부하면서 연구 분야에 대해 보다 깊이 있게 알게 되었습니다. 또한, 석사, 박사 선생님들 따라 국내외 학회에 참여하여 경험의 폭을 넓히고 전공 분야의 최신 기술들에 대해 이해할 수 있게 되었습니다.

GOOD POINT 학부생으로서 연구과제에 참여하면서 자신의 부족한 점을 보완하기 위해, 자신에게 부족한 지식과 경험을 쌓기 위해 1년 동안 지속적으로 다양한 노력을 기울였다.

Q. 그러한 과정에서 겪은 어려움은 무엇이었으며, 어떻게 대처했습니까?

A. 프로젝트 관련 경험이 없어 업무를 처리하는 과정에서 종종 실수를 하였습니다. 이메일을 잘못 보내거나, 공문을 잘못 작성하거나, 실험 데이터 정리를 하는 과정에서 일부를 누락하는 등의 실수를 했습니다. 그런 실수를 할 때마다 자책하고 좌절했었습니다. 그런데 석사, 박사 선생님들이 처음에는 누구나 다 그럴 수 있다며 격려를 해주셨습니다. 저는 실수를 하게된 원인을 파악하고 관련 내용을 일기처럼 기록하여 똑같은 실수를 하지 않도록 노력했습니다.

GOOD POINT 학부생으로서 연구과제에 참여하면서 겪은 어려움에 대해 솔직하게 이야기하고, 어려움을 극복하기 위해 노력하였다.

Q. 결과적으로 자신의 능력이 어느 정도로 개발되었다고 생각합니까?

A. 객관적인 평가를 내릴 수는 없지만, 교수님과 석사, 박사님들로부터 긍정적인 피드백을 들었습니다. '학부생 수준에서 이렇게 하면 잘하는 것이다', '점점 더 잘하는 것 같다', '이후에 다른 연구 프로젝트가 있으면 그때도 보조 연구원으로 참여해라' 등의 피드백을 들었습니다.

> **GOOD POINT** 객관적인 수치를 제시하지는 않았지만, 함께 연구를 참여한 사람들로부터 들은 구체적인 피드백을 언급하였다.

• BAD 사례 ❷

A. 저는 선배님들이 일하시는 벤처 기업에서 1년 동안 인턴으로 일하면서 제 능력을 개발하기 위해 노력한 경험이 있습니다.

Q. 인턴으로 어떻게 일하게 되었습니까?

A. 당시에 선배의 추천으로 일하게 되었습니다. 제 전공 분야와 관련된 일을 하는 곳이어서 다양한 지식과 경험을 쌓을 수 있을 것이라고 생각했습니다.

Q. 인턴으로서 주로 어떤 일을 하였습니까?

A. 제가 할 수 있는 일은 제한적이었습니다. 주로 자료를 조사하고, 정리하는 일, 보고서 문서를 편집하는 일, 비용 처리와 관련된 문서를 작성하는 일들을 했습니다. 선배님들도 직접 고객사와 만나서 일을 하고, 고객사에 산출물을 제공하고 평가를 받는 입장이었기에 제게 의미있는 일을 맡기는 건 부담스러워 하셨습니다. 그래서 저는 제가 맡은 일에 한해서는 문제없이 완벽하게 처리하자는 목표를 세우고 일을 했습니다.

> **BAD POINT** 자신의 능력을 개발하기 위해 소극적으로 노력하였다. 자신의 능력을 개발하기 위해서는 제한적으로 업무를 받은 상황에서도 다양한 업무를 경험해보기 위해 노력하는 등의 추가적인 노력을 기울이는 게 필요하다.

Q. 인턴을 하면서 자신의 능력을 개발하기 위해서는 어떤 노력을 기울였습니까?

A. 선배님들이 주신 다양한 업무 관련 참고자료들을 꼼꼼히 살펴보고, 관련 연구 보고서들을 읽어보았습니다. 그리고 선배님들에게 전공 분야와 관련된 일을 잘하려면 어떤 책을 좀더 읽어보고 어떤 공부를 더해야할 지 조언을 구했습니다. 그리고

어떤 절차로 업무가 진행되는지를 파악하기 위해 노력하였고, 그러한 과정에서 업무를 잘하기 위해서는 어떻게 해야할지 고민했습니다.

BAD POINT 자신의 능력을 개발하기 위해 부족한 부분을 파악하고 추가적이 노력을 기울이기 보다 일을 하면서 자신에게 주어진 자료나 정보들을 파악하는 데 그쳤다.

Q. 인턴을 하면서 자신의 어떤 능력이 개발되었다고 생각합니까?

A. 전공 분야 관련 업무에 대해 이해할 수 있었으며, 전공 분야 관련하여 현장에서 필요한 지식이 무엇이고, 최신 트렌드는 무엇인지 알게 되었습니다.

BAD POINT 결론적으로 전공 분야에 대한 이해의 폭이 넓어지긴 했으나, 자신의 능력이 개발되었다고 보기는 어렵다.

1 자아인식능력

● 학습모듈

① 자아인식의 의미와 방법

- **자아인식의 의미**
  - 자신의 가치, 신념, 태도 등을 아는 것을 넘어서 이것들이 자신의 행동에 어떻게 영향을 미치는지 인식하는 것
  - 직업인의 자아인식은 다양한 방법을 활용하여 자신이 흥미 있는 분야, 자신의 능력, 좋아하는 행동을 종합적으로 분석하여 이해하는 것
  - 자아인식 노력은 자아존중감을 확인시켜 주고 자기개발의 토대가 되며, 개인과 팀의 성과를 높이는 데 필수적

- **자아의 개념과 자아존중감**
  - 자아
    - 자신에 대한 인식과 신념의 체계적이고 일관된 집합
    - 내면적인 성격이며 정신
    - 삶의 경험과 경험에 대한 해석에 영향을 받는 것
  - 자아존중감
    - 개인의 가치에 대한 주관적인 평가와 판단을 통해 자신의 가치를 결정짓는 것
    - 의미 있는 타인에게 영향을 받으며 정체성 형성에 영향을 주는 중요한 요소
    - 가치 차원, 능력 차원, 통제감 차원으로 구분
      - ✓ 가치 차원 : 다른 사람들이 자신을 가치있게 여기며 좋아한다고 생각하는 정도
      - ✓ 능력 차원 : 과제를 완수하고 목표를 달성할 수 있다는 신념
      - ✓ 통제감 차원 : 자신이 세상에서 경험하는 일들과 거기에 영향을 미칠 수 있다고 느끼는 정도

- **자아인식 방법**
  - 스스로 질문을 통해 알아내는 방법 : 일과 관련하여 다른 사람이 알 수 없는 나를 알 수 있는 방법

- 질문 내용

  ✓ 일을 할 때 나의 성격의 장단점은 무엇인가?

  ✓ 현재 일과 관련된 나의 부족한 부분은 무엇인가?

  ✓ 일과 관련한 나의 목표는 무엇인가?

- 다른 사람과의 대화를 통해 알아가는 방법 : 다른 사람과의 대화, 질문을 통해 내가 모르고 지나친 부분과 다른 사람의 객관적 판단을 알 수 있는 방법

  - 질문 내용

    ✓ 나의 장단점은 무엇인가?

    ✓ 내가 무엇을 하고 있을 때 가장 재미있어 보이는가?

    ✓ 어려움이나 문제 상황에 처했을 때 나는 어떠한 행동을 하는가?

- 표준화된 검사 도구를 활용하는 방법 : 자신을 다른 사람과 객관적으로 비교할 수 있는 척도 제공, 여러가지 검사 도구 활용하여 자신의 특성 객관적으로 파악

  - 검사 도구

    ✓ 커리어넷(www.career.go.kr) : 직업흥미검사, 직업적성검사, 직업가치관검사

    ✓ 워크넷(www.work.go.kr) : 직업흥미검사, 적성검사, 직업가치관검사, 직업인성검사

    ✓ 한국행동과학연수소(www.kirbs.re.kr) : 적성검사, 인성검사, 직무지향성검사

    ✓ 한국심리검사연구소(www.kpti.com) : MBTI, STRONG 진로탐색검사, 직업흥미검사, AMI 성취동기검사

② **일과 관련된 나의 특성**

자신의 특성을 파악하여 그에 맞는 일터를 선택하고, 현재 하고 있는 일에 대한 흥미를 높이고 재능을 개발하는 것 필요

■ **흥미와 적성**

- **흥미** : 일에 대한 관심이나 재미

- **적성** : 개인이 잠재적으로 가지고 있는 재능, 개인이 보다 쉽게 잘 할 수 있는 주어진 학습 능력

- 경험을 통해 자신의 흥미나 적성을 발견하고 적극적으로 개발하려는 노력 중요

- 일이 자신의 흥미나 적성과 맞지 않지만 일을 그만둘 수 없을 때는 자신이 처한 상황과 업무에 맞춰 흥미나 적성 개발

- 일터의 조직문화, 조직풍토에 대한 이해를 바탕으로 흥미나 적성에 맞는 일을 수행해야 일터에서 성공 가능

③ 반성의 의미

성찰은 지속적인 연습에 의해 몸에 익히게 되는 것으로 스스로 일을 배우는 숙련의 과정

- **성찰의 필요성**
  - 잘한 일과 개선할 점을 생각함으로써 다른 일을 하는 데 필요한 노하우 축적
  - 부족한 부분을 보완하고 실수를 방지하여 지속적인 성장 기회 제공
  - 같은 실수를 하지 않게 되어 신뢰감 형성의 원천
  - 지속적인 반성과 사고를 통해 창의적인 사고 능력 개발 기회 제공

- **성찰 방법**
  - **성찰노트 작성** : 매일 자신이 오늘 했던 일 중 잘했던 일과 잘못했던 일을 생각해 보고, 그 이유와 앞으로의 개선점을 형식 없이 작성
  - **끊임없는 질문** : 어떤 일이 발생했을 때 일이 잘 진행되거나 그렇지 않은 이유, 상태를 변화시키거나 유지하기 위해 해야 하는 일, 더 나은 수행 방법에 대해 자문

● 필기전형

■ NCS 직업기초능력 평가 문항 예시 및 해설

> 직업기초능력명 : 자기개발능력
> 하위영역명 : 자아인식능력(모듈형)

1 다음 사례에서 김사원이 앞으로 업무를 제대로 수행하기 위해서 생각해봐야 하는 질문으로 가장 적절하지 않은 것은?

> 김사원은 직장에 들어온 지 얼마 되지 않았을 때에는 나름대로 회사 내에서 인정을 받는 인재였다. 그러나 최근 업무상 실수가 늘어가고 있어 상사로부터 꾸지람과 질책을 들었다. 최근에는 팀에서 최근 가장 심혈을 기울이고 있는 프로젝트의 기초적인 업무에서도 실수를 하여, 프로젝트 추진 일정에 차질이 생겼다.

① 이번 일을 다르게 수행했더라면 어떻게 결과가 달라졌을까?
② 현재 상태를 개선하기 위해서 어떻게 준비하고 행동해야 할까?
③ 수행한 업무 중에 문제가 되거나 어려웠던 점이 무엇이었을까?
④ 이번 경험은 앞으로 내가 유사한 어려움을 겪을 때 어떤 도움이 될 수 있을까?
⑤ 프로젝트 추진 일정에 차질이 생기게 된 가장 큰 원인은 누구에게 있을까?

출제의도 업무에 대한 반성 및 성찰을 위한 적절한 질문들을 알고 있는지 확인하고자 하였다
정답 ⑤
해설 같은 실수를 반복하지 않기 위해서는 실수가 일어나게 된 이유를 반성적으로 성찰하고 개선점을 찾을 수 있는 질문을 해야 한다. 따라서 실패의 가장 큰 원인을 제공한 사람을 찾는 질문이 적절하지 않다.

직업기초능력명 : 자기개발능력
하위영역명 : 자아인식능력(PSAT형)

2 다음 사례에서 직장인 A씨의 자아인식에 도움이 되는 조언이 아닌 것은?

> 직장인 A씨는 학창시절부터 소극적이고 수줍음이 많은 성격으로 혼자 있는 것을 선호했
> 다. 하지만 메이크업을 좋아하고 손재주가 뛰어나 대학 역시 관련 학과에 진학하였다.
> 수년 뒤 A씨는 대학 졸업 이후 취업을 고민하던 차에 화장품 회사 영업부서에 취직하였다.
> 그러나 입사한 지 1년이나 지났음에도 판매 영업성과가 늘 저조해 고민이다.

① B 부장 : A씨의 큰 장점은 차분한 어조로 화장품에 대해 자세하고 꼼꼼하게 설명해
주는 겁니다. 다만, 다른 사람을 대하는 태도에 자신감만 더 붙는다면 충분히 좋은
성과 낼 수 있을 겁니다.

② C 사원 : A씨, 요새 일이 많아 무리하시느라 조금 예민해지신 것 같습니다. 주말동
안 취미 생활하면서 푹 쉬고 돌아오시면 한결 좋아지시지 않을까요.

③ D 대리 : A씨는 평소 직원들이랑 편안하게 잘 지내는 것 같은데, 낯선 사람 앞에서
말할 때 유달리 긴장하고 힘들어 하는 듯해요. 사내 교육 프로그램에 자기 PR 관련
과정도 있던데 한 번 들어보는 게 어때요?

④ E 대리 : 나도 성격이 외향적이지 못해서 처음 영업 업무를 맡을 때 힘들어하던 게
생각나네요. 당시 회사에서 제공하는 직업 흥미 검사를 통해서 객관적으로 나를 알
아보는 시간을 가졌던 게 도움이 됐던 것 같아요.

⑤ F 사원 : 저는 업무 관련해서 슬럼프가 왔을 때, 일과 관련해서 제가 갖고 있는 목표
라던가 일이 내 삶에서 갖는 의미를 되돌아봤었어요.

출제 의도 자기인식을 위한 여러 가지 방법을 숙지하고 있는지 확인하고자 하였다.

정답 ② C 사원

해설 ①번, ③번은 상사로부터 자신의 장단점에 대한 솔직한 피드백을 받은 것으로 다른 사람들
의 관점에서 자신이 어떤 사람인지 생각해볼 수 있다. ④번은 표준화된 검사 도구를 통해
객관적인 자아특성을 비교해볼 수 있다. ⑤번은 일과 관련하여 다른 사람이나 객관적인 도
구를 통해 알 수 없는 나를 알기 위한 질문을 해볼 수 있다. 그러나 ②번은 동료의 형식적인
말로 현재 상황에 대한 진솔한 대화가 아니라 자아인식에 도움이 되지 않는다.

● 자가진단

■ 진단 체크리스트

각 문항과 관련하여 자신의 행동 수준, 강도에 따라 평정하여 주시기 바랍니다.

문항	매우 미흡	미흡	보통	우수	매우 우수
1. 나는 자아인식의 개념을 설명할 수 있다	1	2	3	4	5
2. 나는 나를 알아가는 방법에 대해 이해하고 있다	1	2	3	4	5
3. 나는 나의 흥미와 적성에 대해 알고 있다	1	2	3	4	5
4. 나는 나의 강점 및 개선점에 대해 알고 있다	1	2	3	4	5
5. 나는 흥미와 적성, 능력을 개발하는 방법을 알고 있다	1	2	3	4	5

■ 평정 결과

• 평균 3.0점 미만 : 자아인식능력을 발휘하는데 다소 어려움이 예상된다. 기초 및 기본 지식 습득과 적용 노력이 필요하다.

• 평균 3.0점 이상~3.5점 미만 : 자아인식능력을 보유하고 있으나, 나의 강점 및 개선점을 정확히 파악하는데 어려움이 예상된다. 일정한 추가 보수 교육이 필요하다.

• 평균 3.5점 이상~4.0점 미만 : 자아인식능력을 발휘할 수 있으나, 보다 우수한 수준의 자아인식능력을 발휘하기 위해서는 약점 중심으로 개발해 나가야 한다.

• 평균 4.0점 이상 : 업무 수행 시 효과적으로 자아인식능력을 발휘할 수 있다.

2 자기관리능력

● 학습모듈

① 단계적 자기관리 계획 수립방법

단계		내용
1단계	비전 및 목적 정립	• 비전과 목적은 모든 행동 혹은 업무의 기초가 되며, 의사결정에 있어서 가장 중요한 지침으로 적용 • 자신에게 가장 중요한 것, 가치관, 원칙, 삶의 목적, 삶의 의미를 파악하여 비전과 목적 정립
2단계	과제 발견	• 현재 주어진 역할 및 능력 검토 • 역할에 따라 실제적이고 성취가능한 활동목표 설정 • 해야 할 일의 중요도와 긴급성에 따라 우선순위 설정
3단계	일정 수립	• 우선순위에 따라 구체적 일정 수립 • 일정은 월간, 주간, 하루계획 순으로 작성
4단계	수행	• 수행과 관련된 요소 분석 • 바람직한 수행방법 찾아 계획대로 수행
5단계	반성 및 피드백	• 수행결과 분석 • 결과에 대해 피드백하여 다음 수행에 반영

② 합리적인 의사결정 방법

사람은 누구나 의사결정의 순간을 맞게 되며 의사결정은 개인과 조직에 크고 작은 영향을 미치기 때문에 합리적인 의사결정 과정 필요

- **합리적인 의사결정 과정**
  - 합리적인 의사결정 : 자신의 목표를 정하여 몇 가지 대안을 찾아보고 가장 실행 가능한 최상의 방법을 선택하여 행동하는 것
  - 합리적인 의사결정 과정
    - 1단계 문제 원인 파악 : 문제의 원인, 특성, 유형 파악
    - 2단계 의사결정 기준 및 가중치 선정 : 관심, 가치, 목표 및 선호에 따라 의사결정을 할 때 무엇을 중요하게 생각하고 무엇을 우선시하는지 결정

- 3단계 정보수집 : 너무 많이 정보를 수집할 경우 시간이나 비용 소모가 크며 너무 적게 수집하면 다각도로 검토 불가능, 의사결정에 필요한 적절한 정보수집이 필요
- 4단계 대안 탐색 : 가능한 모든 대안 탐색
- 5단계 대안 분석 및 평가 : 수집한 자료에 기초하여 의사결정 기준에 따라 각 대안의 장단점 분석 및 평가
- 6단계 대안 선택 : 최적의 안 선택
- 7단계 결과 평가 및 피드백 : 의사결정을 내리면 결과를 분석하고 다음에 더 좋은 의사결정을 내리기 위해 피드백

- 의사결정자는 자기 탐색 과정을 거쳐 의사결정 기준을 세우고, 가능한 모든 평가기준과 대안을 찾고, 다른 문제 상황을 발생시키지 않고 정보를 얻고, 각 대안을 객관적이고 정확하게 평가

■ **거절의 의사결정과 거절하기**
- 거절로 인해 발생할 문제와 거절하지 못해서 수락했을 때의 기회비용을 따져보고, 거절하기로 결정했다면 이를 추진할 의지 필요
- 거절을 결정하고 표현할 때는 상대방의 말에서 문제의 본질을 파악하고, 분명한 이유를 들어 거절, 대안 제시 필요, 거절의 의사결정은 빠르게 할 것

③ **내면 관리와 업무 수행 성과 향상 방법**

성공을 위해서는 일과 직접적으로 관련된 능력뿐만 아니라 직무 관련 역량을 향상하여 업무 수행성과를 높이는 것과 심리적 태도 중요

■ **인내심 키우기**
- 인내심이 없는 사람은 감정적인 사람으로 보이고 신뢰감 구축 어려움
- 인내심 키우기 위해서는 목표를 분명히 하고, 새로운 시각으로 상황 분석

■ **긍정적인 마음 가지기**
- 최근 긍정적인 마음을 가지고 실패를 극복하는 것의 중요성 부각
- 긍정적인 마음을 가지기 위해서 먼저 자신을 긍정하고, 과거의 상처를 털어버리도록 노력. 또한 고난과 역경을 통한 성장 가능성을 믿고 어려움 속에서 자신을 개발하는 방법 터득 필요

■ **업무 수행 성과를 높이기 위한 행동전략**

• 해야할 일 미루지 않고 가장 중요한 일 먼저 처리

• 비슷한 업무 묶어서 처리, 한 번 움직일 때 여러 가지 일을 함께 처리하여 경로 단축

• 다른 사람이 일하는 방식과 다른 방식으로 사고하고 업무 수행

• 회사와 팀의 기본적인 업무 지침 준수

• 직장에서 가장 일을 잘한다고 평가받는 사람을 역할 모델로 설정하고 주의 깊게 관찰하여 따라 하도록 노력

● 필기전형

■ NCS 직업기초능력 평가 문항 예시 및 해설

> 직업기초능력명 : 자기개발능력
> 하위영역명 : 자기관리능력(모듈형)

1 직장인 A씨의 상황에서 자기관리를 위해 해야 하는 다음 단계는 무엇인가?

> 입사한지 1년이 지나가는 시점에서 직장인 A씨는 그동안 밀려오는 일들을 해내는 것이 버거워 꿈과 비전, 목표를 잃고 살아왔다는 생각이 문득 들었다. 입사 2년차에 앞서 자신의 비전과 목표를 정립하기로 한 A씨는 그동안 자신에게 가장 중요하고 의미 있는 원칙, 가치관에 대해 정리하였다. 이후 현재 자신이 회사에서 수행하고 있는 업무와 역할에 대해서도 심도 있게 생각해보면서 자신이 세운 비전과 목표를 이루기 위해 앞으로 무엇을 변화시켜야하는지 고민하게 되었다.

① 자신에게 의미 있는 삶은 무엇인지 생각해본다.
② 현재 수행하고 있는 역할들 간에 상충되는 것은 없는지 생각해본다.
③ 자신의 역할에 맞는 활동목표를 세워본다.
④ 하루, 주간, 월간 계획을 수립해본다.
⑤ 자신의 일과 활동에 대한 우선순위를 설정해본다.

출제 의도 자기관리의 단계에 따라 세부적으로 해야할 일들을 명확히 알고 실제 사례에 적용할 수 있는지 알아보고자 하였다.

정답 ③ 자신의 역할에 맞는 활동목표를 세워본다.

해설 현재 직장인 A씨는 비전 및 목적을 정립한 후, 자신의 역할 및 능력에 대해서도 검토하였다. ②번 보기의 경우, 자신의 역할 및 능력에 대해 파악하기 위한 질문이다. 이후에는 그 역할들에 맞는 활동목표를 수립해야하기 때문에 ③번이 정답이다. 그 다음으로 우선순위를 설정한 후 구체적인 일정을 수립한다.

직업기초능력명 : 자기개발능력
하위영역명 : 자기관리능력(모듈형)

2 다음의 사례는 합리적인 의사결정을 내리기 위한 단계 중 어디에 속하는가?

> 직장인 A씨는 현재의 업무가 자신의 적성과 맞지 않는다고 생각하여 이직을 고려하고
> 있다. 현재는 영업부에서 영업 및 마케팅 일을 하고 있지만, 인사관리 및 총무 관련 업
> 무에 대한 흥미가 있을 뿐만 아니라 자격증도 보유하고 있다. 이에 인사총무 직무 분야
> 로 이직할 계획을 세우고 있다. 그러나 실무적인 면에 대해서는 아는 바가 없어 현재
> 인사팀에 근무 중인 입사 동기에게 관련 업무에 대한 정보를 얻기 위해 약속을 잡은
> 상태이다.

① 문제의 근원을 파악하기
② 의사결정의 기준과 가중치 결정하기
③ 의사결정에 필요한 정보수집하기
④ 가능한 모든 대안을 탐색하기
⑤ 각 대안의 장단점을 분석하기

출제 의도 합리적 의사결정 단계에 대하여 정확하게 알고 이를 실제 사례에 적용할 수 있는지 알아
보고자 하였다.

정답 ③ 의사결정에 필요한 정보 수집하기

해설 이직을 위해 필요한 정보를 수집하기 위해 직장 동료와의 만남을 고려하고 있는 상황이다.
현재 이직을 위한 대안으로 가장 성공 가능성이 높은 하나의 방안만을 고려하고 있기 때문
에 4번보다는 3번의 답이 더 적절하다.

● 자가진단

■ 진단 체크리스트

각 문항과 관련하여 자신의 행동 수준, 강도에 따라 평정하여 주시기 바랍니다.

문항	매우 미흡	미흡	보통	우수	매우 우수
1. 나는 자기관리 개념에 대해 설명할 수 있다	1	2	3	4	5
2. 나는 자기관리 단계에 따라 자기관리 계획을 수립할 수 있다	1	2	3	4	5
3. 나는 어떠한 상황에서도 포기하지 않고 인내심을 가지고 일할 수 있다	1	2	3	4	5
4. 나는 업무 수행 성과를 높이기 위한 전략들을 이해하고 있다	1	2	3	4	5
5. 나는 업무 수행 성과를 높일 수 있도록 나 스스로를 관리해나갈 수 있다	1	2	3	4	5

■ 평정 결과

- 평균 3.0점 미만 : 자기관리능력을 발휘하는데 다소 어려움이 예상된다. 기초 및 기본 지식 습득과 적용 노력이 필요하다.

- 평균 3.0점 이상~3.5점 미만 : 자기관리능력을 보유하고 있으나, 지속적으로 자신의 강점을 강화하고 약점을 개선해 나가는데 어려움이 예상된다. 일정한 추가 보수 교육이 필요하다.

- 평균 3.5점 이상~4.0점 미만 : 자기관리능력을 발휘할 수 있으나, 보다 우수한 수준의 자기관리능력을 발휘하기 위해서는 약점 중심으로 개발해 나가야 한다.

- 평균 4.0점 이상 : 업무 수행 시 효과적으로 자기관리능력을 발휘할 수 있다.

3 경력개발능력

● 학습모듈

① 경력개발 의미

■ 경력개발의 개념

• 경력

  – 일생에 걸쳐서 지속적으로 이루어지는 일과 관련된 경험

  – 직위, 직무와 관련된 역할이나 활동, 이와 영향을 주고받는 환경적 요소 포함

  – 일과 관련된 활동을 하는 모두가 경력을 추구하는 것이며, 모든 사람은 독특한 직무, 지위, 경험을 쌓기 때문에 각자 나름의 독특한 경력 추구

• 경력개발

  – 자신과 자신의 환경 상황을 인식하고 분석하여 합당한 경력 관련 목표를 설정하는 과정

  – 경력계획과 경력계획을 준비하고 실행하며 피드백하는 경력관리로 구분

  – 규칙적이고 지속적으로 경력관리 필요

  – 잘못된 정보 혹은 정보에 대한 이해 부족으로 경력 목표를 잘못 설정하는 경우가 있으므로 계속적, 적극적 경력관리 통한 수정 필요

  – 환경과 조직의 변화에 따라 새로운 미션을 수립하고 새로운 경력이동 경로 설정 필요

■ 경력개발능력의 필요성

• 환경변화 : 지식정보의 빠른 변화, 인력난 심화, 삶의 질 추구, 중견사원 이직증가

• 조직요구 : 경영전략 변화, 승진 적체, 직무환경 변화, 능력주의 문화

• 개인요구 : 발달단계에 따른 가치관과 신념의 변화, 전문성 축적 및 성장 요구 증가, 개인의 고용시장 가치 증대

② 경력개발계획 수립 과정과 방법

■ 경력개발 단계

단계		내용
1단계	직업선택	• 자신에게 적합한 직업 탐색 및 선택 후, 필요한 능력 키우는 과정 • 자신의 장단점, 흥미, 적성, 가치관 등 자신과 자신이 원하는 직업에서 요구하는 능력, 환경, 가능성, 보상 등 직업에 대한 동시 탐색 • 자신에게 적합한 직업을 선택하고 직업역량 배양 • 출생부터 25세까지로 구분되나, 일생 동안 여러 번 일어나는 것도 가능
2단계	조직입사	• 학교를 졸업한 후, 자신이 선택한 경력 분야에서 원하는 조직의 일자리를 얻으며, 직무를 선택하는 과정 • 직무 선택 시 환경과 자신의 특성 및 조직 특성 고려 • 18~25세에 발생되나, 교육정도나 상황에 따라 유동적
3단계	경력초기	• 직무, 조직의 규칙, 규범에 대해 학습 • 업무 내용 파악하고, 새로운 조직의 규칙, 규범, 분위기에 적응하는 것이 중요한 과제 • 자신의 입지를 확고히 하여 승진에 많은 관심 가지는 시기 • 25~40세까지의 성인초기이나, 성공 지향적인 행동을 언제까지 하느냐로 구분
4단계	경력중기	• 성취한 것을 재평가하고 생산성을 유지하는 단계 • 직업 및 조직에서 입지를 굳혀, 수직적인 승진 가능성이 적은 경력 정체 시기 • 새로운 환경변화에 직면하여 생산성 유지의 어려움 경험 • 개인적으로 현 직업이나 생활스타일에 불만 및 반복적인 일상에 대해 따분함 느끼기도 하는 시기 • 경력초기 생각 재검토, 다른 직업으로 이동하는 경력변화 • 40~55세의 성인중기
5단계	경력말기	• 조직의 생산적인 기여자로 남고 자신의 가치를 유지하기 위해 노력하며, 동시에 퇴직을 고려하는 단계 • 새로운 환경변화 대처에 더 어려움을 겪게 되며, 퇴직에 대한 개인적인 고민과 함께 조직의 압력 경험 • 대부분 50대 중반에서 은퇴시기까지를 말하나, 평균수명 증가와 인력난의 심화로 기준에 대한 의문 제기

- **경력개발 계획 수립 과정**

  경력개발의 각 단계들은 명확하게 구분되는 것은 아니며 중복적으로 이루어질 수 있고 실행과 평가를 통해 수정 가능

단계		내용
1단계	직무정보 탐색	• 관심 직무에서 요구하는 능력 • 고용이나 승진 전망 • 직무만족도 등
2단계	자신과 환경 이해	• 자신의 능력, 흥미, 적성, 가치관 • 직무 관련 환경의 기회와 장애요인
3단계	경력목표 설정	• 장기목표 수립 : 5~7년 • 단기목표 수립 : 2~3년
4단계	경력개발 전략수립	• 현재 직무의 성공적 수행 • 역량 강화 • 인적 네트워크 강화
5단계	실행 및 평가	• 실행 • 경력목표, 전략의 수정

③ **경력개발의 다양한 이슈**

전통적인 직선적 경력개발은 한 직업, 한 직장에서의 수직적 승진을 강조했던 반면, 최근에는 나선형 경력으로 지속적인 경력변화가 이루어지며 단기적 경력변화 빈번

- **평생학습 사회**

  - 지식과 정보의 증가로 새로운 기술개발에 따라 직업에서 요구되는 능력이 변화하며, 지속적인 능력개발 필요

  - 개인 각자가 자아실현, 생활향상 또는 직업적 지식, 기술의 획득 등을 목적으로 생애에 걸쳐 자주적으로 학습을 계속할 수 있는 평생학습 사회 도래

  - 현재의 능력보다 개인의 학습 능력과 자기개발 노력 중시

- **투잡스(two-jobs)**

  - 지속적인 경기불황에 따라 2개 이상의 직업을 가지는 사람이 증가

  - 주 5일제가 시행되면서 투잡이 더욱 확대

■ **청년 실업**

- 외환위기 이후 우리나라 노동시장에서 청년 실업이 큰 문제로 부각
- 경기 침체 시 기업 대부분은 우선적으로 신규채용을 억제하기 때문에 청년 노동시장은 경기변동에 민감

■ **창업경력**

- 전 세계적으로 창업 증가 추세
- 최근 인터넷의 확산으로 공간이나 시간의 제약 없이 손쉽게 창업
- 정치변화, 경제변화, 회사생활에 대한 불만 등을 이유로 창업

■ **새로운 노동형태의 등장**

- 긱 경제(gig economy)의 출현으로 개별 근로자들이 노동방식 및 시간에 대한 결정권을 갖게 되고 원격근무 등으로 근무환경이 유연해지면서, 프리랜서, 계약근로자, 자유근로자, 포트폴리오 근로자와 같은 독립근로자 증가
- 지속적으로 특정 조직에 고용되는 것이 아니기 때문에 경력개발에 대한 책임이 오로지 개인에게 주어지는 경향
- 4차 산업분야가 성장하면서 점차 인간의 노동력은 기계로 대체되어 일자리가 줄어들고 독립근로자들 증가
- 퇴직연한이 짧아져 빠르게 조직에서 나올 수밖에 없는 이들은 전문성을 갖추기 위해 조직 안의 사람들과는 다른 방식으로 경력개발 준비

■ **일과 생활의 균형(Work-Life Balance, WLB)**

- 우리나라에서도 일과 생활의 균형에 대한 관심 증가
- 선진국에서 이미 WLB 프로그램이 보편화된 데 비해 우리나라에서는 일부에서만 이를 도입했거나 검토 중
- 경영적 측면에서 큰 비용이 드는 반면, 발생할 수 있는 긍정적 효과는 당장 가시화가 어려움

● 필기전형

■ NCS 직업기초능력 평가 문항 예시 및 해설

> 직업기초능력명 : 자기개발능력
> 하위영역명 : 경력개발능력(모듈형)

1 현재 A씨의 경력단계에서 생각해봐야 할 조언으로 가장 적합한 것은?

> 대학 졸업 후 A씨는 1년 동안 여러 그룹에 입사지원을 했으나 번번이 낙방하고 말았다. 이에 취업 특강, 진로 코칭, 영어시험 준비 등 열심히 취업 준비에 박차를 가하고 있지만 내가 정말 무엇을 하고 싶고 잘할 수 있는지 진지하게 고민해본 적 없다는 생각이 들었다.

① 자신의 가치관, 흥미, 적성, 장단점 등 자신에 대해 깊이 있게 탐색해보는 시간을 가져야 해.
② 조직의 규칙이나 규범, 분위기를 알아보고 적응할 수 있도록 노력해야 해.
③ 새로운 환경변화에도 잘 적응하고 기존의 생산성을 유지할 수 있도록 다양한 교육프로그램, 워크숍에도 참가해야 해.
④ 개인적으로 현재 직무나 매일 반복되는 일상에 따분함을 느낄 수 있으니 자신의 성취를 되돌아보고 앞으로 어떻게 경력개발을 할 수 있을지 고민해보는 것도 필요해.
⑤ 일생에 한 번 있는 일이니 직업선택을 할 때에는 입사 전에 자신의 특성뿐만 아니라 환경적인 특성까지 충분히 고려한 후에 직업탐색을 시작해보는 게 어떨까?

출제 의도 경력개발의 각 단계에 해당하는 내용을 이해하고 사례와 접목시킬 수 있는지 확인하고자 하였다.

정답 ①

해설 ①번은 '직업선택' 단계, ②번은 '경력초기' 단계, ③번, ④번은 '경력중기' 단계에 해당한다. ⑤번은 '직업선택' 단계에 해당하나, 직업선택은 여러 번 걸쳐서 일어날 수 있는 일이라 옳지 않은 내용이다.

직업기초능력명 : 자기개발능력
하위영역명 : 경력개발능력(PSAT형)

2 다음 기사에서 다루는 이슈와 관련된 경력개발 사례로 가장 적절한 것은?

> 대기업에서 일하는 12년차 직장인 J(40)는 퇴근 후 '수익형 인스타그램 운영법'과 '유튜브 컨텐츠 기획 및 제작'이라는 온라인 강의를 듣고 있다. 그는 장기간 이어지고 있는 경기 불황속에서 연봉은 오르지 않고, 부동산이나 물가는 상승하는 바람에 투잡을 준비하고 있다. 초기 자본금이 많이 필요한 자영업보다는, 초기에 별다른 투자 없이 시작할 수 있는 투잡을 찾고 있다. J씨의 직장동료뿐만 아니라 주변 친구들 중에서도 투잡을 가지고 있는 사람들이 많아지고 있다. 투잡은 신조어로 원래는 Two Jobs지만 줄여서 투잡이라고 많이 쓴다. 겸직, 겸업을 의미하며, 본업 외에 부업을 가지는 것을 의미한다. 최근 급변하는 미래 환경으로 인해 많은 직장인들이 현재 직업이 있다고 해도 안정성이 보장되지 않고, 언제 퇴사하게 될지 모른다는 불안감을 느끼고 있다. 이에 투잡을 가지는 직장인들은 점점 늘어나는 추세이다.

① 이팀장은 앞으로 자녀 출산 계획이 있어 양육지원, 유연근무제도를 도입하여 모범적으로 운영하고 있는 OO기업으로 이직 준비 중에 있다.

② 회사 조직생활에 맞지 않아 퇴사를 고려하는 정대리는 평소 흥미를 느꼈던 창업 아이템에 대해 조사하고 있다.

③ OO식품 마케팅전략 기획팀장은 퇴사 후에 자신의 마케팅 경력을 살려 식품 직거래 사이트를 운영하고자 사이트 개설 및 운영 방법에 대해 공부하고 있다.

④ 지속적인 경기불황에 따라 정보기술(IT) 분야 대기업에서 프로그래머로 근무하는 김사원은 틈틈이 성인 대상 프로그래밍 관련 강의를 하고 있다.

⑤ 지난 10년 간 경리, 재무, 회계 등의 업무를 맡아 진행해오던 윤팀장은 새로운 방식의 업무 처리능력을 기르고자 얼마 전부터 야간대학원에서 빅데이터에 대해 공부하고 있다.

출제 의도 경력개발의 최근 이슈에 대해 숙지하며 실제로 해당 이슈와 관련 경력개발 사례를 연결 지을 수 있는지 확인하고자 하였다.

정답 ④

해설 ①번은 '일과 삶의 균형' 이슈와 관련, ②번은 '창업경력' 이슈와 관련, ③번은 '독립근로자' 이슈와 관련, ④번은 '투잡스(two-jobs)' 이슈와 관련, ⑤번은 '평생학습사회' 이슈와 관련되어 있다.

● 자가진단

■ 진단 체크리스트

각 문항과 관련하여 자신의 행동 수준, 강도에 따라 평정하여 주시기 바랍니다.

문항	매우 미흡	미흡	보통	우수	매우 우수
1. 나는 경력 및 경력개발의 개념에 대해 설명할 수 있다	1	2	3	4	5
2. 나는 경력단계 및 진행 방안에 대해 이해하고 있다	1	2	3	4	5
3. 나는 나의 경력단계에 대해 정확하게 이해하고 있다	1	2	3	4	5
4. 나는 나의 경력개발 계획을 수립할 수 있다	1	2	3	4	5
5. 나는 경력개발 목표에 따른 전략을 수립할 수 있다	1	2	3	4	5

■ 평정 결과

• 평균 3.0점 미만 : 경력개발능력을 발휘하는데 다소 어려움이 예상된다. 기초 및 기본 지식 습득과 적용 노력이 필요하다.

• 평균 3.0점 이상~3.5점 미만 : 경력개발능력을 보유하고 있으나, 체계적으로 경력개발 계획을 세워서 실천해 나가는데 어려움이 예상된다. 일정한 추가 보수 교육이 필요하다.

• 평균 3.5점 이상~4.0점 미만 : 경력개발능력을 발휘할 수 있으나, 보다 우수한 수준의 경력개발능력을 발휘하기 위해서는 약점 중심으로 개발해 나가야 한다.

• 평균 4.0점 이상 : 업무 수행 시 효과적으로 경력개발능력을 발휘할 수 있다.

04

조직이해능력

[1] 경영이해능력
[2] 체제이해능력
[3] 업무이해능력
[4] 국제감각

학습에 들어가기 전에...

조직이해능력의 하위능력인 경영이해능력, 체제이해능력, 업무이해능력, 국제감각은 보통 하위능력별로 독립적으로 평가하지 않는다. 특히, 서류전형과 면접전형에서 통합적으로 평가하며, 필기전형의 경우 모듈형 문제는 하위능력별로 문항이 출제되기도 한다.

일반적으로 모든 하위영역에 대해 평가하지는 않으며, 기관마다 보다 중요하게 여기는 조직이해능력의 하위능력에 따라 조직이해능력에 대한 평가기준은 조금씩 다르다.

이에 조직이해능력 단원에서는 직업기초능력 단위에서 서류전형, 면접전형의 평가 방안 및 준비방안에 대해 기술하였다.

조직이해능력

● 학습모듈

① 조직 생활의 특징

■ **조직의 의미**

- 두 사람 이상이 공동의 목표를 달성하기 위해 의식적으로 구성된 상호작용과 조정을 행하는 행동의 집합체

- 목적을 가지고 있고, 구조가 있으며, 목적달성을 위해 구성원들이 서로 협동하고, 외부 환경과 긴밀한 관계 형성

- 경제적 기능(재화나 서비스의 생산)과 사회적 기능(조직 구성원들에게 만족감을 주고 협동을 지속시킴) 수행

- 현대 사회에서 인간의 생활은 조직 내에서 또는 조직과의 관계 속에서 이루어지며, 일 경험에서 조직이란 직장을 의미
  - 직장은 사람들이 일을 하는 데 필요한 물리적 장소이며 심리적 공간
  - 최근에는 재택근무와 같은 원격근무 활성화로 물리적 장소의 개념이 점차 확대
  - 심리적 공간으로서 직장은 일을 하면서 만족을 얻기도 하고, 좌절을 경험하기도 하는 무형의 공간을 의미

■ **기업의 의미**

- 기업 : 노동과 자본, 물자, 기술 등을 투입해 제품/서비스를 산출하는 기관

- 전통적으로 기업의 존재 목적은 최소 비용으로 최대 효과를 얻음으로써 차액인 이윤을 극대화하는 것이었으나, 최근 기업의 지속가능성을 위해 고객에 대한 가치 전달이나 직원에 대한 투자, 공급자와의 윤리적인 거래, 지역사회에 대한 책임, 장기적 관점의 주주가치 창출 등을 강조

- 정보화 시대의 도래에 따라 사람들의 창조적인 지적 활동을 새로운 가치창출의 기초로 인식하고 있으며, 기업은 구성원들을 경쟁력의 원천으로 바라보고 그들의 능력개발을 위해 노력

- **조직이해능력의 필요성**
  - 조직에서 자신에게 주어진 일을 성공적으로 수행하기 위해서는 조직의 체제와 경영, 국제적인 동향 등 조직이 돌아가는 기본 원리의 파악 필요
  - 업무 성과와 조직 전체의 경영효과를 높이기 위해 개개인과 긍정적인 인간관계를 갖는 것뿐 아니라 구성원을 연결하는 조직의 목적, 구조, 환경 등 조직의 체제와 경영원리 이해 필요

- **조직의 유형**
  - 공식화 정도에 따라 공식조직(formal organization)과 비공식조직(informal organization)으로 구분
    - 공식조직 : 조직의 구조, 기능, 규정 등이 조직화되어 있는 집단
    - 비공식조직 : 개인들의 협동과 상호작용에 따라 형성된 자발적인 집단
  - 비공식조직으로부터 공식화가 진행되어 공식조직으로 발전
    - 비공식조직은 인간관계에 따라 형성된 것으로 이러한 조직의 규모가 커지면서 구성원들의 행동을 통제할 장치를 마련하는 등 공식화가 진행되어 공식조직으로 발전
    - 공식조직 내에서 인간관계를 지향하면서 서로 일체감을 느끼고 바람직한 가치체계나 행동유형 등을 공유하는 비공식조직이 새롭게 생성되어 공식조직의 기능 보완
  - 영리성을 기준으로 영리조직과 비영리조직으로 구분
    - 영리조직 : 기업과 같이 이윤을 목적으로 하는 조직
    - 비영리조직 : 정부, 병원, 대학, 시민단체와 같이 공익을 추구하는 조직
  - 규모에 따라 가족소유의 상점과 같은 '소규모 조직'도 있지만 대기업 같은 '대규모 조직'도 있으며, 나아가 동시에 둘 이상의 국가에서 법인을 등록하고 경영활동을 벌이는 '글로벌기업' 증가

② **조직의 구성요소**

- 조직은 하나의 체제(system)로 다양한 구성요소들이 서로 연결되어 있으며, 목적과 목표를 달성하기 위해 다양한 조직구조를 사용

- **조직체제 구성요소**
  - 조직목표
    - 조직이 달성하려는 장래의 상태로 조직이 존재하는 정당성/합법성 제공

- 전체 조직의 성과와 자원, 시장, 역량개발, 혁신과 변화, 생산성에 대한 목표 포함
- 조직구조
  - 조직 내의 부문 사이에 형성된 관계로 조직목표 달성을 위해서는 조직 구성원들 간 상호작용 필수적
  - 의사결정권의 집중 정도, 명령계통, 최고경영자의 통제, 규칙과 규제 정도에 따라 달라지는 것
  - 구성원들의 업무나 권한이 분명하게 정의된 기계적 조직과 의사결정권이 하부구성 원들에게 많이 위임되고 업무가 고정적이지 않은 유기적 조직으로 구분
  - 조직도로 구성원들의 임무와 수행하는 과업, 일하는 장소 등을 쉽게 파악할 수 있 는 것
- 업무 프로세스
  - 조직에 유입된 인풋 요소들이 최종 산출물로 만들어지기까지 구성원 간의 업무 흐 름이 어떻게 연결되는지 보여주는 것
  - 개발 프로세스, 오더처리 프로세스, 고객관리 프로세스 등
- 조직문화
  - 조직이 지속되면서 구성원들 간에 생활양식이나 가치를 공유하는 것
  - 조직문화는 구성원들의 사고와 행동에 영향을 미치며, 일체감과 정체성을 부여하 고 조직이 안정적으로 유지되게 하므로 중요성 부각
- 조직의 규칙과 규정
  - 조직목표나 전략에 따라 수립되며, 구성원들의 활동 범위를 제약하고 일관성 부여
  - 인사규정, 총무규정, 회계규정, 윤리규정, 안전규정 등

③ 조직의 환경변화 적응

- **조직변화/조직혁신 : 조직이 새로운 아이디어나 행동을 받아들이는 것**
  - 일 경험의 발전을 위해 환경의 변화를 인지하고 이것의 수용 가능성을 평가한 후 새 로운 아이디어 도출 및 기술을 채택하거나 관리자층의 변화 방향에 공감하고 실행하 는 역할 요구

- **조직변화의 과정**
  - 1단계 환경변화 인지 : 해당 조직에 영향을 미치는 변화를 인식하는 것으로, 조직 구 성원들이 현실에 안주하려는 경향이 있을 경우에는 변화 인식이 어려움

- 2단계 조직변화 방향 수립 : 인지한 환경변화에 적응하기 위한 조직변화 방향 수립 (세부목표, 경영방식 수정 또는 규칙, 규정 등을 새로 제정)
- 3단계 조직변화 실행 : 체계적으로 구체적인 추진전략을 수립하고 추진전략별 우선순위 마련
- 4단계 변화결과 평가 : 조직개혁의 진행사항과 성과 평가

■ **조직변화의 유형**

- **제품/서비스의 변화** : 기존 제품/서비스의 문제점을 인식하고 고객의 요구에 부응
- **전략/구조의 변화** : 조직의 목적을 달성하고 효율성을 높이기 위해 조직구조나 경영방식, 각종 시스템 등을 개선
- **기술의 변화** : 신기술이 발명되었을 때나 생산성을 높이기 위해 새로운 기술 도입
- **문화의 변화** : 구성원들의 사고방식이나 가치 체계를 변화. 조직의 목적과 일치시키기 위해 새로운 문화 유도

● 적용사례

■ 국제감각, 업무이해능력 발휘 사례

A연구소의 K선임연구원은 해외 기관과의 공동 연구 수행을 위해 내년 초부터 2년 동안 스위스에서 근무할 예정이다. K선임연구원은 우수한 연구 성과 뿐만 아니라 성공적 스위스 생활 정착을 위해 준비중이다. 그녀는 스위스에 한번도 가본 적이 없어 많은 걱정을 하고 있다. 스위스는 영어를 쓰기도 하지만 자국어가 있기에 기본적인 스위스어를 익힐 필요가 있다. 또한 영미권과 다른 스위스의 비즈니스 매너를 익히기 위해 관련 서적을 읽고, 유튜브 동영상을 통해 학습하고 있으며, 온라인 커뮤니티를 통해 다양한 정보를 수집하고 있다.

한편, 공동 연구 주제는 최근 국제적으로 중요한 이슈로 부각되고 있는 분야여서 연구 주제와 관련된 국제 동향, 최신 트렌드를 분석하고 있다. 유사 연구를 진행하고 있는 연구인력들과의 네트워크를 구축하기 위한 방법 또한 모색하고 있다. 2년 안에 연구 성과를 내는 것을 목표로 하고 있기에 연구 관련 다양한 논문과 서적을 공부하며 준비하고 있다. 차주에는 기본 연구 계획서를 작성하여 보고해야 하는데 이를 위해 연구 성과 달성을 위한 업무 추진 방법에 대해 고민하고 있다.

■ 조직체제이해능력, 경영이해능력 발휘 사례

B공사의 J대리는 작년까지 본사에서 근무했으나 올해부터 W지역본부에서 근무하게 되었다. W지역본부는 본사와 조직 체제가 다르고, 문화도 다소 다른 부분이 있어 일부 직원들은 W지역본부에서 적응하지 못하는 경우도 있다. 이에 J대리는 우선 본사와는 다른 W지역본부의 구조를 파악하였으며, W지역본부 업무 처리 규칙 및 절차를 숙지하였다. 또한 소속 조직과 자주 협업하는 부서는 어떤 부서들이며, 어떤 식으로 협업을 하는지에 대해서도 파악하였다. 지역에서 담당 사업을 원활히 추진하기 위해서 협력해야 하는 유관기관, 본사 부서, 타지역본부 부서들도 파악하였다.

한편 작년에 전례없는 전세계적 전염병의 유행으로 인해 국내 및 해외 사업 추진에 많은 변화가 생겼다. 이에 B공사는 급변하는 환경변화에 따른 사업 전략 방안을 수립하였다. 차주까지 전사 전략 목표 및 전략 방안과 연계한 담당 사업 추진 계획서를 작성하여 제출해야 한다. 이에 올해 전사 전략 방향성 및 전략 방안, W지역본부의 전략 방안을 분석하였다. 이후 담당하는 사업의 작년 추진 현황을 분석하였으며, 올해 사업 성과 창출을 위해 어떻게 해야할지에 대한 방안을 모색하고 있다.

● 서류전형

■ 주요 평가 방안

- 채용 장면에서 조직이해능력은 이전의 소속 조직에 대한 이해와 지원 조직에 대한 이해로 구분할 수 있다.

- 주로 조직이해능력의 하위능력인 조직체제이해능력, 경영이해능력, 업무이해능력을 측정할 수 있도록 지원 조직의 체제, 지원 조직의 경영 방침 및 전략, 지원 분야 수행 업무 등에 대해 이해하고 있는지를 평가할 수 있는 문항을 제시한다.

- 소속 조직에 대해 보다 더 잘 이해하기 위해 노력했던 경험, 소속 조직에 대한 깊은 이해를 바탕으로 성공적으로 과업을 수행했던 경험, 지원 조직의 추진 사업 내용 및 현황, 조직 및 사업의 미래 전망에 대해 알고 있는 측면과 본인이 기여할 수 있는 바 등에 대해 작성하도록 한다.

■ 준비 방안

- 평소에 소속 조직의 체제, 경영 지침 및 전략, 수행 과업 등에 대해 정확히 이해하기 위해 노력해야 한다.

- 지원 조직의 홈페이지에서 제시하고 있는 비전 및 핵심 가치, 주요 사업에 대해서는 기본적으로 숙지하고 있어야 한다.

- 지원 조직이 추진하고 있는 사업과 관련한 최신 트렌드, 주요 이슈, 미래 전망에 대한 다양한 정보를 수집 및 분석하여 심층적으로 파악하고 있어야 한다.

- 다양한 커뮤니티, 지원 조직에 다니고 있는 선배 등을 통해 조직문화나 구성원들의 성향 등에 대해서도 파악할 수 있다.

■ **자기소개서 사례**

[자기소개서 문항 1]

> 우리 공사에 대해 보다 더 잘 알기 위해 어떤 노력을 기울였으며, 본인이 우리 조직에
> 입사하여 기여할 수 있는 바는 무엇인지 구체적으로 작성해주시기 바랍니다.

• GOOD 사례 ❶

> 저는 A공사의 언론홍보 분야에 지원하였습니다. 입사 지원을 준비하면서 A공사에 대해 알
> 기 위해 인터넷에서 얻을 수 있는 정보들을 여러 가지 방면으로 살펴보았고, 주변 사람들의
> 도움을 받아서 A공사에 먼저 입사한 학교 선배님과 만나 공사에 관한 대화를 나누었습니다.
> 기본적으로 공사 홈페이지에서 알 수 있는 공사의 비전과 핵심가치, 그리고 주요 추진사업
> 과 사회적 기여 등에 대한 부분들을 확인하였습니다. 여기에 그치지 않고 추가로 A 개발공
> 사의 목표나 추진사업과 관련된 인터뷰와 기사를 주기적으로 확인하였습니다. 이런 기사들
> 을 통해 A공사의 홈페이지에 제시된 것 이상으로 공사의 방향이나 추진사업의 동기, 궁극적
> 인 목적, 그리고 자세한 사업 내용과 그 의도들을 알 수 있었습니다. 그리고 언론에 보도되
> 는 내용을 주기적으로 봄으로써 공사가 지향하는 가치와 사업 방향의 연관성을 이해할 수
> 있었습니다. 이런 인터뷰 자료와 기사를 조사하는 것은 조직뿐만 아니라 제가 지원한 언론
> 홍보 분야의 업무를 이해하는 데에도 큰 도움이 되었습니다. 또한, 기업 구성원들이 작성한
> 리뷰를 볼 수 있는 사이트를 통해서 구성원들이 전반적으로 가지는 공사에 대한 인식도 추
> 가로 확인하였습니다. 제가 갖고 있는 언론홍보 분야에 대한 전문성을 바탕으로 A공사의 주
> 요 기능, 주요 추진 사업의 취지와 성과 등에 대해 효과적으로 홍보하고 A공사의 대외 브랜
> 드 이미지 제고에 기여할 수 있을 것으로 생각됩니다

GOOD POINT 지원 조직의 다양한 측면에 대해 다양한 채널을 통해 다양한 방법으
로 정보를 수집하고, 이해하기 위해 노력하였다. 또한, 조직 및 지원 분야 업무 특성
을 고려하여 자신이 기여할 수 있는 바에 대해 핵심적인 내용을 중심으로 명확하게
제시하였다.

• BAD 사례 ❶

> 저는 B공단에 대해 보다 더 잘 이해하기 위해서 우선, 홈페이지를 통해 핵심가치와 주요 사업을 파악하였습니다. 사업 분야와 사업이 많아서 주요 사업들을 파악하는데 오랜 시간이 걸렸습니다. 또한, B공단과 관련된 기사들을 검색하여 B공단이 직면한 최신 이슈들을 파악하였습니다. B공단의 실제 구성원들의 특성에 대해 파악하기 위해서는 블라인드앱을 활용하여 파악하였습니다. 제가 B공단에 입사하면, 저의 경영학에 대한 전문성을 발휘하여 B공단에서 추진하는 사업들의 수혜자 인원 수나 만족도를 높이는 데 기여할 수 있을 것 같습니다.

BAD POINT B공단에 대해 이해하기 위해서 온란인으로 쉽게 찾을 수 있는 홈페이지와 기사를 통해서만 정보를 수집하고 파악하였다. B공단에 대해 보다 더 깊이 알 수 있도록 다양한 방법을 통해 파악하려는 노력이 필요하다. 또한, B공단에 입사하여 기여할 수 있는 부분에 대해 언급하긴 했으나, 구체적으로 무엇을 근거로 그런 부분에 기여할 수 있다고 생각하는지가 명확하게 드러나지 않았다. 다소 막연하고 주관적인 관점에서 기여할 수 있는 부분에 대해 기술하였다.

[자기소개서 문항 2]

> 우리 공사 추진 사업의 핵심 이슈 또는 지원 직무 분야와 관련된 최신 트렌드 등에 대해 알고 있는 대로 기술하고, 그런 상황에서 우리 공사가 나아가야 할 방향에 대해 구체적으로 작성해주시기 바랍니다.

• GOOD 사례 ❷

> 제가 지원한 분야는 언론홍보입니다. 언론홍보는 일반적인 광고에 비해 전문성 있는 정보를 전달할 수 있고, 대중들의 신뢰도와 정보의 파급력이 높다는 장점이 있기 때문에 많은 기업이 경쟁력을 높이는 데 중요하다고 여기는 분야입니다. 공기관 또한 이미지 개선이나 국민의 알 권리 증진, 정책 및 사업 홍보 등을 위해 언론홍보에 힘쓰고 있습니다.
> 이런 언론홍보의 경향은 최근 증가하는 모바일 사용의 영향을 받고 있습니다. 네트워킹, 통신장비 등을 판매 및 제공하는 미국 기업인 시스코는 2021년 모바일 사용자 수가 전 세계 인구의 70% 이상에 이를 것이고, 모바일 동영상 소비 또한 빠르게 증가할 것으로 예상하였습니다. 실제로 스마트폰의 대중화 등으로 사람들의 모바일 사용이 증가하면서 오프라인보

다 온라인 매체를 더 선호하는 추세입니다. 뉴스 또한, TV와 신문 등 전통매체보다 온라인 뉴스를 이용하는 사람들이 점차 늘어나고 있습니다. 이러한 변화에 따라 모바일 동영상 중심의 콘텐츠는 언론에서도 큰 축이 되었습니다. 이 경향은 앞으로도 계속해서 지속되고 확산되며, 모바일 매체를 통한 언론홍보의 중요성이 더욱 중요해질 것으로 생각합니다. 따라서 A공사에서는 점점 더 세부적인 언론홍보 전략을 마련하고 새로운 홍보 방법을 연구하도록 노력해야 할 것입니다. 예전에 효과적이었던 지면광고나 TV광고에서 벗어나 SNS 채널을 통한 홍보 전략을 새롭게 마련해야 합니다. SNS채널이 있다고 해도 구독자 수가 낮은 현재의 상황에서는 구독자 특성을 고려한 다양한 채널과 전략이 필요하다고 생각합니다.

GOOD POINT 지원 분야와 관련된 국내외 트렌드를 정확하게 파악하고 있으며, 공사에서 개선해야 할 업무 방향에 대해서도 명확히 제시하였다.

• BAD 사례 ❷

건강보험제도는 우리나라의 핵심 사회보장 제도로 치료적 서비스 중심에서 건강증진, 질병예방, 재활 및 노인요양까지를 모두 포괄하는 건강보험제도로 변화하였습니다. 코로나 19 팬데믹과 같은 질병위험에 영향을 미치는 환경적 요인의 급변이 정책 기획 및 실행을 더욱 어렵게 하고 있습니다. 그러나 최근 우리나라의 사회문제중 하나인 사회양극화의 심화는 건강격차로 이어져 건강보장의 사각지대를 양산할 것이며, 중산층도 질병비용으로 인한 가정파탄의 위험에 노출될 수 있어 이에 대한 정책의 우선순위를 정하는 것이 중요할 것 같습니다. 질병비용에 대한 개인이나 가족의 근심을 덜어주게 되면 국가에 대한 신뢰와 사회적 통합을 이룰 수 있으며, 이를 통해 국가경쟁력의 제고와 삶의 질을 향상시킬 수 있다고 생각합니다.

BAD POINT 공사에서 추진하고 있는 사업과 관련한 이슈를 매우 일반적인 수준으로 언급하고 있으며, 제시한 이슈의 구체성이 다소 모호하였다. 또한 이슈와 관련하여 공사가 나아가야 할 방향에 대해 매우 구체적인 수준으로 작성할 필요는 없으나, 지나치게 일반적이고 지엽적인 방향성을 제시하였다.

● 면접전형

■ 주요 평가 방안

- 조직이해능력의 4개 하위능력 중 면접을 통해 가장 많이 평가하는 영역은 조직체제이 해능력이다.

- 해외 유관기관들과의 협업이나 해외 근무를 해야 하는 기관 및 직무 분야의 경우 국 제감각을 평가한다.

- 경영이해능력이나 업무이해능력은 대체로 경력직 채용 면접을 통해 평가하며, 신입 사원 면접에서 평가할 때는 기초적인 수준의 경영 및 업무이해능력을 요구한다.

■ 준비 방안

- 지원 조직의 설립 목적, 기능, 핵심 가치, 주요 사업에 대해서는 명확히 파악하고 있 어야 한다.

- 더 나아가 지원 조직에서 추진하고 있는 사업의 현황, 전망, 기회 및 위기 요인 등을 파악하고 있어야 한다.

- 지원 직무 분야와 관련하여 최신 트렌드를 파악하고 있어야 한다.

- 지원 조직의 문화나 특성에 대해서는 겉으로 알 수 있는 정보가 제한적이나 다양한 매체, 선배 직원들의 인터뷰 내용 등을 통해 파악할 수 있다.

- 지원 조직이 항상 겪고 있는 이슈들, 최근 3년 이내 지속적으로 발생하고 있는 이슈 들을 파악하여 적절한 대응책에 대해서도 파악하고 있어야 한다. 구체적인 수준의 대 응책을 요구하지는 않으나, 큰 틀에서 조직의 전략 방향에 대해서는 이해할 필요가 있다.

- 조직의 특성이나 현황과 연계하여 조직의 지원 동기에 대한 질문을 가끔 하므로 조직 의 목적, 기능, 핵심 가치, 추진 사업 등과 연계하여 지원 동기를 정리할 필요가 있다.

■ **경험면접 사례**

[면접 질문 1]

> 소속 조직에 대해 보다 더 잘 이해하여 본인의 역할을 잘 수행하기 위해 노력했던 경험에 대해 이야기해 주시기 바랍니다.

• GOOD 사례 ❶

A. 저는 대학교 4년동안 규모가 큰 봉사활동 동아리 활동을 하였습니다. 사회복지학과와 연계된 동아리여서 규모가 컸습니다. 3학년 때는 해당 동아리의 임원으로 발탁되었습니다. 동아리는 보다 활동범위를 넓히기 위한 목표를 잡고 있어서 임원들에 대한 기대가 큰 상황이었습니다. 그래서 그 당시 전 사실 약간은 부담도 있었습니다. 저는 가장 먼저 임원으로서 업무를 파악하는 것이 우선순위라고 생각했습니다. 당시 동아리는 큰 규모여서 기획팀, 후원팀, 회계팀 등 여러 개의 조직으로 나누어져 있었습니다. 그래서 각 팀의 업무를 파악하기 위해 노력했습니다.

Q. 구체적으로 팀의 업무 파악을 위해 어떤 노력을 기울였습니까?

A. 지난 3년 동안 각 팀의 활동들을 살펴보았고, 각 팀의 팀장들에게 그 동안 진행했던 활동에 대해서 물어보았습니다. 임원으로 제가 역할을 잘 수행하기 위해서는 여러 팀의 업무 파악이 가장 중요하다고 생각했습니다. 그렇게 해야 조직의 목표에 맞는 활동을 할 수 있다고 생각했기 때문입니다.

GOOD POINT 본인의 업무뿐만 아니라 조직의 다양한 팀의 업무에 대해 파악하는 등 업무를 이해하기 위한 적극적 노력을 기울였다.

Q. 조직에 대한 이해를 바탕으로 보다 더 역할 수행을 잘하기 위해 어떤 노력을 기울였습니까?

A. 업무를 파악하다가 조직 내 커뮤니케이션에 문제가 있음을 발견하고 이를 해결하기 위해 노력했습니다. 그간 팀과 임원 간, 그리고 팀과 팀 간의 의사소통을 하는데 일관된 의사소통 채널이 없이 임의대로 친분을 이용해서 의사소통을 하는 경우들이 있었습니다. 이로 인해 동아리 활동에 대한 내용이 특정 구성원들만 인지하는 경우들이 발생하고, 이로 인해 불만을 갖고 있는 구성원이 있다는 것도 알게 되었습니다. 저는 해당 내용을 회장에게 보고 한 뒤, 공식적인 의사소통 채널을 만들고 모든 구성원이 공유하도록 조치를 취했습니다. 그리고 저는

기존에는 없었던 월별, 분기별, 연별 활동 계획과 진행 성과 등에 대한 현황판을 만들었습니다.

GOOD POINT 조직 내 업무 프로세스상의 문제점을 파악하고 개선안을 도출하여 조직 내 업무처리가 효율적으로 이루어질 수 있도록 하였다.

Q. 그 결과는 어땠습니까?

A. 업무 프로세스 개선을 통해 규모는 크지만 주먹구구식으로 운영되던 동아리가 조금 더 체계적으로 운영될 수 있게 되었습니다. 저는 조직에서 업무를 파악하고 이해하는 노력의 경험을 통해 조직의 중요성을 느낄 수 있었습니다.

• BAD 사례 ❶

A. 저는 총학생회 임원으로 활동한 경험이 있습니다. 총학생회는 총무부, 기획부, 문화부, 여성부, 인권부, 체육부, 홍보부로 구성되어 있었습니다. 당시 저는 기획 총괄을 맡고 있었습니다. 기획부에서는 학교 내 다양한 제도 및 정책을 새롭게 기획하거나 개선하는 일, 총학생회 내 다양한 행사를 기획하고 운용하는 일을 하고 있습니다. 저는 총학생회장이 된 친구와 함께 처음으로 총학생회 일을 하게 되었고, 나머지 임원들은 대부분 총학생회에서 활동한 경험이 있는 친구들이었습니다.

Q. 당시 총학생회 조직에 대해 보다 더 잘 이해하기 위해서 어떤 노력을 기울였습니까?

A. 저는 기본적으로 학생회 조직도를 중심으로 각 조직이 어떤 일을 하는지 파악하고, 총학생회 임원 경험이 많은 친구들에게 총학생회가 어떻게 운영이 되는지, 어떻게 해야되는지에 대한 조언을 구했습니다. 총학생회장인 친구도 총학생회 운영은 처음 해보는 일이어서 친구와 함께 총학생회에 대해 보다 더 잘 이해하기 위해 노력했습니다. 총학생회장인 친구는 적극적이고 사교적이어서 다른 총학생회 임원들로부터 많은 도움을 얻을 수 있었습니다. 총학생회장인 친구와 저는 기존에 조직에 대해 잘 알고 있는 친구들로부터 최대한 많은 정보를 얻고자 했습니다. 그러나 기존의 총학생회 경험이 있는 친구들은 이전의 총학생회장의 운영 방침이나 정책 중심으로 총학생회를 운영하고 싶어했고, 제 친구인 현 총학생회장은 기존과는 다른 방식으로 총학생회를 운영하고 싶어했습니다. 그럴 때마다 현 총학생회장은 기본적으로 생각하고 있는 총학생회의 기능이나 역할에 대해서는 동일하게 이해하고 있으나, 운영 방침에 대해서는 생각이 다름을 분명히 밝혔습니다. 현 총학생

회장은 새롭게 총학생회 운영 방침을 마련하길 원했고, 이에 제가 그 일을 맡게 되었습니다.

BAD POINT 소속 조직을 이해하기 위해 노력하긴 했으나, 기존의 조직에 대한 자료와 동료들로부터 구두로 들은 정보를 바탕으로 파악하였다. 총학생회장인 친구로 인해 다양한 자료와 정보를 손쉽게 얻을 수 있는 상황에서 조직을 보다 더 깊이 있게 이해하여 성과를 창출하기 위해서는 적극적이고 다양한 방법을 사용해야 한다.

Q. 그 일을 성공적으로 완수하기 위해서는 어떻게 했습니까?

A. 그래서 저는 기존에 학생회가 어떻게 운영되었는지를 살펴봤으며 총학생회 조직의 전반적인 체계와 운영 방안을 기획하였습니다.

Q. 그 결과는 어땠습니까?

A. 그런 과정을 통해 저는 총학생회 조직에 대해 보다 더 잘 이해할 수 있었으며, 처음 맡은 총학생회 기획총괄 역할을 무사히 수행할 수 있었습니다.

[면접 질문 2]

우리 조직의 특성, 주요 추진 사업, 문화 등에 대해 이해하고 있는 대로 이야기해주시기 바랍니다.

• GOOD 사례 ❷

A. A공사는 댐을 이용한 물 에너지 생산을 넘어, 물을 활용한 더 친환경적인 신재생에너지를 주도적으로 개발하고자 노력하고 있습니다. A공사의 주요 사업으로는 국내 물 활용 신재생에너지 개발과 선제적 물재해 예방, 해외 수력발전사업이 있습니다.

Q. 각 사업에 대해 구체적으로 이야기해주세요.

A. 신재생 에너지 사업에서는 화석 연료의 연소 없이 물의 열에너지를 이용하는 '수열에너지'와 육상태양광에 비해 발전 효율이 높고 온실가스 감축 효과가 큰 '수상태양광' 발전을 중점으로 추진하고 있습니다.

Q. 신재생에너지 사업의 중요성에 대해서는 어떻게 생각합니까?

A. 대형 댐이 환경에 미치는 부정적인 영향과 최근 전 세계적으로 급증하는 친환경 에너지의 필요성을 고려하였을 때, 신재생에너지 개발 사업은 인간기술과 자연이 공존할 가능성을 제시해준다고 생각합니다. 따라서 계속해서 성장할 수 있는 기술 영역일 뿐만 아니라, 환경적 측면을 고려하였을 때도 지속가능한 발전을 꾀하는 방법일 것입니다.

GOOD POINT 사업의 중요성에 대해 핵심적인 내용 중심으로 구체적으로 언급 하였다.

Q. 선제적 물재해 예방 사업에 대해 이야기해주세요.

A. A공사는 가뭄, 홍수와 같은 물재해를 종합적으로 고려하고 이를 선제적으로 대응 하고자 애쓰고 있습니다. 우리나라는 계절에 따라 강수량 차이가 큰 특성이 있습 니다. 그리고 현재 지구온난화로 인한 급격한 기후변화로 인해 기상이변의 빈도와 정도가 심화되고 있는 상황입니다. 이 때문에 일부 지역에서는 용수가 부족하여 고통받거나 홍수로 인한 강 범람 등으로 인적 및 물적 피해가 자주 발생합니다. 이런 물재해를 예방하는 것은 계속해서 이어질 기후변화로 인한 피해를 감소시키 는 역할을 할 것입니다. 따라서 국민들의 안정적이고 안전한 물 사용을 위하여 앞으로 더욱 중요한 사업이 될 것으로 생각합니다.

GOOD POINT 사업 내용뿐만 아니라 사업 추진 배경, 목적까지 정확하게 이해 하고 있다.

Q. 해외수력발전 사업에 대해 이야기해주세요.

A. 해외 사업으로는 수력발전사업이 있습니다. A공사는 꾸준히 해외 수력발전사업을 추진해왔으며, 현재 10개국에 사업을 추진하고 있습니다. 이 사업을 통해 해당 지역에서 전력을 생산하여 공급하고, 해외일자리를 창출하며, 국내 기업의 해외 진출을 돕는 등의 효과를 얻고 있습니다. 물 에너지는 재생에너지의 일종으로, 이런 친환경적인 에너지의 개발과 확대는 자연환경의 보호와 자원의 활용 차원에 서 전 세계적으로 주목받고 있습니다. 따라서 해외 수력발전사업이 해외 진출과 환경 보호 측면에서 앞으로도 오랫동안 지속될 수 있는 사업이라고 생각합니다.

GOOD POINT 사업의 현황, 의미와 전망에 대해 핵심적인 내용을 중심으로 구 체적으로 언급하였다.

Q. 우리 회사에서 사업을 추진하는 과정에서 발생 가능한 장애요인에 대해 나름의 생각을 이야기해주세요.

A. 해외 수력발전사업 추진 과정에서 발생 가능한 장애요인에 대해 생각해봤습니다. 해외 수력발전사업의 장애요인은 크게 두 가지가 있을 것이라고 생각합니다. 첫째는 자연환경적인 영향과 관련된 문제이며, 둘째는 사회적 문제의 발생 가능성입니다. 먼저, 수력발전 시설은 화석 연료를 사용하지 않으며, 온실가스의 발생이 매우 적기 때문에 수력발전은 화석 연료를 사용하는 것보다 친환경적인 방식으로 여겨집니다. 그러나 수력발전에 사용되는 댐을 큰 규모로 건설할 경우 생태계에 지나친 악영향을 끼칠 수 있습니다. 특히 해외 사업의 경우, 일부 지역에만 서식하는 생물에게 위협이 된다면 그 영향은 더 심각해질 가능성이 있습니다.

> ▇ **GOOD POINT** 홈페이지에 있는 자료 이상의 정보들을 이야기하고 있다. 조직의 사업 분야에 대한 관심을 바탕으로 사업 분야에 대한 다양한 자료를 파악하여 나름의 의미를 도출한 것으로 보인다.

Q. 이런 상황에서 우리 회사는 어떻게 해야 된다고 생각합니까?

A. 자연환경을 엄밀히 고려하고, 지속 가능한 발전을 위해 더욱 애쓸 필요가 있을 것입니다. 이를 위해 대형 댐을 건설하는 것을 되도록 피하고, 댐을 건설할 시에는 더욱 엄격한 기준을 따르는 방향으로 사업이 이루어져야 한다고 생각합니다. 또한, 수상태양광 발전 혹은 수열에너지 발전과 같이, 댐을 이용한 수력발전보다 더 친환경적인 방식을 사용하는 발전소를 확대하는 것도 방법이 될 수 있을 것입니다.

> ▇ **GOOD POINT** 구체적인 대응 방안을 이야기하지는 않았지만, 신입 사원수준에서 살펴보면 회사의 미래 방향에 대해 고민해보고 나름의 생각을 정리한 것으로 보이며, 큰 틀의 방향성을 적절히 제시하였다.

Q. 사회적 문제의 발생 가능성에 대해 구체적으로 이야기해주세요.

A. 댐을 건설하는 수력발전소는 그 특성상 일부 지역을 수몰시키는 결과를 가져올 수 있습니다. 만약 지역사회 구성원들의 거주지나 해외 국가의 문화유산이 수몰되는 것을 무시하고 수력발전사업을 추진한다면 거센 반대에 부딪힐 수밖에 없을 것이며, 윤리적으로도 문제가 될 것입니다. 해외 사업이기 때문에 국가 간 갈등으로 이어질 가능성도 있습니다.

Q. 그렇다면 우리 회사에서는 어떻게 사업을 추진해야 한다고 생각합니까?

A. 사업을 추진하는 국가의 문화유산과 구성원들의 삶을 존중하고, 해당 국가의 상황을 철저하게 파악하고 고려함으로써 이러한 문제가 발생할 소지를 줄이는 방향으로 나아갈 필요가 있다고 생각합니다.

> **GOOD POINT** 구체적인 사업 추진 방향을 제시하지는 않았지만, 공공기관으로서 조직이 나아가야 할 방향에 대해 명확히 제시하였다.

• BAD 사례 ❷

A. A공사는 우리나라의 수자원을 이용·개발하고 이를 위한 시설을 건설하고 관리하며, 물을 이용한 신재생에너지 설비를 설치하고 운영하는 기관입니다.

Q. 우리 회사의 비전을 알고 있습니까?

A. 네, A공사는 글로벌 물 종합 플랫폼 기업을 비전으로 삼고 있습니다. A공사는 인간에게 필수적인 물을 관리하며, 국민 누구나 평등하게 안심하고 누릴 수 있는 '물복지'의 실현을 지향합니다. 그뿐만 아니라 친환경 에너지인 수자원 에너지 발전을 주도하고 있습니다. 또한, 사회적 기여에도 큰 관심을 기울이며, 국민의 물 및 위생환경 개선, 글로벌 물 문제 해소, 지역사회와의 상생, 그리고 청소년들을 위한 물교육 및 성장 지원 활동을 지속적으로 하고 있다는 것을 알 수 있었습니다.

Q. 우리 회사에서 추진하고 있는 사업에 대해 알고 있는 대로 이야기해주세요.

A. 네, 말씀드리겠습니다. 지금 당장 사업의 구체적인 내용은 생각나지 않지만, 물관리 사업, 신재생 에너지 사업, 해외 사업을 추진하고 있는 걸로 알고 있습니다.

Q. 사업의 구체적인 내용에 대해 이야기해줄 수 있나요?

A. 죄송합니다. 구체적인 사업 내용에 대해서는 잘 모르겠습니다.

> **BAD POINT** 회사에서 추진하고 있는 사업에 대해서 구체적으로 파악하기 위한 노력이 드러나지 않았다.

Q. 우리 조직에 지원한 이유는 무엇인가요?

A. 전 세계를 배경으로 사업을 추진하는 것을 목적으로 하여 앞으로도 성장 가능성이

크다고 생각하였으며, 사익을 초월하여 사회나 환경 같은 더 큰 세상을 중요하게 생각하는 저의 개인적인 가치관과도 매우 부합하는 기업이라고 느꼈습니다.

■ BAD POINT 지원 이유로 언급한 내용들이 너무 일반적이다. 조직의 기능, 목적, 핵심 가치, 추진사업 등 조직에 대한 구체적인 사항과 연계시켜 답변할 필요가 있다.

Q. 회사의 조직문화에 대해 알고 있는 대로 이야기해주세요.

A. 조직문화와 관련해서는 A공사가 공공기관이기 때문에 다소 보수적인 문화를 가지고 있지만, 평균적인 공기업과 비교했을 때는 좀 더 수평적인 경향이 있다고 들었습니다. 그리고 유연근무제를 도입하여 시행하고 있어, 업무 환경이 안정적이고 일·생활 균형도 우수한 것으로 알고 있습니다.

Q. 그런 정보는 어디서 얻었습니까?

A. 온라인 커뮤니티나 선배, 기사 자료 등을 통해서 얻었습니다.

Q. 앞서 이야기한 우리 회사 조직이나 사업에 대해 이해하기 위해서는 어떤 노력을 기울였습니까?

A. 회사 홈페이지에서 다양한 정보들을 찾아보고, 커뮤니티나 선배들로부터 조언을 구했습니다. 또한 회사와 관련된 기사 자료가 나오면 꼼꼼히 살펴보고 있습니다.

Q. 그러한 노력을 얼마나 기울였습니까?

A. 3~4개월 동안 열심히 파악했습니다.

Q. 최근에 읽은 우리 회사와 관련된 기사들 중, 기억에 남는 기사는 무엇입니까?

A. 물재해 관리와 관련된 기사였는데, 재해 관리와 관련된 문제점을 지적하는 기사였습니다. 내용은 잘 기억나지 않습니다.

■ BAD POINT 전반적으로 답변 과정에서 언급한 내용은 홈페이지에 있는 수준으로, 추가적인 정보를 얻어서 조직에 대해 이해하기 위한 노력을 기울인 경험이 충분히 드러나지 않았다. 회사와 관련된 기사를 지속적으로 살펴보고 있는데 기억에 남는 기사 내용도 이야기하지 못한다면 이야기에 대한 신빙성이 떨어진다. 면접위원의 질문과 관련하여 경험하지 않은 것에 대해 경험했다고 이야기하는 것은 주의해야 한다. 경험했다고 할 경우, 경험해야지만 알 수 있는 세부적인 질문이 이어진다.

1 경영이해능력

● 학습모듈

① 경영자의 역할

■ **경영의 의미**
- 조직이 수립한 목적을 달성하기 위해 계획을 세우고 실행하고 그 결과를 평가하는 과정
- 경영은 관리 이외에도 조직의 목적을 설정하고 이를 달성하기 위한 전략을 수립하는 활동 포함
- 다양한 조직에 공통적인 경영원리를 적용하는 것은 불가능하지만 특수경영 외에 일반경영은 조직의 특성에 관계없이 공통으로 적용 가능

■ **경영의 구성요소**
- 경영목적
  - 어떤 과정과 방법을 택해 조직의 목적을 수행할 것인지 구체적으로 제시
  - 조직의 목적이 얼마나 효과적/효율적으로 달성됐는지에 대한 평가 실시
- 조직 구성원
  - 조직에서 일하고 있는 임직원들
  - 어떤 역량을 가지고 어떻게 직무를 수행하는지에 따라 달라지는 경영성과
  - 조직목적과 필요에 부합하는 구성원을 채용/배치/활용 중요
- 자금
  - 경영활동에 사용할 수 있는 금전
  - 자금이 부족할 경우 경영목표 달성에 어려움을 겪으며, 조직의 지속가능성(sustainability)을 유지하기 위한 재무적 기초
- 전략
  - 조직이 가지고 있는 자원을 효과적으로 운영하여 무엇을 하고 무엇을 달성해야 하는가를 알려주는 것
  - 경영전략 : 경영목적 달성을 위해 기업 내 모든 역량과 자원을 조직화하고, 이를 실행에 옮겨 경쟁우위를 달성하는 일련의 방침 및 활동

■ **경영의 과정**

- **경영자** : 조직의 변화방향을 설정하는 리더, 조직 구성원들이 조직목표에 부합된 활동을 할 수 있도록 이를 결합시키고 관리하는 관리자

- **경영** : 경영자가 경영목표를 설정하고 경영에 필요한 인재와 자원을 확보, 배분하여 경영활동을 실행하고 이를 평가하는 일련의 과정

경영계획	경영실행	경영평가	피드백
• 미래상 설정 • 대안분석 • 실행 방안 선정	• 조직목적 달성 • 조직 구성원 관리	• 수행결과 감독 • 교정	• 경영평가에 따라 경영계획 보완

■ **경영활동 유형**

- 고객가치를 높이고 비용과 원가를 낮추는 활동으로, 외부경영활동과 내부경영활동으로 구분

  - 외부경영활동 : 조직 외부에서 조직의 효과성을 높이기 위해 이루어지는 활동 (예; 마케팅 활동을 통해 고객 창출 및 유지)

  - 내부경영활동 : 조직 내부에서 인적, 물적자원 및 생산기술을 효율적으로 관리하는 활동(예; 재무관리, 생산관리 등)

■ **경영참가제도**

- 최근 국제경쟁의 가속화와 급격한 기술 발전에 따라 근로자 또는 노동조합을 경영의 파트너로 인정하는 협력적 노사관계를 중시하고, 이들을 경영의사결정 과정에 참여시키는 경영참가의 중요성 증대

- **경영참가제도 목적**

  - 경영의 민주성 제고해 공동으로 문제해결 및 노사 간 세력 균형 도모

  - 근로자나 노동조합이 현장에 적합한 개선 방안을 마련함으로써 경영의 효율성 향상

  - 노사 간 대화의 장 마련 및 상호 신뢰 증진

- **경영참가제도 종류**

  - 공동의사결정제도/노사협의회제도 : 조직의 경영에 참가

  - 이윤분배제도 : 이윤에 참가

  - 종업원지주제도/노동주제도 : 자본에 참가

② 조직의 의사결정 과정

- 조직에서 의사결정을 내릴 때 문제에 대한 분석이 가능하고 해결 방안이 확실한 경우도 있지만, 대부분 정보가 제한되어 있고 여러 견해가 공존함

- 의사결정에 대한 여러 모형들이 있지만 문제 발견에서 해결안 제시까지 구조화된 행동 순서를 나타내고 있는 점진적 의사결정 모형 활용

단계	내용
확인	• 문제 인식 및 진단 • 진단은 문제의 중요도나 긴급도에 따라 체계적 또는 비공식적 실시 • 신속한 문제해결이 필요할 경우 진단시간을 줄이고 즉각 대응 • 다양한 문제를 리스트한 후 주요 문제를 선별하거나, 문제의 증상을 리스트한 후, 근본 원인 규명
개발	• 주요 문제나 근본 원인 탐색, 해결 방안 설계 및 방안 도출 • 조직 내 관련자와 대화, 공식적 문서 등을 참고해 조직 내 기존 해결방법 중에서 당면한 문제의 해결방법을 찾거나 이전에 없던 새로운 문제의 경우 다양한 의사결정 기법을 통해 시행착오 과정을 거치며 적합한 해결방법 탐색
선택	• 실행 가능한 해결안 선택 및 승인 • 선택을 위한 방법 : 의사결정권자 한 사람의 판단에 의한 선택, 경영과학 기법과 같은 분석에 의한 선택, 이해관계집단의 토의와 교섭에 의한 선택 등 • 해결 방안이 선택되면 마지막으로 조직 내에서 공식적인 승인 절차를 거친 후 실행

- **집단 의사결정의 특징**

  • 한 사람이 가진 지식보다 집단이 가지고 있는 지식과 정보가 더 많아 효과적인 결정 가능

  • 장점 : 다양한 시각으로 접근, 결정사항을 참여자들이 수월하게 수용, 참여자 간 의사소통 기회 향상

  • 단점 : 의견 불일치 시 의사결정에 많은 시간 소요, 특정 구성원에 의해 의사결정이 독점될 가능성 존재

- **브레인스토밍(brain storming)**

  • 집단 의사결정 시 사용하는 대표적인 방법

  • 여러 명이 한 가지 문제를 놓고 아이디어를 비판 없이 제시하여 그 중에서 최선책을 찾아내는 방법

- 브레인스토밍의 규칙

    - 다른 사람이 아이디어를 제시할 때에는 비판하지 않는다

    - 문제에 대한 제안은 자유롭게 이루어질 수 있다

    - 아이디어는 많이 나올수록 좋다

    - 모든 아이디어들이 제안되고 나면 이를 결합하여 해결책을 마련한다

- 브레인라이팅(brain writing) : 브레인스토밍을 응용한 방법으로, 포스트잇 같은 메모지에 의견을 적은 다음 메모된 내용을 차례대로 공유하는 방법

③ 조직의 경영전략

조직이 변화하는 환경에 적응하기 위해 경영활동을 체계화하는 것으로, 전략은 목표달성을 위한 수단이 되고 구성원은 자신이 속한 조직의 경영전략을 이해해야 조직목표 달성에 기여 가능

■ **경영전략의 추진과정**

단계	내용
1. 전략목표설정	비전 및 미션 설정
2. 환경분석	최적의 대안을 수립하기 위한 조직 내외부 환경 분석 (예; SWOT분석)
3. 경영전략 도출	환경분석을 토대로 전략 도출 1) 조직전략 : 조직의 사명을 정의 2) 사업전략 : 사업수준에서 각 사업의 경쟁적 우위를 점하기 위한 방향과 방법을 다룸 3) 부문전략 : 기능부서별로 사업전략을 구체화하여 세부 수행방법을 결정
4. 경영전략 실행	수립한 경영전략을 실행하여 경영목적 달성
5. 평가 및 피드백	경영전략 실행 결과를 평가하여 피드백하는 과정

■ **경영전략의 유형**

- 마이클 포터(Michael E. Porter)의 본원적 경쟁전략 : 해당 사업에서 경쟁우위를 확보하기 위한 전략으로 다음의 3가지 전략으로 구분

    - 원가우위 전략

        ✓ 의미 : 대량생산, 새로운 생산기술 개발 등을 통해 원가절감을 하여 해당 산업에서 우위를 점하는 전략

- ✓ 예시 : 온라인 소매업체가 오프라인에 비해서 저렴한 가격과 구매의 편의성을 내세워서 시장 점유율을 넓히는 사례
- 차별화 전략
  - ✓ 의미 : 조직이 생산품이나 서비스를 차별화하여 고객에게 가치가 있고 독특하게 인식되도록 하는 전략, 연구개발이나 광고를 통해 기술, 품질, 서비스, 브랜드 이미지 개선이 필요
  - ✓ 예시 : 국내 주요 가전업체들이 경쟁업체의 저가 전략에 맞서 고급 기술을 적용한 고품질의 프리미엄 제품으로 차별화를 하여, 고가 시장의 점유율을 높여 나가는 사례
- 집중화 전략
  - ✓ 의미 : 특정 시장이나 고객에게 한정된 전략, 경쟁조직들이 소홀히 하고 있는 한정된 시장을 원가우위나 차별화 전략을 써서 집중공략하는 방법
  - ✓ 예시 : 저가 항공사는 국내외 단거리 지역으로 비즈니스 출장이나 여행을 가는 사람들이 매우 저렴하게 비행기를 이용할 수 있도록 함으로써, 새로운 시장 수요 창출

● 필기전형

■ NCS 직업기초능력 평가 문항 예시 및 해설

> 직업기초능력명 : 조직이해능력
> 하위영역명 : 경영이해능력(모듈형)

1 아래 보기를 참고하여 경영과정의 각 단계를 바르게 짝지은 것은 무엇인가?

- A : 조직에 적합한 미래상을 설정해야 합니다.
- B : 조직 구성원을 효과적으로 관리해야 합니다.
- C : 경영을 실행하는 방안을 선정해야 합니다.
- D : 수행 결과에 대한 감독을 실시해야 합니다.
- E : 조직의 목적을 달성해야 합니다.
- F : 조직의 목표를 달성할 수 있는 대안을 분석해야 합니다.
- G : 수행 결과를 교정하여 다시 피드백해야 합니다.

	경영 계획	경영 실행	경영 평가
①	A, C, F	B, E	D, G
②	A, C, G	D, E	B, F
③	A, F, G	B, D	C, E
④	B, C, F	A, D	E, G
⑤	B, F, G	A, C	D, E

출제 의도 경영의 의미를 이해하며 경영의 과정을 파악하고 있는지를 평가하고자 하였다.

정답 ①

해설 경영의 과정은 경영 계획, 경영 실행, 경영 평가의 순서로 이루어진다. 첫째, 경영 계획에는 미래상 설정, 대안 분석, 실행 방안 선정이 포함되므로 A, C, F가 해당된다. 둘째, 경영 실행에는 조직목적 달성, 조직 구성원 관리가 포함되므로 B, E가 해당된다. 셋째, 경영 평가에는 수행 결과 감독, 교정, 피드백이 포함되므로 D, G가 해당된다.

직업기초능력명 : 조직이해능력
하위영역명 : 경영이해능력(PSAT형)

2 아래 사례에 해당하는 설명으로 옳지 <u>않은</u> 것은 무엇인가?

> 현재 B기업은 노경협의회를 운영하고 있다. 이는 2015년 가칭 경영발전위원회에서부
> 터 시작되었으며, 근로자와 경영자가 참여와 협력을 통해 근로자의 복지 증진과 기업
> 의 건전한 발전을 도모한다는 취지에서 설립되었다. 매년 근로자들이 직접 선출하는
> 근로자위원 10명과 사장을 비롯한 경영자위원 10명으로 구성되며, 매분기별로 정기회
> 의가 개최되고 그 결과는 투명하게 공개된다. 이러한 상생의 노사문화는 앞으로 더 안
> 정적으로 발전하여 경영의 민주성과 효율성을 제고하는 방향으로 나아갈 것이다.

① 대표로 참여하는 근로자가 조합원의 권익을 지속적으로 보장할 수 있는지 의문을
   가질 수 있다.
② 노경협의회 시 근로자위원은 의견만을 제출한다.
③ 노경협의회에서 이루어진 협의 결과에 대한 시행은 경영자들이 한다.
④ 노경협의회를 통한 의사결정 과정에서 경영자의 일방적인 경영권은 인정되지 않는다.
⑤ 궁극적으로는 경영자의 고유한 권리인 경영권이 강화된다.

출제 의도 경영참가제도의 목적과 유형을 이해하고, 주어진 사례를 바탕으로 경영참가의 특징과
문제점을 확인할 수 있는지를 평가하고자 하였다.

정답 ⑤

해설 제시된 사례는 경영의 민주성과 효율성을 제고하는 경영참가제도와 관련이 있으며, 구체적
으로는 경영에 필요한 의사결정 과정에 근로자 또는 노동조합이 참여하는 형태의 경영참가
를 설명하고 있다. 경영참가 제도를 통해 근로자 또는 노동조합이 경영과정에 참여하여 자
신의 의사를 반영함으로써 공동으로 문제를 해결하고, 노사 간의 세력 균형을 이룰 수 있다.
또한 근로자나 노동조합이 새로운 아이디어를 제시하거나 현장에 적합한 개선 방안을 마련
함으로써 경영의 효율성을 높일 수 있다. 그러나 경영참가는 경영자의 고유한 권리인 경영
권을 약화시키고, 경영참가 제도에 의존해 분배 문제를 해결하여 노동조합의 단체 교섭 기
능이 약화될 수 있다는 문제점이 있다.

● 자가진단

■ 진단 체크리스트

각 문항과 관련하여 자신의 행동 수준, 강도에 따라 평정하여 주시기 바랍니다.

문항	매우 미흡	미흡	보통	우수	매우 우수
1. 나는 내가 속한 조직의 경영 구성요소별 특징을 설명할 수 있다	1	2	3	4	5
2. 나는 내가 속한 조직의 경영과정을 설명할 수 있다	1	2	3	4	5
3. 나는 내가 속한 조직의 의사결정 과정을 설명할 수 있다	1	2	3	4	5
4. 나는 내가 속한 조직의 경영전략을 이해할 수 있다	1	2	3	4	5
5. 나는 내가 속한 조직의 경영전략 추진과정을 설명할 수 있다	1	2	3	4	5

■ 평정 결과

- 평균 3.0점 미만 : 경영이해능력을 발휘하는데 다소 어려움이 예상된다. 기초 및 기본 지식 습득과 적용 노력이 필요하다.
- 평균 3.0점 이상~3.5점 미만 : 경영이해능력을 보유하고 있으나, 조직을 둘러싼 다양한 내외부 환경요인에 대한 분석을 바탕으로 정확하게 경영전략을 이해하는데 어려움이 예상된다. 일정한 추가 보수 교육이 필요하다.
- 평균 3.5점 이상~4.0점 미만 : 경영이해능력을 발휘할 수 있으나, 보다 우수한 수준의 경영이해능력을 발휘하기 위해서는 약점 중심으로 개발해 나가야 한다.
- 평균 4.0점 이상 : 업무 수행 시 효과적으로 경영이해능력을 발휘할 수 있다.

2 체제이해능력

● 학습모듈

① 조직의 목표

■ 조직목표의 기능 및 특징

• 조직이 존재하는 이유와 관련된 장기적 관점의 조직 사명과 단기적 관점의 세부목표로 구분

– 조직의 사명 : 조직의 비전, 가치와 신념, 존재 이유 등을 공식적인 목표로 표현한 것으로, 조직이 존재하는 정당성과 합법성 제공

– 세부목표(운영목표) : 조직이 실제 활동을 통해 달성하고자 하는 것으로, 사명에 비해 측정 가능한 형태로 기술되는 단기적인 목표. 조직이 나아갈 방향을 제시하며, 구성원들이 여러 대안 중 적합한 것을 선택하고 의사결정 할 수 있는 기준 제시

• 조직목표의 기능

– 조직이 존재하는 정당성과 합법성 제공

– 조직이 나아갈 방향 제시

– 조직 구성원 의사결정의 기준

– 조직 구성원 행동 수행의 동기유발

– 조직 구성원 수행평가 기준

– 조직체제 구체화 및 설계의 기준

• 조직목표의 특징

– 공식적 목표와 실제적 목표가 다를 수 있음

– 다수의 조직목표 추구 가능

– 조직체제의 구성요소(구조, 전략, 문화 등)들과 상호관계

– 조직목표 간 위계적 관계

– 가변적 속성(수립 후 지속되는 것이 아니라 다양한 원인에 의해 변동되거나 새로운 목표로 대치되기도 함)

- 조직목표 형성에 영향을 미치는 요인
  - 내적 요인 : 조직 리더의 결단 및 태도 변화, 조직 내 권력구조 변화, 목표형성과정 변화 등
  - 외적 요인 : 경쟁업체의 변화, 조직자원의 변화, 경제정책의 변화 등

- **조직목표의 분류**
  - 조직의 운영목표에는 전체성과, 자원, 시장, 인력개발, 혁신과 변화, 생산성에 관한 목표 포함
    - 전체성과 : 영리조직의 수익성, 사회복지기관의 서비스 제공과 같은 조직의 목표 의미
    - 자원 : 조직에 필요한 재료와 재무자원을 획득하는 것
    - 시장 : 시장점유율이나 시장에서의 지위향상과 같은 목표
    - 인력개발 : 조직 구성원에 대한 교육훈련, 승진, 성장 등과 관련된 목표
    - 혁신과 변화 : 불확실한 환경변화에 대한 적응 가능성 및 내부 유연성 향상과 관련된 목표
    - 생산성 : 투입 자원 대비 산출량 향상 목표

② 조직의 구조

- **조직구조의 구분**
  - 조직구조는 의사결정 권한의 집중 정도, 명령계통, 최고경영자의 통계, 규칙과 규제의 정도 등에 따라 기계적 조직과 유기적 조직으로 구분

기계적 조직의 특징	유기적 조직의 특징
• 구성원 업무의 분명한 규정 • 많은 규칙/규제 • 공식적 경로를 통한 상하 간 의사소통 • 엄격한 위계질서 • 군대, 정부, 공공기관 등	• 하부에 의사결정 권한 위임, 비고정적인 업무로 업무 공유 가능 • 낮은 규제/통제로 가변적 • 비공식적인 상호 의사소통 원활 • 권한 위임을 받아 독자적으로 활동하는 사내벤처팀, 프로젝트팀 등

- **조직구조의 결정요인**
  - 조직구조에 영향을 미치는 요인으로 조직의 전략과 규모, 기술, 환경 등이 있으며, 이에 따라 기계적 조직 혹은 유기적 조직으로 설계

- 조직전략 : 조직목적 달성을 위해 수립한 계획으로 자원 배분 및 경쟁적 우위 달성을 위한 주요 방침

- 조직규모 : 대규모 조직은 소규모 조직에 비해 업무가 전문화, 분화

- 기술 : 조직이 투입요소를 산출물로 전환하는 지식과 기계, 절차 등, 말하며, 소량 생산기술을 가진 조직은 유기적 구조를, 대량생산기술을 가진 조직은 기계적 구조를 따르는 것

- 환경 : 안정적이고 확실한 환경에는 기계적 조직, 급변하는 환경에서는 유기적 조직이 적합

■ **조직구조의 형태**

- 조직도를 통해 조직이 어떻게 구성되어 있고, 하는 일은 무엇인지, 구성원들이 어떻게 상호작용하는지 파악

- 기업 규모가 작을 때는 관련 있는 업무를 결합한 기능적 조직구조 형태 구성

[기능적 조직구조 예시]

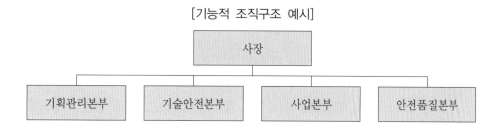

- 급변하는 환경변화에 대응하고 제품, 지역, 고객별 차이에 신속하게 적응하기 위해서는 분권화된 의사결정이 가능한 사업별 조직구조 형태 구성

[사업별 조직구조 예시]

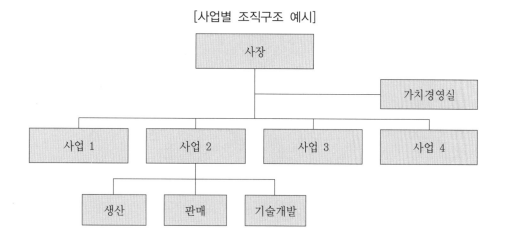

③ 집단의 특성

- **집단의 유형**
  - 공식적 집단
    - 조직의 공식적 목표를 추구하기 위해 조직에서 의도적으로 만든 집단
    - 공식적인 집단 목표나 임무 및 참여 구성원이 비교적 명확히 구성
  - 비공식적 집단
    - 공식적인 업무 수행 이외에 구성원들의 다양한 요구에 따라 자발적으로 형성된 집단
    - 자발적으로 형성된 스터디 모임, 봉사활동 동아리, 각종 친목회 등

- **집단 간 관계**
  - 일 경험 과정에서 집단에 참여해 소속감을 느끼고 다양한 요구들을 충족하는 것은 바람직하지만, 집단 간 경쟁 심화로 조직 전체의 효율성을 저해하는 일이 없도록 집단과 원활한 상호작용 위해 노력

- **팀의 역할과 성공조건**
  - 팀은 구성원들이 공동목표 성취를 위해 서로 기술을 공유하고 공동으로 책임을 지는 집단
  - 다른 집단에 비해 구성원들의 개인적 기여를 강조하고, 상호 공동책임을 중요시 여기며, 공동목표 추구를 위해 헌신해야 하는 의식 공유
  - 성공적 팀 운영을 위해서는 구성원들의 협력의지와 관리자층의 지지 필요

● 필기전형

■ NCS 직업기초능력 평가 문항 예시 및 해설

> 직업기초능력명 : 조직이해능력
> 하위영역명 : 조직체제이해능력(모듈형)

1 조직구조는 조직 내의 부문 사이에 형성된 관계를 의미하며, 아래와 같이 구분될 수 있다. 이에 대한 설명으로 옳지 <u>않은</u> 것은 무엇인가?

> • (가) : 의사결정 권한이 조직의 하부 구성원들에게 많이 위임되어 있는 조직구조
> • (나) : 구성원들의 업무가 분명하게 정의되고 많은 규칙과 규제들이 있는 조직구조

① (가)는 업무가 고정되지 않고 공유 가능하다.
② (나)는 상하 간 의사소통이 공식적인 경로를 통해 이루어진다.
③ (가)는 변화에 따라 업무 체계가 쉽게 변할 수 있다.
④ (나)는 소량생산기술을 가진 조직에 더 적합하다.
⑤ (나)는 안정적이고 확실한 환경에서 더 적합하다.

출제의도 조직구조의 의미에 근거하여 기계적 조직과 유기적 조직을 구분하고 각각의 특징을 파악하고 있는지를 평가하고자 하였다.

정답 ④

해설 조직구조는 크게 기계적 조직과 유기적 조직으로 구분될 수 있다. 유기적 조직에 해당하는 (가)는 급변하는 환경에서 더 적합하여 환경에 따라 조직의 구조가 변화하며, 소량생산기술을 가진 조직에 적합하다. 기계적 조직에 해당하는 (나)는 안정적이고 확실한 환경, 대량생산기술을 가진 조직에 적합하다.

직업기초능력명 : 조직이해능력
하위영역명 : 조직체제이해능력(PSAT형)

2 다음은 기안 및 결재 규정의 일부이다. 이에 대한 설명으로 옳은 것은 무엇인가?

제15조(문서의 기안) ① 문서의 기안은 전자문서로 하는 것을 원칙으로 한다.

② 기안문에는 발의자(기안하도록 지시하거나 스스로 기안한 사람을 말한다.) 및 보고자를 특별히 표시하여야 하는 경우에는 직위 또는 직급 앞에 발의자(★), 보고자(◉)를 표시한다. 다만, 다음 각 호의 문서에는 발의자와 보고자의 표시를 생략할 수 있다.

1. 검토나 결정이 필요하지 아니한 문서

2. 각종 증명 발급, 회의록, 그 밖의 단순한 사실을 기록한 문서

3. 일상적 · 반복적인 업무로서 경미한 사항에 관한 문서

제16조(일괄기안) 기안하려는 여러 문서의 내용이 서로 관련성이 있는 경우에는 각 문서의 내용을 하나의 기안문으로 일괄하여 기안할 수 있다. 이 경우 특별한 사유가 없으면 각각 다른 생산등록번호를 사용하여 같은 날짜로 시행하여야 한다.

제17조(문서의 검토 및 협조) ① 기안문은 결재권자의 결재를 받기 전에 검토자의 검토를 받아야 한다.

② 검토자는 제1항에 따라 기안문을 검토하는 경우에 그 내용과 다른 의견이 있으면 기안문을 직접 수정하거나 그 의견을 표시하여야 한다.

③ 기안문의 내용이 다른 부서에 관련되는 경우 기안문의 협조자 서명란에 의하여 협조를 얻어야 한다.

④ 협조가 이루어지지 아니한 사항은 결재권자의 결정에 따른다.

제18조(문서의 결재) ① 기안한 문서는 결재권자의 결재를 받아야 한다.

② 결재권자의 결재는 결재란에 서명의 방식으로 결재하며 서명날짜를 함께 표시한다.

---

① 일괄기안 시에는 통합할 수 있는 하나의 생산등록번호를 사용하여야 한다.

② 검토자가 기안자와 다른 의견이 있는 경우에는 기안문을 직접 수정할 수 있다.

③ 기안문에는 발의자 및 보고자를 항시 특수문자로 표시하여야 한다.

④ 결재권자는 결재란에 직인을 찍거나 직인생략의 표시를 하여야 한다.

⑤ 긴급한 경우에는 검토자의 검토를 생략하고 결재권자의 결재를 받을 수 있다.

출제 의도 주어진 자료에 근거하여 조직 운영의 의사결정과 일상 운영의 틀이 되는 각종 제도 및 절차를 이해할 수 있는지를 평가하고자 하였다.

정답 ②

해설 ① 일괄기안 시에는 특별한 사유가 없으면 각각 다른 생산등록번호를 사용하여야 한다.

③ 기안문에는 발의자와 보고자의 표시를 생략할 수 있다.

④ 결재권자는 결재란에 서명의 방식으로 결재한다.

⑤ 기안문은 결재권자의 결재를 받기 전에 검토자의 검토를 받아야 한다.

● 자가진단

■ 진단 체크리스트

각 문항과 관련하여 자신의 행동 수준, 강도에 따라 평정하여 주시기 바랍니다.

문항	매우 미흡	미흡	보통	우수	매우 우수
1. 나는 내가 속한 조직의 목표를 이해하고 있다	1	2	3	4	5
2. 나는 전체 조직구조에서 나의 위치를 확인할 수 있다	1	2	3	4	5
3. 나는 내가 속한 조직구조의 특징을 설명할 수 있다	1	2	3	4	5
4. 나는 내가 속한 조직의 규칙과 절차를 파악할 수 있다	1	2	3	4	5
5. 나는 내가 속한 집단과 다른 집단 간 관계를 설명할 수 있다	1	2	3	4	5

■ 평정 결과

- 평균 3.0점 미만 : 체제이해능력을 발휘하는데 다소 어려움이 예상된다. 기초 및 기본 지식 습득과 적용 노력이 필요하다.

- 평균 3.0점 이상~3.5점 미만 : 체제이해능력을 보유하고 있으나, 조직 및 조직구조 특성의 일부만 파악할 수 있다. 전반적인 조직 특성을 정확하게 이해하는 데 어려움이 예상됨. 일정한 추가 보수 교육이 필요하다.

- 평균 3.5점 이상~4.0점 미만 : 체제이해능력을 발휘할 수 있으나, 보다 우수한 수준의 체제이해능력을 발휘하기 위해서는 약점 중심으로 개발해 나가야 한다.

- 평균 4.0점 이상 : 업무 수행 시 효과적으로 체제이해능력을 발휘할 수 있다.

3 업무이해능력

● 학습모듈

① 업무의 특징

업무는 조직이 개인에게 부여한 의무이자 책임으로, 조직목표 달성을 위해 자신에게 주어진 업무의 성격과 내용을 알고 그에 필요한 지식과 기술, 행동을 확인하는 업무이해능력 개발 필요

- **업무의 종류**
  - 업무는 조직 전체 목적달성을 위해 효과적으로 분배되고 원활하게 처리되는 구조
  - 조직을 세로로 분할하는 것으로 업무의 종류, 성격, 범위를 명확히 하고 구분하는 기준에 따라 나누어지며, 조직목적/규모에 따라 다양하게 구성
  - 대부분의 조직에는 총무, 인사, 회계, 생산, 영업, 기획 등의 다양한 업무 존재

- **업무의 특성**
  - 조직의 공통된 목적 지향으로 개인 선호에 따른 임의 선택권 보장이 낮음
  - 업무마다 요구되는 지식, 기술, 도구 종류가 다르고 이들 간 다양성 존재
  - 업무가 독립적으로 이루어지지만, 다른 업무와 밀접한 관련이 있음
  - 업무 특성마다 업무 수행의 자율성, 재량권이 다름

② 업무 수행 계획 수립

- 조직문화를 통해 자신이 속한 조직에서 사람과 일을 바라보는 관점이 무엇인지, 일을 수행하는 적절한 방식은 무엇인지 등을 파악해 업무에 활용 가능

- 조직문화가 업무 수행의 대략적인 가이드라인 역할을 하지만, 조직에는 다양한 업무가 있고 각각 수행하는 절차나 과정이 다르므로 업무를 효과적으로 수행하기 위해서는 자신에게 주어진 자원과 제약요건 확인하고 이에 따라 구체적인 계획 수립 필요
  - 업무지침 확인
    - 조직의 업무지침은 개인이 임의로 업무를 수행하지 않고 조직목적에 부합할 수 있도록 안내하므로 업무지침 확인 필수

- 조직 업무지침을 토대로 개인 업무지침을 작성할 수 있으며, 조직의 장단기 목표, 경영전략, 조직구조, 규칙 및 규정 등을 고려
- 모든 업무지침은 환경변화에 따라 지속적인 개정 필요

- **활용자원 확인**
  - 시간, 예산, 기술, 인간관계 등 업무 관련 자원을 확인하고 제한된 조건 하에서 효과적으로 활용해야 함
  - 업무 수행에 요구되는 지식/기술이 부족하다면 이를 향상하기 위한 계획 수립이 필요

- **업무 수행 시트 작성**
  - 활용자원과 구성원 확인 후 구체적인 업무 수행 계획을 수립하고 효과적으로 실행하기 위해 다양한 차트와 시트 등 활용
  - 간트 차트(Gantt chart)
    - ✓ 단계별 업무 소요시간을 바(bar) 형식으로 표시
    - ✓ 전체 일정과 소요시간 및 각 업무활동 사이의 관계 한 눈에 파악 가능

[간트 차트 예시]

업무	3월	4월	5월	6월
개발				
교육 요구 조사	███			
교육 설계		███		
교육 컨텐츠 개발			█	
운영 및 평가				
교육 운영			██	
결과 분석				██

– 워크 플로 시트(Work flow sheet)

✓ 일의 흐름을 동적으로 보여주는 데 효과적

✓ 주된 작업과 부차적인 작업, 혼자 처리 가능하거나 다른 사람의 협조를 필요로 하는 일, 주의해야 할 일, 컴퓨터가 필요한 일 등 일의 특성에 따라 시트에 사용하는 도형을 다르게 구분하여 표현

✓ 각 활동별로 소요시간을 표기하면 더욱 효과적

[워크 플로 시트 예시]

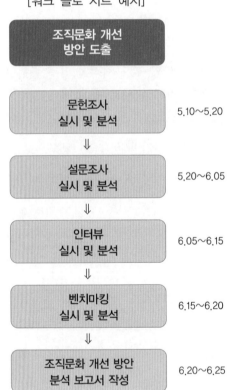

– 체크리스트(Checklist)

✓ 업무 또는 세부활동을 나누고 각 활동별로 기대되는 수행 수준을 달성했는지 스스로 점검해 볼 수 있는 도구

✓ 시간의 흐름을 표현하는 데에는 한계가 있지만, 업무를 세부적인 활동들로 나누고 각 활동별로 기대되는 수행 수준을 달성했는지 확인하는데 효과적

[체크리스트 예시]

점검 사항		체크	
		YES	NO
상반기 신입사원 채용 면접전형 준비	지원자들에게 일시 및 장소에 대해 정확하게 안내하였는가?		
	지원자 대기실, 면접위원 대기실 세팅은 완료되었는가?		
	면접위원 오리엔테이션 준비는 완료되었는가?		
	면접 질문지 및 평가지는 완료되었는가?		

③ 올바른 업무 수행

- **업무를 효과적으로 수행하기 위해 방해 요인 파악 후 통제/관리 필요**

  - 방문, 인터넷, 전화, 메신저
    - 업무계획과 관계없이 갑자기 발생하는 경우가 많으므로 시간을 정해놓는 것 중요
    - 하루 일과 중 메일 확인시간을 3시간에 10분 단위로 계획하거나, 외부 방문시간 및 메신저에 접속하는 시간을 정하고, 각 통화마다 3분 이내 원칙을 세우는 등의 원칙을 세우는 것 필요

  - 갈등관리
    - 갈등은 스트레스를 가져오지만 새로운 시각에서 문제를 바라보게 하고 다른 업무에 대한 이해를 증진해주며 조직의 침체 예방
    - 갈등관리를 위해 상황 수용, 객관적 평가, 원인 파악, 장기적 관점에서의 해결책이 무엇인지 생각
    - 대화와 협상으로 양측에 도움이 되는 의견일치가 중요하지만, 어떤 경우에는 회피 전략과 충분한 시간을 가지고 접근하는 것 필요

  - 스트레스
    - 과중한 업무 스트레스는 보통 부정적 결과를 가져오지만, 적정 수준의 스트레스는 사람들을 자극해 개인의 능력을 개선하고 최적의 성과 창출에 영향
    - 스트레스 관리를 위해 시간관리를 통한 업무과중 극복, 명상 등을 통한 긍정적 사고 함양, 운동, 전문가에게 도움 요청 등
    - 조직차원에서는 직무 재설계, 역할 재설정, 학습동아리 활동과 같은 사회적 관계형성 장려

● 필기전형

■ NCS 직업기초능력 평가 문항 예시 및 해설

직업기초능력명 : 조직이해능력
하위영역명 : 업무이해능력(모듈형)

1 다음은 직장에서 일반적으로 구분할 수 있는 업무 분장 목록이다. 이에 대한 설명으로 옳지 <u>않은</u> 것은 무엇인가?

부서명	업무 내용
총무팀	의전 및 비서업무, 집기비품 및 소모품의 구입과 관리, 사무실 임차 및 관리, 차량 및 통신 시설의 운영, 국내외 출장 업무 협조, 복리후생 업무
인사팀	조직 기구의 개편 및 조정, 업무 분장 및 조정, 인력 수급 계획 및 관리, 노사 관리, 평가관리, 교육체계 수립 및 관리, 임금제도, 복무관리, 퇴직관리
회계팀	회계 제도의 유지 및 관리, 재무 상태 및 경영실적 보고, 결산 관련 업무, 재무제표 분석 및 보고, 법인세, 부가가치세, 국세 및 지방세 업무 자문 및 지원
구매팀	견적서에 의한 일반적인 물품구매, 특수목적성 물품구매, 수의계약에 의한 물품계약, 경쟁입찰에 의한 물품구매 계약, 수입 물품의 구매계약 및 통관, 자재 관리
영업팀	판매 계획, 시장조사, 외상매출금의 청구 및 회수, 제품의 재고 조절, 거래처로부터의 불만 처리, 제품의 애프터서비스, 판매원가 및 판매가격의 조사 검토
기획팀	경영 계획 및 전략 수립, 단기 사업 계획 종합 및 조정, 중장기 사업 계획의 종합 및 조정, 경영진단 업무, 종합예산 수립 및 실적관리, 손익 추정

① 회사의 사옥을 매입하거나 임대차 계약하는 경우, 총무팀이 주관해야 한다.
② 인사팀은 기획팀의 경영 계획을 반영하여 국내외 우수인재를 관리해야 한다.
③ 회계팀은 인사팀이 퇴직자에게 지급할 퇴직금의 사후 자료를 반영해야 한다.
④ 물품의 계약과 구매는 구매팀이 담당하고, 재고 관리는 다른 팀이 주관한다.
⑤ 판매 계획과 가격 정책에 근거한 판매 예산의 편성은 영업팀에서 수행한다.

출제 의도 주어진 자료와 같이 조직의 목적이나 규모에 따라 다양하게 구성되는 부서별 주요 업무를 파악하고 있는지를 평가하고자 하였다.

정답 ④

해설 구매팀의 주요 업무 중 자재 관리에는 업체별 입고, 자재 재고 관리, 불출 관리 등이 포함된다.

직업기초능력명 : 조직이해능력
하위영역명 : 업무이해능력(PSAT형)

2 다음은 K기관의 내부 결제 규정이다. 이에 대한 설명으로 옳은 것은 무엇인가?

항목	결재권자				사전협조	사후통보
	사장	본부장	부서장	팀장		
주간 보고				○		
팀원 국내 출장			○			
팀원 국외 출장		○				인력처장
교육 운영			○		인력처장(별표)	
1억 원 초과 예산배정	○					예산처장
1억 원 이하 예산배정		○			예산처장	예산처장
소송 접수			○		법무팀장	
계약 변경	○				예산처장(별표)	

〈별표〉

- 교육 운영 시, 외부강사를 초빙하는 경우에는 인력처장의 사전협조를 거쳐야 한다.
- 계약 변경 시, 경우에 따라 예산처장의 사전협조를 거쳐야 한다.
- 결재권자의 유고 시에는 결재권자의 차상급 직위자의 전결사항으로 하되, 반드시 결재권자의 업무 복귀 후 후결로 보완해야 한다.

① 팀원 출장 건의 최종 결재권자는 부서장이며, 인력처장의 사후통보를 거쳐야 한다.
② 내부강사를 통한 교육 운영 건의 최종 결재권자는 부서장이며, 인력처장의 사전협조를 거쳐야 한다.
③ 1억 원 이상 예산배정 건의 최종 결재권자는 사장이며, 예산처장의 사전협조 및 사후통보를 모두 거쳐야 한다.
④ 소송 접수 건의 최종 결재권자는 부서장이며, 법무팀장의 사후통보를 거쳐야 한다.
⑤ 사장 유고 시의 계약 변경 건은 본부장의 전결이 필요하며, 예산처장의 사전협조가 필요할 수 있다.

출제의도 기업에서 자주 접하게 되는 결재 종류 중 전결에 대한 내용을 제시된 자료에 근거하며 파악할 수 있는지를 평가하고자 하였다.

정답 ⑤

해설 ⑤ 사장 유고 시의 계약 변경 건은 차상급 직위자인 본부장의 전결이 필요하고, 경우에 따라 예산처장의 사전협조를 거쳐야 한다. 옳지 않은 나머지 문항은 다음과 같이 수정되어야 한다.

① 팀원 출장 건은 국내의 경우 최종 결재권자는 부서장이고, 국외의 경우 최종 결재권자는 본부장이며 인력처장의 사후통보를 거쳐야 한다.

② 내부강사를 통한 교육 운영 건의 최종 결재권자는 부서장이며, 인력처장의 사전협조는 거치지 않는다.

③ 1억 원 이상 예산배정 건은 1억 원을 초과하는 경우 최종 결재권자는 사장이며, 예산처장의 사전협조 및 사후통보를 모두 거쳐야 한다. 그러나 1억 원 이하의 경우 최종 결재권자는 본부장이며, 예산처장의 사후통보를 거쳐야 한다.

④ 소송 접수 건의 최종 결재권자는 부서장이며, 법무팀장의 사전협조를 거쳐야 한다.

● 자가진단

■ 진단 체크리스트

각 문항과 관련하여 자신의 행동 수준, 강도에 따라 평정하여 주시기 바랍니다.

문항	매우 미흡	미흡	보통	우수	매우 우수
1. 나는 내가 속한 조직의 업무 구조를 파악할 수 있다	1	2	3	4	5
2. 나는 나에게 주어진 업무의 특성을 정확하게 이해할 수 있다	1	2	3	4	5
3. 나는 조직의 업무 지침을 설명할 수 있다	1	2	3	4	5
4. 나는 업무의 우선순위를 파악할 수 있다	1	2	3	4	5
5. 나는 업무활동 계획을 수립할 수 있다	1	2	3	4	5

■ 평정 결과

- 평균 3.0점 미만 : 업무이해능력을 발휘하는데 다소 어려움이 예상된다. 기초 및 기본 지식 습득과 적용 노력이 필요하다.
- 평균 3.0점 이상~3.5점 미만 : 업무이해능력을 보유하고 있으나, 다수의 업무들 중 우선순위를 설정하여 체계적으로 처리하는데 어려움이 예상된다. 일정한 추가 보수 교육이 필요하다.
- 평균 3.5점 이상~4.0점 미만 : 업무이해능력을 발휘할 수 있으나, 보다 우수한 수준의 업무이해능력을 발휘하기 위해서는 약점 중심으로 개발해 나가야 한다.
- 평균 4.0점 이상 : 업무 수행 시 효과적으로 업무이해능력을 발휘할 수 있다.

4 국제감각

● 학습모듈

① 국제감각의 필요성

■ **글로벌화란?**

- 활동범위가 세계로 확대되는 것을 의미

- 개인은 자유롭게 다른 나라로 이동하고 다른 나라에서 생산된 상품이나 서비스 이용

- 조직은 세계 시장에서 경쟁하므로, 범지구적 시스템과 네트워크 안에서 기업 활동이 이루어지는 국제경영이 중요

- 다국적 기업 증가에 따라 국가 간 경제통합이 강화되고 무역장벽을 없애기 위해 노력하고 있으며, 국가에서 운영하거나 관리하던 공기업을 민영화하는 등 새로운 경쟁과 시장 환경 조성 추세

■ **국제적 식견과 능력의 필요성**

- 세계화 진행에 따라 구성원들도 다양한 문화의 사람들과 거래하므로 구성원들의 의식과 태도, 행동의 세계수준화 필요

- 국제감각은 단순히 영어만을 잘하는 것이 아니라 이문화 이해와 국제적 동향을 자신의 업무에 적용하는 능력을 모두 포함하는 개념

■ **국제동향 파악방법**

- 국제감각 증진을 위해 매일 규칙적으로 실행하는 것이 중요

  - 관련 분야 해외사이트, 국제잡지, 신문의 국제면을 통해 최신 이슈 확인

  - 고용노동부, 한국산업인력공단, 산업통상자원부, 중소벤처기업부, 상공회의소, 산업별인적자원개발협의체 등의 사이트 방문해 국제동향 확인

  - 국제학술대회 참석

  - 업무와 관련된 주요 용어의 외국어 공부

  - 해외서점 사이트 방문해 최신 서적 목록 및 주요 내용 파악

  - 외국인 친구와의 교류

② 다른 문화 이해와 소통

- 우리나라 문화를 중심으로 다른 나라의 문화를 평가해서는 안 되며, 그 나라의 문화를 고유한 문화로 인정하고, 그들의 문화 안에서 커뮤니케이션하는 능력의 개발 필요
  - 문화충격 : 한 문화권에 속한 사람이 다른 문화를 접하게 되었을 때 체험하는 충격
    - 개인이 자란 문화에서 체험된 방식이 아닌 다른 방식을 느끼게 되면 의식적/무의식적으로 상대 문화에 대한 불일치, 위화감, 심리적 부적응을 경험
    - 문화충격에 대비하기 위해 이문화에 대한 개방적인 태도를 갖는 것이 중요
  - 이문화 커뮤니케이션 : 자신의 일을 수행하는 가운데 문화배경을 달리하는 사람들 사이에서 이루어지는 커뮤니케이션
    - 언어적 커뮤니케이션 : 의사를 전달할 때 직접적으로 이용되는 것으로, 외국어 사용능력과 직결
    - 비언어적 커뮤니케이션 : 외국어가 유창해도 문화적 배경을 모르면 언어에 내포된 의미를 잘못 해석하거나 비정상적인 행동으로 비추어질 수 있으므로 비언어적 커뮤니케이션에 대한 이해 필요
    - 국제사회에서 성공적인 업무 성과를 위해 외국어 활용능력뿐만 아니라 상대국의 문화적 배경에 입각한 생활양식, 규범, 가치관 등을 이해하기 위한 지속적 노력 필요

③ 글로벌 시대의 국제매너

- 국제사회에서 업무추진 중 저지르는 실수는 자칫 조직 전체의 모습으로 비추어질 수 있으며, 그 결과는 업무 성과에 큰 영향을 미칠 수 있으므로 국제매너를 알아두는 것 필요
  - 인사하는 법
    - 영미권에서 악수할 때 일어서서 상대방을 응시하며 오른손을 잠시 힘주어 잡았다가 놓을 것
    - 미국에서는 호칭을 어떻게 부를지 먼저 물어보는 것이 예의
    - 아프리카의 경우 상대방과 시선을 마주보며 대화하면 실례
    - 러시아와 라틴아메리카에서는 친밀함의 표현으로 포옹
    - 명함을 꾸기거나 계속 만지는 것은 예의에 어긋나므로 한 번 본 뒤 넣을 것

- 시간약속 지키기
  - 미국인은 시간 엄수를 매우 중요하게 생각하는 반면, 라틴아메리카나 동부 유럽, 아랍지역에서는 시간 약속은 형식적일 뿐이며, 상대방이 당연히 기다려 줄 것이라고 생각함

- 식사예절
  - 서양요리에서 포크와 나이프는 바깥쪽에서 안쪽 순으로 사용
  - 수프는 입으로 불거나 소리 내며 먹지 않으며, 빵은 수프를 먹고 난 후 손으로 떼어 먹을 것
  - 생선요리는 뒤집어 먹지 않고, 스테이크는 자르면서 먹을 것

● 필기전형

■ NCS 직업기초능력 평가 문항 예시 및 해설

직업기초능력명 : 조직이해능력
하위영역명 : 국제감각(모듈형)

1 세계화와 타문화 이해에 대한 설명으로 옳지 <u>않은</u> 것은 무엇인가?

① 세계화는 다국적 내지 초국적 기업이 국제경영을 추진하는 바탕이 된다.
② 세계 각국의 시장과 다양성에 적응할 수 있는 국제적 감각을 가져야 한다.
③ 한 문화권에 속한 사람이 다른 문화를 접하게 되었을 때, 문화충격을 체험할 수 있다.
④ 이문화 커뮤니케이션에는 외국어 사용능력과 직결되는 커뮤니케이션이 있다.
⑤ 원활한 업무를 수행하기 위해서는 자국 문화에 대한 이해를 바탕으로 타 문화와의 차이를 해결할 수 있는 방안을 찾아야 한다.

출제 의도 세계화의 의미와 타문화 이해의 옳고 그름을 확인할 수 있는지를 평가하고자 하였다.
정 답 ⑤
해 설 타국과의 문화적 차이를 인식하고 인정하며, 국제적인 업무를 수행하기 전에는 관련된 국제 매너를 행하는 것이 중요하다.

직업기초능력명 : 조직이해능력
하위영역명 : 국제감각(PSAT형)

2 아래 지문을 읽고, 내용을 바르게 이해하지 <u>못한</u> 사람은 누구인가?

> 중국 시장 진출을 위해서는 관련 법규나 규정을 미리 알아보아야 하며, 비즈니스 매너를 몸에 익히는 것이 중요하다. 이에 대해 최근 중국 출장을 다녀온 A과장은 중국 바이어를 상대할 때는 감사와 흥분의 감정을 나타내기 보다는 침착을 잃지 않는 것이 최선이라고 말했다. 더 자세하게 중국의 비즈니스 매너의 기본을 알아보자.
>
> 중국은 다른 국가들과 같이 정장을 입는 것이 기본이지만, 다른 국가들보다 복장이 비교적 자유롭다. 노타이 차림의 가벼운 정장을 갖추는 경우가 많으며, 주로 복장의 외관보다는 브랜드를 중시하는 편이다.
>
> 미팅 시에는 통역을 동행한다고 하더라도 가벼운 중국어 인사를 준비해가는 것이 좋다. 중국 업체들은 물품을 직접 확인하고 구매하는 경향이 강하므로 항상 샘플을 넉넉하게 준비해서 챙기는 것이 필요하다. 또한, 날씨나 사적인 질문을 하는 경우가 많은데 이는 친밀감을 표현하는 것이므로 당황하지 말고 잘 받아주는 것이 바람직하다.
>
> 이후 식사는 비즈니스의 연장으로 중요하게 생각하며, 식사 메뉴를 선택하기 전에는 상대에게 먹지 못하는 음식을 물어보는 것이 좋다. 중국은 영토가 넓어 지역마다 음식 문화가 다르므로 이러한 표현은 존중의 의미로 받아들여진다. 또한, 초대 받은 사람이 먼저 먹은 후에 초대한 사람이 식사를 시작한다. 후루룩 소리를 내거나 트림을 하는 것은 식사를 즐기고 있다는 뜻이므로 당황할 필요는 없다. 술자리에는 술자리를 초대한 사람이 먼저 건배를 제의하는 것이 바람직하고, 중국 술 대부분이 도수가 높기 때문에 술을 잘 못 마신다면 사전에 양해를 구하는 것이 좋다.
>
> 선물을 주고받을 때에는 3번 정도 거절하는 것이 예의이므로 3번까지는 선물을 권하는 것이 필요하다. 특히 구하기 어려운 문화 관련 티켓이나 진귀한 특산품을 선물하는 것이 좋다.

① 중국 바이어를 상대할 때에는 감정을 과도하게 표시하지 말아야겠어.
② 미팅을 성공적으로 이끌기 위해 다양한 사본을 충분히 준비해야겠어.
③ 초대한 사람의 성의를 생각해서 식사를 같이 시작하는 것이 좋겠어.
④ 잘 마실 수 있는 술은 잘 마시되, 못 마시는 술은 솔직히 말할 거야.
⑤ 우리나라의 희귀한 선물을 챙겨 가되, 4번 이상은 권하지 않을 거야.

출제 의도 국제 비즈니스 매너의 옳고 그름을 확인할 수 있는지를 평가하고자 하였다.

정답 ③

해설 초대 받은 사람이 먼저 먹은 후에 초대한 사람이 식사를 시작하는 것이 바람직하다.

● 자가진단

■ 진단 체크리스트

각 문항과 관련하여 자신의 행동 수준, 강도에 따라 평정하여 주시기 바랍니다.

문항	매우 미흡	미흡	보통	우수	매우 우수
1. 나는 다른 나라 고유의 문화를 이해하고 수용할 수 있다	1	2	3	4	5
2. 나는 업무와 관련된 경제적, 정치적, 사회적, 문화적 국제이슈를 이해하고 있다	1	2	3	4	5
3. 나는 업무와 관련된 국제적 법규와 규정을 이해하고 있다	1	2	3	4	5
4. 나는 국제적 상황변화를 정확히 분석하여 적절하게 대처할 수 있다	1	2	3	4	5
5. 나는 외국인의 문화를 고려하여 말하고 행동할 수 있다	1	2	3	4	5

■ 평정 결과

• 평균 3.0점 미만 : 국제감각을 발휘하는데 다소 어려움이 예상된다. 기초 및 기본 지식 습득과 적용 노력이 필요하다.

• 평균 3.0점 이상~3.5점 미만 : 국제감각을 보유하고 있으나, 국제적 상황변화에 따라 효과적으로 대처하는데 어려움이 예상된다. 일정한 추가 보수 교육이 필요하다.

• 평균 3.5점 이상~4.0점 미만 : 국제감각을 발휘할 수 있으나, 보다 우수한 수준의 국제감각을 발휘하기 위해서는 약점 중심으로 개발해 나가야 한다.

• 평균 4.0점 이상 : 업무 수행 시 효과적으로 국제감각을 발휘할 수 있다.

05

직업윤리

[1] 근로윤리
[2] 공동체윤리

학습에 들어가기 전에...

직업윤리의 하위능력인 근로윤리, 공동체윤리는 보통 하위능력별로 독립적으로 평가하지 않는다. 특히, 서류전형과 면접전형에서 통합적으로 평가하며, 필기전형의 경우 모듈형 문제는 하위능력별로 문항이 출제되기도 한다.

일반적으로 모든 하위영역에 대해 평가하지는 않으며, 기관마다 보다 중요하게 여기는 직업윤리의 하위능력에 따라 직업윤리에 대한 평가기준은 조금씩 다르다.

이에 직업윤리 단원에서는 직업기초능력 단위에서 서류전형, 면접전형의 평가 방안 및 준비 방안에 대해 기술하였다.

Chapter 01	Chapter 02	Chapter 03	Chapter 04	Chapter 05

직업윤리

● 학습모듈

① 윤리의 의미

- **윤리의 개념**
  - 인간과 인간 사이에서 지켜져야 할 도리를 바르게 하는 것 또는 인간사회에 필요한 올바른 질서
  - 살아가는 동안 해야 할 것과 하지 말아야 할 것, 삶의 목적과 방법, 책임과 의무 등과 관련
  - 도덕과 그 어원이 같고 일상생활에서는 별 구별 없이 사용하지만, 도덕은 도를 실천해야 할 주체적 태도

- **윤리의 중요성**
  - 윤리적인 인간은 공동의 이익 추구와 도덕적 가치 신념을 기반으로 형성
    - 공동의 이익 : 모든 사람이 윤리적 가치보다 자기이익을 우선하여 행동한다면 사회질서 붕괴. 윤리적으로 살 때 개인의 행복을 포함해 모든 사람의 행복 보장
    - 도덕적 가치 신념 : 윤리 규범을 지키는 것은 가치관의 문제와 관련. 인간은 경제적 이득과 육신의 안락만을 추구하지는 않으며, 삶의 본질적 가치와 도덕적 신념을 존중하기 때문에 윤리적으로 행동

- **윤리규범의 형성**
  - 공동생활과 협력이 필요한 인간생활에서 형성되는 공동 행동의 룰을 기반으로 형성
    - 인간은 기본적인 욕구충족에 도움이 되는 것을 선호하며, 동시에 사회적 동물이기 때문에 타인의 행동과 협력을 바탕으로 개인의 욕구 충족
    - 사람들은 사회의 공동목표를 달성하고 모든 구성원의 욕구를 충족하는 데 도움이 되는 행위는 찬성하고, 반대되는 행위는 비난
    - 해야 할 행위와 해서는 안 될 행위에 대한 윤리규범 형성

- 모든 윤리적 가치는 만고불변의 진리가 아니라 시대와 사회상황에 따라 조금씩 변화
- 비윤리적 행위의 원인
  - 무지 : 사람들은 무엇이 옳고, 무엇이 그른지 모르기 때문에 비윤리적 행위를 저지른다는 것. 즉, 어떤 사람이 선이라고 생각하고 노력하는 대상이 실제로는 악이라는 사실을 모르거나 그것을 달성하기 위한 수단적 덕목들을 제대로 알지 못하는 경우
  - 무관심 : 자신의 행위가 비윤리적이라는 것은 알고 있지만 윤리적인 기준에 따라 행동하는 것을 중요하게 여기지 않는 경우
  - 무절제 : 자신의 행위가 잘못이라는 것을 알고 그러한 행위를 하지 않으려고 하지만 자신의 통제를 벗어나는 어떤 요인으로 인하여 비윤리적 행위를 저지르는 것
- 비윤리적 행위의 유형
  - 도덕적 타성
    - ✓ 의미
      - ➜ 물리학에서 관성은 물체가 어느 한 방향으로 움직일 때 그 방향으로 계속 움직이려는 성질
      - ➜ 사람의 행동이나 사회현상에도 기존 패턴을 반복하려는 경향, 즉 타성(惰性, inertia) 존재
      - ➜ 타성은 나태함이나 게으름의 뜻을 내포하고 있는데, 바람직한 행동이 무엇인지 알고 있으면서도 취해야 할 행동을 취하지 않는 무기력한 모습
    - ✓ 발생 원인
      - ➜ 윤리적인 문제에 대하여 제대로 인식하지 못하는 것. 사람들이 가지고 있는 낙관적인 성향, 즉 비윤리적인 행동이 미치는 영향에 대하여 별거 아니라고 생각하거나 저절로 좋아질 것이라고 생각하는 것
      - ➜ 일상생활에서 윤리적인 배려가 선택의 우선순위에서 밀려나는 것. 비윤리적 행위라는 것은 분명히 알고 있으나, 충돌하는 다른 가치가 있을 때 그것을 선호하는 경우(예 : 매출실적을 올리기 위해 구매업체에 부정한 금품을 제공하는 것은 윤리적인 올바름보다 당장의 매출 실적이 선호대상이 되었기 때문)
    - ✓ 우리가 극복해야 할 대부분의 비윤리는 도덕적 타성에서 벗어나야만 해결 가능

- 도덕적 태만
  - ✓ 의미
    - → 비윤리적인 결과를 피하기 위하여 일반적으로 필요한 주의나 관심을 기울이지 않는 것
    - → 어떤 결과가 나쁜 것인지 알지만 자신의 행위가 그러한 결과를 가져올 수 있다는 것을 모르는 경우
  - ✓ 발생 예시
    - → 제품을 설계할 때 안전상의 고려를 충분히 하지 않아 안전사고를 유발시키는 경우, 또 안전수칙을 철저히 지키지 않아 사고를 유발하는 경우
- 거짓말
  - ✓ 의미
    - → 상대를 속이려는 의도로 표현되는 메시지
    - → 침묵이나 표정 등도 하나의 표현방법이 될 수 있으나 주로 말이나 글로 표현되는 것에 한정하며, 상대를 속이려는 의도가 있는 것
  - ✓ 한국사회에서 나타나는 거짓말의 일반적 유형과 특징
    - → 자기들의 입장과 처지를 보호하기 위한 거짓말 : 자기 자신을 보호하기 위한 행동의 부수적 결과일 뿐 타인에 대한 공격을 목적으로 하지는 않는 거짓말
    - → 본인과 우호 관계를 맺고 있는 제3자를 보호하기 위한 거짓말 : 학연이나 혈연으로 맺어져 정과 의리를 중시하는 우리 사회 풍토에서 그러한 인연이 닿는 한정된 범위 내 사람을 보호하려는 목적의 거짓말, 확대된 제3자로서 사회전체에 미치는 영향을 배려하지 않는 경우가 대다수
    - → 타성적 거짓말 : 거짓말에 대하여 당연히 여기고 심각하게 생각하거나 별반 잘못된 것이 아니라는 인식을 갖는 경향, 심지어는 거짓말을 하는 것이 올바른 것이라는 잘못된 자기신념으로까지 진전되는 경우, 거짓말에 자기 기만적 요소가 배어 있다는 뜻

② 직업의 의미

■ 인간의 삶과 일

- 원래 일은 그 자체와 일의 결과가 사람의 기쁨과 연결된 것이지만, 사회가 점점 복잡해지고 분업이 발달함에 따라 다른 사람이 시키는 대로 일을 하게 되면서 일을 경제적 목적달성을 위한 수단 정도로만 생각하는 경향 발생

- 일은 경제적 욕구의 충족뿐만 아니라 자기실현을 위한 수단이기도 하여, 인간은 일을 통하여 자신을 규정하고 삶의 의미 실현
- 의무인 측면도 있지만 동시에 인간이 가진 하나의 권리
- 인간의 삶을 구성하는 가장 중요한 요소

■ 직업의 의미

- 사회적으로 맡은 역할, 하늘이 맡긴 소명 등을 의미
- 직업이 갖추어야 할 속성

구분	내용
계속성	매일 · 매주 · 매월 등 주기적으로 일을 하거나, 계절 또는 명확한 주기가 없어도 계속 행해지며, 현재 하고 있는 일을 계속할 의지와 가능성이 있는 활동
경제성	경제적 거래 관계가 성립되는 활동
윤리성	비윤리적인 영리 행위나 반사회적인 활동을 통한 경제적 이윤추구는 직업 활동으로 불인정
사회성	사회 공동체적 맥락에서 의미 있는 활동
자발성	속박된 상태에서의 제반 활동은 경제성이나 계속성의 여부와 상관없이 직업 활동으로 불인정

■ 우리 사회의 직업의식

- 직업의식은 개인이 직업 활동을 통하여 얻고자 하는 내재적 · 외재적 목적을 달성하기 위하여 개인이 직업이나 일에 대하여 가지는 관념, 가치, 습관, 인식 등을 포괄적으로 이르는 가치의 체계
- 시대의 흐름에 따라 변화. 신분제가 존재했던 과거에는 직업에 차별이 존재했으나, 현대 사회에서는 개인이 자기 능력을 자유롭게 표출하고 이를 통해 공동체의 일원으로서 사회적 임무를 수행하며 나아가 자아실현을 이루는 도구로 직업 선택
- 한국직업능력개발원이 조사한 한국인의 직업의식 변화
  - 삶에서 여가생활이 일보다 중요
  - 직업 자체를 통해 즐거움이나 만족을 얻으려는 내재적 가치보다 경제적 보상을 중시하는 외재적 가치의 중요성 부상
  - 사회적 의무로서의 노동과 불로소득에 대한 혐오감 등 생산적 노동의 가치에 대한 생각은 점점 약화

③ 직업윤리의 의미

- **직업윤리의 의미**

  - 직업 활동을 하는 개인이 자신의 직무를 잘 수행하고 자신의 직업과 관련된 직업과 사회에서 요구하는 규범에 부응하여 개인이 갖추고 발달시키는 직업에 대한 신념, 태도, 행위

  - 개인윤리를 바탕으로 각자가 직업에 종사하는 과정에서 요구되는 특수한 윤리규범으로, 기본적으로는 개인윤리의 연장선

  - 직업윤리 확립 통해 존경받는 인간으로서 인격을 완성하고 사회발전에 기여

  - **직업윤리는 공통보편적 일반윤리와 특수윤리로 구분**

    - 공통보편적 일반윤리 : 사회시스템 전체의 관계를 규정하고 질서를 유지하는 것

    - 특수윤리 : 사회를 구성하는 개체로서 각자의 목적 달성을 위해 노력하는 기업과 단체 등 특정 조직체 내부 구성원 간의 관계를 규정하고 효율을 도모하는 것

  - **사회와 개인 차원에서 모두 중요**

    - 사회 차원 : 직업 활동은 사회 전체의 질서, 안정, 발전에 중요한 역할 수행. 낮은 직업윤리 수준은 신뢰성 결여와 국가경쟁력 저하에 영향.

    - 개인 차원 : 진정한 직업적 성공은 부와 명예 이상이며, 자신의 일에 자부심과 긍지를 가질 수 있다면 그것이 직업적 성공의 출발점

  - 일반적인 직업윤리

구분	설명
소명의식	자신이 맡은 일은 하늘에 의해 맡겨진 일이라고 생각하는 태도
천직의식	자신의 일이 자신의 능력과 적성에 꼭 맞는다 여기고 그 일에 열성을 가지고 성실히 임하는 태도
직분의식	하고 있는 일이 사회나 기업을 위해 중요한 역할을 하고 있다고 믿고 자신의 활동을 수행하는 태도
책임의식	직업에 대한 사회적 역할과 책무를 충실히 수행하고 책임을 다하는 태도
전문가의식	자신의 일이 누구나 할 수 있는 것이 아니라 해당 분야의 지식과 교육을 밑바탕으로 성실히 수행해야만 가능한 것이라 믿고 수행하는 태도
봉사의식	직업 활동을 통해 다른 사람과 공동체에 대하여 봉사하는 정신을 갖추고 실천하는 태도

- 한국인은 우리 사회에서 중요한 직업윤리 덕목으로 책임감, 성실함, 정직함, 신뢰성, 창의성, 협조성, 청렴함 순으로 강조

■ **개인윤리와 직업윤리의 조화**

- 직업윤리는 개인윤리에 비해 특수함
- 직업윤리는 개인윤리를 바탕으로 성립되는 규범이지만 상황에 따라 충돌하거나 배치하면서 조화
  - 업무상 개인의 판단 및 행동과 다수 이해관계자가 밀접한 관련
  - 수많은 사람이 관련되어 고도화된 공동의 협력을 요구하므로 맡은 역할에 대한 책임완수가 필요하며, 정확하고 투명한 일처리 필요
  - 규모가 큰 공동의 재산과 정보 등을 개인의 권한하에 위임 또는 관리하므로 높은 윤리의식 요구
  - 직장이라는 특수상황에서 갖는 집단적 인간관계는 가족관계나 개인적 선호에 의한 친분관계와는 다른 측면의 배려 요구
  - 기업이 경쟁을 통해 사회적 책임을 다하고 더 강한 경쟁력을 키우기 위해 경쟁상황에서 조직원 개개인의 역할과 능력의 꾸준한 향상 지향
  - 특수한 직무 상황에서는 개인적 덕목차원의 일반상식과 기준으로 규제할 수 없는 경우 다수 발생
- 개인윤리가 보통 상황에서의 일반적 원리규범이라면 직업윤리는 더 구체적 상황에서의 실천규범
- 업무 수행상 직업윤리와 개인윤리가 충돌할 경우 둘의 균형 중요

● 적용사례

■ 근로윤리 발휘 사례

A공사 경영전략본부 인재채용팀 K대리는 블라인드 채용제도 개선 업무를 담당하고 있다. A 공사는 블라인드 채용 제도를 도입한지 3년이 지남에 따라 개선이 필요한 상황이다. 신입사원 공개 채용은 K대리와 입사 2년차 사원이 담당하고 있는데 올해 하반기 채용시 블라인드 채용 제도 개선 결과물을 반영하려면 내부 참여 인력이 매우 부족한 상황이다. 전문기관의 컨설팅을 통해 채용제도를 개선할 예정이지만, 전문기관에만 맡기기에는 회사 차원에서 매우 중요한 일이기에 K대리는 다른 연구 용역이나 프로젝트와 달리 주도적으로 참여할 예정이다. 내년에 직무순환제로 인해 다른 팀으로 이동할 가능성이 크지만, 성공적으로 블라인드 채용 제도를 개선하고 싶다. 이에 따라 올해는 서류전형 평가위원, 면접전형 평가위원 선정 기준과 절차를 보다 체계적으로 개선하는 데 중점을 둘 예정이다. 채용관련 비리나 청탁이 근절될 수 있도록 가능한 모든 방안을 강구할 예정이다.

그러나, 사원과 함께 3개월 안에 블라인드 채용 제도 개선을 완료하려다 보니 일정이 촉박하고 인력이 부족하여 일주일에 주 4일은 야근을 하고 있다. 다른 연구 용역이나 프로젝트를 했을 때처럼 컨설팅 기관의 업무를 모니터링하는 정도로만 일을 추진할까라는 생각이 들 때도 있지만, 보다 더 공사의 당면한 상황을 반영하여 효과적인 결과물이 산출될 수 있도록 최대한 프로젝트에 참여할 예정이다.

■ 공동체윤리 발휘 사례

B공사의 경영관리본부 구매팀 L대리는 일반 연구 용역 공개 경쟁 입찰 업체 선정 기준을 개선하는 업무를 담당하고 있다. 기존의 선정 기준에 따르면 제안 비용의 가중치가 높아 제안 비용을 낮게 제안하는 업체들이 많이 선정되었다. 그러다보니 뛰어난 전문성을 가진 업체들보다는 전문성은 다소 부족한 업체가 선정되어 프로젝트의 퀄리티가 제대로 나오지 않는 문제들이 발생하였다.

그러나 L대리는 업체 선정 기준을 개선하는 업무를 수행하는 과정에서 특정 기관들이 유리하게 선정될 수 있도록 기준을 조정해보라는 압력이 들어와 고민에 빠졌다. 구매팀에 있다보면 다양한 일을 겪게 되는데, 협력 업체 담당자들과 관련있는 사람들이 청탁을 하려고 하거나 협력업체에서 금품을 제공하려고 했던 경우도 있다. 이러한 상황에서 업무 규정이나 지침을 유연하게 적용하고 나의 이익을 취할 수도 있지만, 한번 선을 넘으면 계속 넘게 될 것 같아 최대한 원칙에 따라서 업무를 처리하고 있다. 나의 사리 사욕 때문에 불이익을 겪는 업체들이 발생할 수도 있다. 이번 업체 선정관련 업무도 최대한 원칙에 입각하여 처리할 예정이다.

● 서류전형

■ 주요 평가 방안

팀 프로젝트, 동아리 활동, 인턴, 아르바이트 등을 하면서 정직성과 윤리의식을 발휘하여 책임감있게 일을 처리했던 경험에 대해 평가한다.

■ 준비 방안

- 직업인으로서 지켜야 할 윤리가 무엇인지 고민해보고 업무를 처리하는 과정에서 정직하고 윤리적으로 일을 처리하기 위해서는 어떻게 해야할지에 대해 인식하고 있어야 한다.
- 직업윤리의 세부 요소로 언급되고 있는 근면성, 정직성, 성실성, 봉사정신, 책임의식, 준법성, 직장 예절 준수 등을 발휘하여 일을 처리했던 경험에 대해 평소에 기록해둔다.
- 직업윤리를 지키기 위해 본인이 노력했던 행동에 대해 구체적으로 명시해야 한다.
- 단순히 직업윤리를 지키는 것의 중요성, 직업윤리에 대한 자신의 철학에 대해 기술하지 않도록 주의해야 한다.

■ 자기소개서 사례

[자기소개서 문항 1]

> 주어진 과업을 수행하는 과정에서 동료로부터 편법을 사용하자는 제안을 받았음에도 불구하고 원칙을 지켰던 경험에 대해 작성해 주시기 바랍니다.

- GOOD 사례 ❶

> 대학교 4학년 때 프로젝트성 과제를 제작하여 발표하는 수업을 들었을 때의 일입니다. 당시 5명의 팀원 중 2명은 외국인 유학생이었습니다. 저는 취업준비도 함께 하고 있어서 학년은 하나 아래지만 나이는 동갑인 친구가 팀장을 맡았고 저는 외국인 유학생과 함께 팀원을 하였습니다. 최종 발표 3주 전, 팀원들은 발표에 대한 불안감과 압박감에 서로 신경이 날카로워졌습니다. 특히 동갑인 친구는 재수강 과목이었기 때문에 더 스트레스를 받고 있었습니다. 그러던 어느 날 친구가 구글에서 찾은 코드를 이용하여 발표를 하면 어떨지 제안을 했습니다. 해당 사이트는 거의 아무도 모르기 때문에 그 사이트에서 취득한 코드를 살짝 넣어도 교수님을 포함한 다른 누구도 모를 것이라고 했습니다. 하지만 저는 친구의 제안에 동의할 수 없었습니다. 시간이 촉박하고 성적이 중요하다지만 그렇게 하는 행동은 떳떳하지 못한 행동이며 교수님의 신뢰를 저버리는 행동이라고 생각했습니다. 그렇게 행동해서 얻은 점수가 큰 의미가 없는 것처럼 생각되었습니다. 그래서 저는 친구에게 양해를 구하고 제가 책임

지고 과제를 성공적으로 완수하겠다는 약속을 하고, 바쁜 친구 대신 팀장 역할을 맡겠다고 하였습니다. 저는 가장 먼저 역할분담과 소통을 원활하게 해야겠다는 생각에 처음부터 다시 역할을 명확하게 나누고 각자 처리한 내용을 저의 메일로 바로바로 보내도록 했습니다. 그리고 저는 부족한 부분을 팀원들에게 단톡방에 즉각 공지하여 진행과정을 서로 공유하였습니다. 그렇게 2주동안 거의 잠을 못자다시피 하여 과제를 완성할 수 있었고 완벽하진 않았지만 교수님께 수고했다는 칭찬을 받을 수 있었습니다.

GOOD POINT 편법을 써도 아무도 모를 수 있는 상황 및 원칙을 지키기 위해 노력했던 행동에 대해 구체적으로 작성하였다.

• BAD 사례 **①**

대학교 2학년 때 산악동아리 활동을 할 때의 있었던 일입니다. 당시 산악동아리에는 20명 정도의 동아리원들이 있었고 동아리원들이 줄어드는 문제가 해마다 지속되었습니다. 그 당시 졸업한 선배들은 한번씩 찾아와 후배들을 위한 술과 밥을 사주셨는데 동아리 활성화가 안된다고 하시며 다시 실망하는 모습들을 보이시곤 했습니다. 그래서 우리 동아리원들도 다시 한번 힘을 내서 동아리 홍보를 하고 활성화를 하고자하는 계획을 세웠습니다. 당시 저는 홍보 포스터를 제작하였습니다. 하지만 저는 홍보 포스터를 제작해본 적도 없으며 어떻게 만들어야 할지 막막했습니다. 사실 홍보 포스터가 우리 동아리의 이미지를 결정하기 때문에 중요한 부분이었습니다. 그러던 중 친구가 전시회에서 전시된 작품 중 세련되고 멋진 포스터가 있다고 알려주었습니다. 저는 그 포스터를 그대로 복사해서 사용하는 것은 바람직하지 않다고 느꼈습니다. 그렇지만 제한된 시간내에 효과적인 포스터를 제작하는 것도 무리가 있다고 판단했습니다. 그래서 전시되었던 작품을 그대로 사용하지 않고, 적정한 선에서 참고만 하였습니다. 학교 내에서만 사용했고 영리 목적을 위한 행동이 아니기 때문에 일정 부분 참고하여 포스터를 제작하는 게 그 상황에서 가장 적절한 행동이었다고 생각합니다.

BAD POINT 융통성을 발휘하여 일을 처리하는 것도 중요하지만 명확한 윤리의식을 바탕으로 원칙을 지키려는 노력도 중요하다. 윤리적으로 행동해야 하는 상황에 대한 민감성이 낮고 원칙을 지키기 위해 노력했던 행동이 드러나지 않았다.

[자기소개서 문항 2]

여러 가지 상황적 제약을 극복하고 자신에게 주어진 역할 및 책임을 다하기 위해 노력했던 경험에 대해 작성해주시기 바랍니다.

2

• GOOD 사례 ❷

> 수송부대에 소대장으로 부임했을 때의 일입니다. 당시 수송부대의 특성상 부대 인원에 비해 정비를 해야 하는 차량은 많았습니다. 이에 부대 장병들이 원하는 날짜에 휴가를 가지 못하는 상황이 발생했습니다. 이런 상황에서 저는 장교도 부대원들과 함께 정비를 해야 한다고 생각했습니다. 그러나 당시에는 차량 정비에 대해 아는 것이 없었습니다. 이에 차량 정비 자격증이 있는 장병으로부터 4개월 동안 밤낮을 가리지 않고 차량 정비에 대해 배워, 차량을 정비할 수 있게 되었습니다. 이후, 저는 솔선수범하여 직접 차량을 정비하였습니다. 제가 직접 차량을 정비하게 됨에 따라, 장병들이 원하는 날짜에 휴가를 가지 못하는 문제가 해결되었습니다. 차량을 정비하면서 현재의 차량 정비체계가 비효율적이라는 것을 깨닫게 되었습니다. 차량 정비를 하고 있는 장병들과 함께 현 정비체계의 문제점에 대한 해결방안을 모색하였으며, 부대장님께 보고를 드려서 정비체계를 변경하였습니다.

GOOD POINT 본인에게 주어진 역할과 책임 이상의 일을 자발적이고 적극적으로 수행한 노력 행동에 대해 구체적으로 기술하였다. 또한, 차량을 직접 정비하는 일이 본인의 역할과 책임은 아니었지만 어려움을 겪고 있는 조직의 구성원들을 위해 자발적으로 차량 정비를 배워 직접 정비를 하였으며, 장기적 관점에서 차량 정비 업무가 효율적으로 이루어질 수 있도록 노력했다.

• BAD 사례 ❷

> 저는 대학교 3학년 때, 1년 동안 학교홍보 기자단 활동을 했습니다. 주로 학교의 학과 및 시설에 대한 소개 기사, 학교의 다양한 취업 지원 제도 소개 기사, 졸업하여 성공한 선배 인터뷰 기사를 작성하였습니다. 기자단은 총 7명이었고, 매월 3~4개의 기사를 작성해야 했습니다. 일반 기자 입장에서 보면 매월 3~4개의 기사를 7명이 작성하는 일이 쉽게 느껴질 수 있겠지만, 저희는 학업과 병행해야 하는 상황이어서 기자단 모두 힘들어 했습니다. 1학기가 끝나고, 기자단 중 3명이 기자단 활동을 그만두겠다고 했습니다. 저는 팀장은 아니었지만 그만두려는 친구들을 만나서 설득했습니다. 저 뿐만 아니라 팀장님도 설득하였지만 결국 2명이 기자단 활동을 그만두었습니다. 새로운 기자단을 모집하였지만, 선발하기까지 시간이 걸리기 때문에 당장 다음 달 예정대로 기사를 작성하기에는 인력이 부족하였습니다. 이에 팀장님이 학교의 대외협력단과 논의하여 다음 달의 기사 수를 줄이기로 하였습니다. 기사 수를 2개로 줄이기는 했지만, 5명이 2개 기사를 작성하는 것도 쉽지 않은 일이었습니다. 인력이 부족한 상황이었지만, 저는 지난달에 기획했던 제 기사가 차질없이 작성될 수 있도록 최선을 다했습니다. 그 결과, 기한 내에 기사를 성공적으로 작성하여 팀장님과 동료들로부터 칭찬을 들었습니다.

BAD POINT 상황적 제약을 극복하고 보다 더 나은 결과를 얻기 위해 노력하였다기 보다는 본인에게 주어진 일만 완수하는 데 그쳤다.

● 면접전형

■ 주요 평가 방안

자신에게 주어진 과업을 책임감있게 수행하고, 규칙과 원칙을 준수하며 정직하게 업무를 처리하는지에 대해 평가한다.

■ 준비 방안

• 평소 자신에게 주어진 과업을 기한 내에 성실하게 수행하려는 노력, 주어진 과업과 관련하여 보다 더 좋은 결과를 얻기 위해 노력을 기울이는 것, 과업에 대한 책임감을 바탕으로 끝까지 완수해내려는 노력을 기울이는 것이 가장 중요하다.

• 주어진 과업을 수행하는 데 편법을 쓰거나 규칙을 유연하게 적용할 수 있음에도 불구하고 원칙을 지키며 과업을 수행했던 경험에 대해 구체적으로 기록해두어야 한다.

• 또한 주어진 과업을 수행하는 데 여러 가지 다양한 측면의 제약 상황에도 불구하고, 정직하게 과업을 수행했던 경험에 대해 구체적으로 기록해두어야 한다.

• 주어진 과업을 수행할 때 다른 동료들에 비해 자신이 노력을 더 많이 들인 부분을 강조해야 한다.

• 뻔하고 당연한 이야기, 당위적인 이야기를 하기 보다는 자신의 경험 중심으로 이야기해야 한다.

■ 경험면접 사례

[면접 질문 1]

보다 더 좋은 결과를 얻기 위해 적절한 선에서 편법을 사용하는 것에 대해 고민했던 경험에 대해 이야기해 주시기 바랍니다.

• GOOD 사례 ❶

A. 저는 군복무시절 선임의 편법을 바로 잡았던 사례가 있습니다.

Q. 당시 상황에 대해 구체적으로 이야기해주세요.

A. 저는 강원도 철원에서 행정병으로 복무를 하였습니다. 제가 주로 맡았던 업무는 부대 내 예산에 관한 경리업무를 담당하였습니다. 이 예산 업무는 돈과 관련되어 있어서 연말정산이 가장 고비였습니다. 저는 부대에 자대배치를 받고 행정병으로 처음 업무를 배정받아 당해연도에 연말정산업무를 처음 처리해보았습니다. 처음

하는 업무다 보니 선임들에게 많이 물어보고 정말 어렵게 해결해 나갔습니다. 그런데 연말정산을 처리하는 과정에서 저의 바로 윗 선임의 실수로 지급해야 할 부식비 일부를 지급하지 않고 연말정산을 끝냈다는 것을 해가 바뀌고 나서야 알게 되었습니다.

GOOD POINT 자신의 실수에 대해서도 숨기지 않고 솔직하고 구체적으로 상황을 설명하였다.

Q. 그런 상황에서 어떻게 행동했습니까?

A. 저는 선임에게 바로 이 사항에 대해서 보고를 했으나 선임은 금액도 얼마 되지 않고 조용히 지나가면 아무도 모른다고 하였습니다. 그래도 저는 계속해서 선임에게 문제를 해결할 것을 말했습니다.

Q. 그렇게 이야기한 이유는 무엇입니까?

A. 그런 실수를 숨기면 나중에 우리가 손에서 관리할 수 없을 정도로 문제가 커질 수 있다는 생각을 했기 때문입니다.

GOOD POINT 윤리적으로 문제를 해결해야 하는 상황에 민감하게 받아들이고 일을 바로 잡으려는 의지를 보였다.

Q. 선임은 어떤 반응을 보였습니까?

A. 그냥 올해 예산으로 지급하자는 것이었습니다. 괜히 이 문제에 대해서 윗선이 알게 되면 예산을 다루는 우리만 크게 혼날 수 있다고 선임은 저에게 말을 했습니다.

Q. 선임이 반대하는 상황에서 어떤 조치를 취했습니까?

A. 저는 실수한 일을 숨기면 나중에 더 큰 손해로 조직에 큰 피해를 입힐 수 있다고 생각하였고 예산에 관한 규정을 하나부터 꼼꼼하게 다시 찾아보고 공부하였습니다. 결국 이월비 제도라는 것을 알게 되었고, 이월비 제도를 이용하여 해당 문제를 해결할 수 있다고 선임에게 제안하였습니다. 그제서야 선임은 긍정적인 반응을 보였고, 이월비 제도를 이용하여 문제를 해결하였습니다.

GOOD POINT 선임이 반대하는 상황에서도 문제를 바로 잡기 위해 노력하였으며, 가능한 해결 방안을 모색하였다.

Q. 그 결과는 어땠습니까?

A. 문제를 처리하고 윗선에 보고하여 혼이 났지만 한편으론 이런 문제를 숨기지 않고 빨리 조치를 취했다고 칭찬을 받기도 하였습니다. 이와 같은 경험을 통해 작은 실수라도 장기적인 관점에서 봤을 때 정도를 지키는 것이 개인이나 조직에 이익이 된다는 것을 깨달았습니다.

> **GOOD POINT** 상사에게 혼났던 상황에 대해 솔직하게 이야기하였으며, 원칙을 지켜 일을 처리해야 함의 중요성을 언급하였다.

• BAD 사례 ❶

A. 올해 초 학교 축제에서 동아리 후배들이 주점을 운영한다고 하여 후배들을 도와주는 과정에서 그런 고민을 한 적이 있습니다.

Q. 당시 상황에 대해 구체적으로 이야기해주세요.

A. 당시 주점을 운영하는 동아리원은 총 15명이었습니다. 저희 동아리는 봉사동아리였기 때문에 주점의 수익금은 모두 기부를 하기로 하였습니다. 후배들은 주점 운영 경험이 별로 없어서 저에게 도움을 요청했습니다.

Q. 학교 축제 준비는 보통 2, 3학년이 하지 않나요? 4학년이었던 지원자는 무엇을 도왔습니까?

A. 네, 보통 4학년은 친구나 후배들을 데리고 가서 술을 마시고 주점의 매출을 올리는 역할을 많이 합니다. 저는 이전에 축제를 운영했던 경험이 많았기에 후배들의 주점 운영과 관련하여 조언을 주는 역할을 주로 했습니다.

Q. 후배들을 도와주는 과정에서 편법 사용에 대해 고민을 하게 되었던 상황에 대해 이야기해주세요.

A. 네, 후배들이 다른 동아리나 학과에 비해 늦게 주점 공간사용을 신청해서 좋은 자리를 배정받지 못할 것 같다는 이야기를 했습니다. 일반 가게도 마찬가지지만 일일 주점의 경우에는 더더욱 좋은 위치를 선점하는 게 중요합니다. 후배들이 주점 운영 계획을 세우고 준비하는 데만 신경쓴 나머지 주점 위치 배정에 신경을 쓰지 못한 게 문제였습니다. 주점 위치 배정 결과가 나오진 않았지만, 학교 정문이나 후문과 먼 곳에 배정 받을 가능성이 높은 상황이었습니다. 저는 주점 위치가 주점 수익에 악영향을 미칠 수 있는 상황에서 어떻게 해야할지 고민에 빠지게 되었습니다.

Q. 학교 축제에서 운영하는 주점 규모가 크지도 않을 테고, 학교 캠퍼스가 그리 넓지도 않아서 주점 위치가 크게 문제가 될 것 같지 않은데 아닙니까?

A. 제가 학교 축제에서 주점을 몇 번 운영해본 결과, 정문이나 후문과 가까운 곳에서 주점을 할 경우와 그렇지 않은 경우의 수익의 차이는 크게 두 배이상 납니다. 캠퍼스가 작은 학교들은 위치가 크게 문제되지 않겠지만 저희 학교의 경우는 캠퍼스가 매우 넓어서 학교 정문이나 후문에서 가장 멀리 있는 단과 건물은 15분 정도 걸어 올라가야 했습니다.

Q. 후배들은 그런 상황에서 어떻게 대처했습니까?

A. 후배들은 학교 정문이나 후문에서 홍보를 많이하고, 다양한 이벤트와 서비스를 제공할 것이라고 했지만, 제 경험상 좋은 위치가 가장 중요합니다.

Q. 그 상황에서 지원자는 어떻게 대처했습니까?

A. 저는 좋은 위치를 배정받을 수 있는 방법이 있을지 고민하다가 3학년 때 총학생회 임원을 하면서 알게된 학생처 직원분에게 연락을 취했습니다. 연락을 취했던 이유는 저희 동아리가 배정받게될 위치에 대한 정보라도 얻어서 대응을 하기 위해서였습니다. 그런데 예상했던 대로 학교 정문이나 후문에서 멀고 조명이 어두운 곳에 배정받게 될 예정이라고 하셨습니다. 저는 봉사동아리에서 좋은 취지로 운영하려고 하는데 방법이 없겠냐고 여쭤봤고, 그분이 원래 규정상 안되지만, 전액 기부라는 좋은 취지로 운영하는 것이니 원한다면 주점의 위치를 바꿔주겠다고 하셨습니다. 저는 잠깐 고민에 빠졌습니다. 저희가 좋은 자리로 배정 받으면 의도치 않게 원래 그 자리에 배정받게 되는 학과나 동아리에 피해가 갈 것 같았기 때문입니다. 그런데 어차피 대부분의 학과나 동아리에서 주점의 수익으로 좋은 일에 사용하기 보다는 학과나 동아리 운영비로 쓰거나 회식비로 쓰이게 되기 때문에 저희 동아리 처럼 전액 기부라는 좋은 취지로 운영하는 주점이 좋은 위치를 선점하는 게 좋을 것 같다는 생각이 들었습니다. 그래서 학생처 직원분께 부탁드려서 저희는 좋은 위치로 주점을 배정받을 수 있었습니다.

BAD POINT 좋은 취지를 갖고 추진하는 일이라면 규정을 어겨도 문제가 되지 않는다는 인식을 하고 있다.

Q. 하지만 신청 순서에 따라 위치를 배정하는 기준이 있는 상황에서 다른 주점은 원치 않게 손해를 보게 될텐데, 이 부분에 대해서는 어떻게 생각했습니까?

A. 단순 신청 순서에 따라 주점 위치를 배정하는 현재의 규정에 문제가 있다는 생각이 들었습니다. 많은 고민을 했지만, 술마시고 노는 데 주로 수익을 쓰는 주점들보다 저희 동아리처럼 전액 기부는 주점에서 수익을 많이 낼 수 있는 위치로 선정되는 게 바람직하다는 생각이 들었습니다.

> **BAD POINT** 의도하지 않았다고 하더라도 피해를 보게 되는 다른 동아리에 대해 명확하게 인식하고 있지만, 기존의 규정에 문제가 있고 자신만의 기준에 따라 행동하였으며, 그것이 바람직하다는 인식을 하고 있다.

Q. 당시 주점 위치를 그렇게 배정받는 방법 외에 가능한 다른 방법에 대해 생각해본 게 있습니까?

A. 후배들이 이야기했던 방법, 홍보, 이벤트, 서비스를 차별화하는 방법도 생각해봤지만, 제 경험상 그런 방법은 크게 효과적이지 않았습니다.

> **BAD POINT** 좋은 위치를 차지하고 있는 주점과 공동 운영을 제안해보는 등의 다른 방안도 충분히 가능한데, 규정을 준수하면서 수익을 낼 수 있는 방안에 대해 고민하기 보다는 규정을 어기더라도 편한 방법으로 이익을 볼 수 있는 방안을 택하였다.

Q. 그 결과는 어땠습니까?

A. 매우 큰 수익을 낼 수 있었습니다. 전체 주점들 중에서 세 번째로 수익을 많이 냈다고 들었습니다. 그리고 그 수익을 전액 기부하여 뿌듯함을 느꼈습니다.

[면접 질문 2]

> 자신에게 주어진 과업을 수행하는데 보다 더 나은 결과를 얻기 위해 성실하게 수행했던
> 경험에 대해 이야기해주시기 바랍니다.

• GOOD 사례 ❷

A. 3학년 때 학과 소모임을 하면서 시민단체에의 요청에 따라 조사연구를 진행했던
경험이 있습니다. 보수를 받지 않고 재능 기부 차원에서 추진했던 일이었지만 최
선을 다했던 경험이 있습니다.

Q. 당시 상황에 대해 구체적으로 이야기해주세요.

A. 학과 소모임은 주로 전공 분야 관련하여 스터디를 하거나, 다양한 곳에 재능기부를
하는 목적으로 만들어졌습니다. 당시 소모임에는 저를 포함하여 10명 정도가 있었
습니다. 작년 겨울방학 때쯤 시민단체에서 시의 문화거리 조성을 하는데 주변 상
권이 고등학생들에게 미치는 영향을 조사해달라는 요청이 들어왔습니다.

Q. 시민단체에서 직접적으로 요청이 들어온 것인가요?

A. 시민단체 담당자가 직접 요청하는 경우는 드문데 소모임장의 지인이 시민단체에서
일하고 있어서 소모임장의 지인을 통해 요청받았습니다.

Q. 보수를 받지 않고 재능 기부 차원에서 추진했다고 했는데 어떻게 하신 건가요?

A. 시민단체에서 약간의 운영비 정도는 나왔습니다.

Q. 당시 어떻게 일을 추진해 나갔는지 구체적으로 이야기해주세요.

A. 당시 일의 의뢰가 들어왔던 것은 1월 말 정도였고, 본격적으로 일을 추진했던 것은
2월 초부터였습니다. 최종적으로 4월말까지 조사를 완료하고 보고서를 작성해야
했습니다. 주변 상권을 돌아보고 상점의 사장님들과 인터뷰하고 설문지를 만들고
관련 자료에 대한 조사를 하는 등 많은 일들을 해나갔습니다. 그런데 개강이후에
는 각자 바쁜 일상을 소화하다보니 마감기한 내에 보고서 작성을 하기 어려운 시점
까지 오게 되었습니다. 그 때 조금만 더 지체하면 그 시민단체와의 약속을 못 지키
는 상황이 될 것 같았습니다. 그래서 제가 구성원들에게 연락을 하여 현재 상황에
대해서 이야기하고 제가 적극적으로 나서서 일을 진행할테니 진행상황을 저한테

보내라고 했습니다. 소모임장은 취업준비로 소모임 활동에 거의 참석을 못했기 때문에 제가 임시 회장 역할을 맡으면서 일을 진행하겠다고 소모임장에게 양해를 구했습니다. 설문조사는 저 혼자 힘으로 안 되니 구성원들에게 연락을 하여 공통적으로 수업시간이 공강인 시간대에 해당 거리로 나가서 설문조사를 하였고, 통계자료분석과 보고서 작성 등은 제가 며칠 밤을 새워가면서 작성을 하였습니다.

GOOD POINT 소모임의 회장이 아니었음에도 자발적으로 나서서 일을 처리하였다. 기한 내 일을 완수할 수 있도록 다양한 노력을 기울였으며, 약속을 지키기 위해 밤을 새는 등 자신에게 주어진 역할 이상의 수준, 일반적인 수준보다 높은 정도의 노력을 기울였다.

Q. 결과적으로 어떻게 되었습니까?

A. 다행히 무사히 기한내에 보고서를 완성하여 시민단체에 전달할 수 있었습니다. 단체장님께서 저희에게 직접 전화하셔서 재능 기부차원에서 한 조사인데, 성실하게 해주었고, 결과 보고서를 잘 활용할 수 있을 것 같다는 칭찬을 해주셨습니다. 또한, 소모임의 지도교수님께 전화하여 재능기부차원에서 성실하게 활동했던 저희에 대해 칭찬하셨다고 들었습니다. 이와 같은 경험을 통해 비록 힘들었지만 책임감 그리고 신뢰라는 것이 얼마나 값진 것인지를 다시 한번 알게 되었습니다.

GOOD POINT 단순히 보고서를 제출한 결과가 아니라, 시민단체장으로부터 들은 피드백을 구체적으로 언급하였다.

• BAD 사례 ❷

A. 저는 2학년 때 경영학과에서 심리학과로 전과를 했습니다. 심리학에 관심이 많았었는데 심리 에세이 같은 책을 읽고, 심리학 교수님의 강연을 보면서 심리학을 전공해서 할 수 있는 일이 많다는 것을 알고 전과를 하기로 결심하게 되었습니다. 그러나 학문적으로 배우려고 보니 경영학을 공부했던 것보다 훨씬 어려웠습니다. 저는 동기들에 비해 들어야 하는 과목도 더 많아서 힘든 상황이었지만, 팀 프로젝트에 열심히 참여했던 경험이 있습니다.

Q. 당시 팀 프로젝트에 열심히 참여했던 상황에 대해 구체적으로 이야기해주세요.

A. 2학년 2학기 때 실험심리학 수업 시간이었습니다. 팀 프로젝트 인원은 저를 포함하여 5명이었습니다. 당시 재수강을 하던 4학년 선배가 프로젝트 팀장을 맡았습니다. 팀 프로젝트는 2주동안 팀별로 심리학 이론과 관련된 실험을 하고 결과 보고서

를 작성하는 것이었습니다. 당시 실험 피험자를 모집하고 실험을 하는 파트와 실험 결과를 분석 정리하는 파트로 나눠서 진행했습니다. 프로젝트 팀의 팀장과 팀원들이 제가 전과생인 걸 알고, 심리학 이론을 잘 모르더라도 할 수 있는 파트로 배정을 해줬습니다. 저는 그렇게 배려해준 것이 고마워서 실험 피험자를 계획대로 모집할 수 있도록 최선을 다했습니다.

Q. 실험 피험자를 모집하고 실험을 하는 파트는 총 몇 명이었습니까?

A. 총 세 명이었습니다. 실험 시 이론이나 가설에 따라 나올 수 있도록 실험을 설계하고 운영하는 것도 중요하여 프로젝트 팀장 포함 3명이 그 일을 진행했습니다.

Q. 지원자님은 그 파트에서 어떤 역할을 맡았습니까?

A. 저는 다양한 루트를 통해 피험자를 모집하는 것이었습니다. 당시 피험자를 20명 모집했어야 하는데, 제가 14명을 모집했습니다.

Q. 피험자 모집이 힘들지는 않았습니까?

A. 쉽지는 않았지만, 제 인맥과 제 친구의 인맥을 동원했습니다. 예상했던 것보다는 피험자들을 빨리 모집할 수 있었습니다. 제가 모집한 피험자들에게 실험 취지를 정확히 밝히지 않고 실험을 진행하는 게 힘들었습니다.

BAD POINT 보다 나은 결과를 얻기 위해 노력한 부분이 드러나지 않았다. 주어진 과업 및 역할에 따라 일반적인 수준의 노력을 기울였다.

Q. 팀 프로젝트를 진행하면서 겪은 장애요인이나 애로사항이 있었습니까?

A. 실험결과를 분석하고 정리하는 파트의 팀원 중 한 명이 갑자기 병원에 입원하게 되어서 나머지 팀원이 힘들어 했습니다. 저는 피험자 모집이 끝나고 최대한 돕고 싶었는데 관련 자료를 보니 어려웠습니다. 괜히 제가 나서서 한다고 했다가 팀에 피해가 갈 것 같았습니다. 그래서 저는 실험결과를 분석하고 정리하는 파트의 팀원이 결과를 분석하여 정리한 것을, PPT 발표용 자료로 만드는 것을 최대한 도왔습니다.

BAD POINT 팀 프로젝트 수행 중 문제가 발생했음에도 더 나은 결과를 얻기 위해 적극적으로 노력하는 행동이 나타나지 않았다.

Q. 결과 보고서 PPT 작업은 혼자 하셨습니까?

A. 아닙니다. 영역을 나눠서 4명이 작업했습니다. 저는 제 작업 분량이 끝나고 마지막에 PPT 파일을 통합 정리하는 일을 했습니다.

> **BAD POINT** 다른 팀원들에 비해 더 했던 일은 PPT 파일을 통합 정리하는 것으로 어렵거나 힘든 일을 적극적으로 나서서 한 경험, 보다 더 나은 결과를 이해 노력한 경험으로 보기 어렵다.

Q. 그 결과는 어땠습니까?

A. 구체적인 점수는 기억나지 않지만, 같이 수업을 들었던 친구들이 저희 팀의 실험을 흥미로워 했으며, 교수님께서 실험 결과 분석을 잘했다는 칭찬을 해주셨습니다. 그리고 프로젝트 팀원들이 전과해서 낯선 과목이었을 텐데 고생 많았다는 이야기를 해주었습니다.

> **BAD POINT** 결과적으로 프로젝트 수행과 관련하여 긍정적인 피드백을 받은 경험을 이야기하고 있지만, 자신이 맡았던 역할, 노력 행동으로 인해 받은 긍정적인 피드백이 아니다. '구체적으로 어떤 노력을 기울여서 좋았다' 또는 '무엇을 해서 좋은 결과를 얻을 수 있었다'와 같은 피드백과 달리 팀원들의 피드백은 일상적으로 과업 수행이 완료되면 서로 주고 받는 말로 볼 수 있다.

1 근로윤리

● 학습모듈

① 근면한 태도

- **근면의 의미**
  - 사전적으로는 부지런히 일하며 힘씀으로 정의
  - 사회과학에서는 과거의 고난을 극복한 경험을 통해 형성되는 것
  - 현재의 고난을 극복할 수 있는 자원이며, 비선호의 수용 차원에서 개인의 절제나 금욕을 반영하고, 인내를 요구하는 장기적이고 지속적인 행위 과정
  - 인생의 성공을 이루게 하는 기본 조건

- **근면의 종류**
  - 외부로부터 강요당한 근면 : 근면하지 않으면 생계를 유지할 수 없는 경우
  - 자진해서 하는 근면 : 자신의 것을 창조하며 조금씩 자신을 발전시키고 자아를 확립시켜 나가는 것. 능동적이고 적극적인 태도 중요

- **우리 사회의 근면성**
  - 한국사회 내부의 긍정적 측면과 부정적 측면 함께 반영
    - 해방 후 한국사회의 근대화와 경제개발을 이끈 주요한 동력으로 인식
    - 국가와 공동체의 번영이 개인보다 중시되면서 노동이 극대화된 점과 과도한 자기계발, 노동 중독 등의 현상은 개인의 삶의 질을 저해하는 원인으로 지목
    - 한국의 연간 노동시간은 경제협력개발기구(OECD) 회원국 중 3위지만, 시간당 노동생산성은 25위
  - 미래 사회에서는 단순히 일하는 양보다 일의 질과 창의성이 중요
  - 앞으로의 근면은 조직이나 타인 등 외부로부터 요구되는 일과 노동을 수행하기 위한 근면보다는 개인의 성장과 자아의 확립, 나아가 행복하고 자유로운 삶을 살기 위한 근면으로 구현

② 정직한 행동

■ 정직의 의미

- 사전적으로 마음에 거짓이나 꾸밈이 없이 바르고 곧음 의미
- 사회시스템은 구성원 서로의 신뢰가 있어야 운영이 가능한 것이며, 정직은 그 신뢰를 형성하고 유지하는 데 필요한 가장 기본적이고 필수적인 규범

■ 우리 사회의 정직성

- 우리 사회는 유교의 영향으로 인해 도덕적, 윤리적 판단에 있어 집단의 조화를 우선 시하는 경향
- 유교의 전통적 가치는 관계에 기초한 가치를 강조함에 따라 가족주의, 연고주의, 집 단주의의 배타적 이익 추구 행태, 나아가 부정부패와 비리 행위로까지 연결
- 유교의 전통적 가치는 '정직'이라는 규범적 의미를 이해하는 행위와 '정직 행동'을 선 택하는 행위 사이에서 괴리를 발생하게 하는 요소로 작용
- 한국 사회는 현대에 필요한 도덕성을 제대로 육성하지 못한 채 근대 가치 속에서 도 덕적 위기에 직면하고 도덕적 발전 방향을 상실하였다는 평가를 받고 있는 바, 우리 사회의 도덕적 위기는 근본적으로 정직성의 문제를 의미

③ 성실한 자세

■ 성실의 의미

- 사전적으로 정성스럽고 참됨을 의미
- 심리학에서는 책임감이 강하고 목표한 바를 이루기 위해 목표 지향적 행동을 촉진하 며 행동의 지속성을 갖게 하는 성취 지향적인 성질
- 사회규범이나 법을 존중하고 충동을 통제하며 목표 지향적 행동을 조직, 유지하며 목 표를 추구하도록 동기부여

■ 우리 사회의 성실성

- 창조, 혁신 등의 가치가 강조되는 현대 사회에서 성실은 시대정신에 뒤지는 개인의 낡은 생활방식으로 여겨지는 경향이 있으나, 최근 들어 현대 사회의 주요한 사회적 자본[1])으로 그 중요성 부각

---

1) 사회적 자본 : 사회 구성원들이 힘을 합쳐 공동 목표를 효율적으로 추구할 수 있게 하는 자본

- 성실은 개인의 생각이 진리와 부합하도록 노력하게 하고, 자신의 생각을 그대로 말로 표현하며, 이를 일상생활에서 행동으로 실천하게 하는 성향

- 성실의 결핍은 생각과 말, 행동의 불일치를 통해 드러나고, 이는 일상의 삶에서 위선과 거짓, 사기, 아첨, 음모 등의 행위로 나타나며, 결과적으로 사회 전반에 악영향을 미침

- 성실은 현대 사회와 어울리지 않는 한계성 또한 지니므로 이를 명확히 인식하고 현대 사회의 성격에 부합하도록 성실의 전환 시도 필요

● 필기전형

■ NCS 직업기초능력 평가 문항 예시 및 해설

직업기초능력명 : 직업윤리
하위영역명 : 근로윤리(모듈형)

1 아래의 속담 및 격언과 성격이 가장 <u>다른</u> 한 가지 예시는 무엇인가?

> • 일찍 일어나는 새가 벌레를 잡는다.
> • 거미도 줄을 쳐야 벌레를 잡는다.
> • 구르는 돌에는 이끼가 끼지 않는다.
> • 서두르지 않고, 그러나 쉬지 않고. – 괴테
> • 게으름뱅이의 손에 누가 권력이나 명예를 안겨줄까. – 힐티
> • 노는 사람들 속에서 혼자 부지런히 일하고, 자는 사람들 속에서 혼자 자지 않는 사람이 되라. – 법구경

① 직장인 A씨는 업무 전문성을 키우기 위해 관련 자격증 공부를 시작했다.
② 연구원 B씨는 새로운 연구기법을 익히기 위해 업계 전문가와 교류하고 있다.
③ 카페를 운영하는 C씨는 수익을 높이고자 영업종료 후 3시간씩 메뉴를 개발한다.
④ 영업사원 D씨는 하루를 활기차게 시작하기 위해 출근 전 1시간씩 운동을 한다.
⑤ 직장인 E씨는 승진에 또다시 탈락하지 않기 위해 매일 영어학원에 다닌다.

출제 의도 주어진 자료를 통해 근로윤리 중 근면의 의미를 이해하며 근면의 종류를 구분하여 파악하고 있는지를 평가하고자 하였다.

정답 ⑤

해설 주어진 속담 및 격언, 해당 사례에서 설명하고 있는 것은 근면이다. 근면은 외부로부터 강요당한 근면, 스스로 자진해서 하는 근면으로 나눌 수 있다. ⑤는 승진의 탈락을 피하고자 어쩔 수 없이 강요되어진 근면이다. 이와 대조적으로 ①, ②, ③, ④는 자기 자신이 주체가 되어 능동적이며 적극적인 태도를 보이는 자발적인 근면에 해당한다.

직업기초능력명 : 직업윤리
하위영역명 : 근로윤리(PSAT형)

2 다음은 P기업 임직원들의 윤리강령 실천지침의 일부이다. 아래 자료를 통해 윤리강령에서 규정한 내용으로 볼 수 <u>없는</u> 것은 무엇인가?

제2장 이해관계자에게 사례를 받거나 제공하는 행위

제5조 직접 또는 제3자를 통하여 직무를 수행하는 이해관계자에게 사규 또는 법령에 위반하거나 정당한 거래관행에 반하여 공정한 직무수행을 저해하는 부정청탁을 하거나 이해관계자로부터 받은 부정청탁에 따라 업무처리를 해서는 안 된다.

제6조 ① 이해관계자와 직무 관련 여부 및 기부, 후원, 증여 등 그 명목에 관계없이 금품을 개인적으로 수수하거나 제공의사 표시, 요구 또는 약속해서는 안 된다.
② 본인 또는 동료의 경조사를 비즈니스 파트너에 알리거나 부조를 받아서는 안 된다. 경조사를 알리지 않았음에도 비즈니스 파트너가 화환이나 통상적 수준을 초과한 경조사비를 제공한 경우에는 정중하게 되돌려 주어야 한다.
③ 이해관계자가 선물 등 금품을 줄 경우에는 정중히 거절하거나 되돌려 주어야 한다. 불가피하게 수령하더라도 개인이 소유해서는 안 되며, 윤리경영 담당조직에 신고하여 회사의 자산으로 사내에 비치하거나 사회공헌 등에 활용한다.

제7조 ① 이해관계자에게 향응접대를 수수하거나 요구 및 약속을 해서는 안 된다.
② 이해관계자에게 편의를 수수하거나, 요구 및 약속을 해서는 안 된다.

제8조 ① 이해관계자에게 채무에 대한 면제, 상환, 보증을 요구하거나 제의를 받아들여서는 안 된다.
② 이해관계자와 금전 등의 자산을 빌리거나 빌려주는 행위를 해서는 안 되며, 계약체결, 이자나 임차료 또는 임대료의 지급 및 수취 여부를 불문하고 위반행위로 간주한다.

---

① 부정 청탁의 금지　　　　　　② 공동 투자 및 공동 재산 취득의 금지
③ 금품 수수의 금지　　　　　　④ 향응 접대 및 편의 제공의 금지
⑤ 자산 대차의 금지

출제 의도 정직의 의미를 이해하고 주어진 자료에 근거하여 정직을 구축하기 위한 지침을 파악할 수 있는지를 평가하고자 하였다.

정답 ②

해설 제시된 윤리강령에는 이해관계자에게 사례를 받거나 제공하는 행위를 금지해야 한다는 내용을 포함하고 있다. ①은 제5조와 관련이 있으며, ③은 제6조와 관련이 있다. ④는 제7조에서 찾아볼 수 있으며, ⑤는 제8조에서 찾아볼 수 있다. 그러나 ②는 확인할 수 없는 내용이다.

● 자가진단

■ 진단 체크리스트

각 문항과 관련하여 자신의 행동 수준, 강도에 따라 평정하여 주시기 바랍니다.

문항	매우 미흡	미흡	보통	우수	매우 우수
1. 나는 근면, 성실의 의미와 필요성을 설명할 수 있다	1	2	3	4	5
2. 나는 어떠한 상황에서도 정직하게 일을 처리할 수 있다	1	2	3	4	5
3. 나는 여러 상황적 어려움이 있더라도 포기하지 않고 인내할 수 있다	1	2	3	4	5
4. 나는 부정 청탁 및 금품 수수 금지에 대해 설명할 수 있다	1	2	3	4	5
5. 나는 나의 윤리의식을 바탕으로 업무를 처리한다	1	2	3	4	5

■ 평정 결과

- 평균 3.0점 미만 : 근로윤리를 지키는데 다소 어려움이 예상된다. 근로윤리의 의미와 필요성, 근로윤리를 준수하지 않았을 때 조직에 미치는 영향에 대한 이해를 바탕으로 실천하려는 노력이 필요하다.
- 평균 3.0점 이상~3.5점 미만 : 근로윤리를 일정 수준 지키지만, 상황에 따라 근로윤리를 따르지 않을 수 있다. 일관성있게 근로윤리에 벗어나는 행동을 하지 않도록 유의할 필요가 있다.
- 평균 3.5점 이상~4.0점 미만 : 근로윤리를 우수하게 지키는 편이나, 보다 높은 수준으로 근로윤리를 지키기 위해서는 약점 중심으로 개발해 나가야 한다.
- 평균 4.0점 이상 : 업무 수행 시 효과적으로 근로윤리를 지킬 수 있다.

2 공동체윤리

● 학습모듈

① 봉사와 책임의식

- **봉사와 책임의식의 의미**
  - 봉사
    - 사전적으로는 국가나 사회 또는 남을 위하여 자신을 돌보지 아니하고 힘을 바쳐 애씀으로 정의
    - 일 경험을 통해 다른 사람과 공동체에 대하여 봉사하는 정신을 갖추고 실천하는 태도
    - 고객의 가치를 최우선으로 하는 고객서비스 개념으로도 설명 가능
  - 책임의식
    - 직업에 대한 사회적 역할과 책무를 충실히 수행하고 책임지려는 태도
    - 어떠한 일이 있어도 맡은 업무를 수행해 내는 태도
    - 직업이 점점 분화되고 전문화됨에 따라 직업인들은 자신이 속한 조직과 전체 사회 속에서 주어진 직분에 대해 충실한 수행 중요
  - 모든 직업인은 조직의 번영과 사회 전체의 발전을 위해 봉사정신과 강한 책임의식을 갖고 직업활동에 임하는 것 중요

- **기업의 사회적 책임**
  - 최근 기업들은 이윤 추구만을 위한 집단의 형태를 벗어나 이익 일부분을 사회로 환원하는 '기업의 사회적 책임(Corporate Social Responsibility; CSR)'을 강조하는 형태로 변화
  - 이윤 추구를 명분으로 이루어지는 기업의 부도덕한 행위들은 사회 전체의 윤리적 문제로 이어질 수 있음

② 준법성

- **준법의 의미**
  - 민주 시민으로서 지켜야 하는 기본 의무이며 생활 자세

- 민주 사회의 법과 규칙을 준수하는 것은 시민으로서의 권리를 보장받고, 다른 사람의 권리를 보호해 주며 사회 질서를 유지하는 역할 수행

■ **우리나라 준법의식**

- 한국법제연구원이 실시한 국민법의식조사 결과
  - 60.9%가 우리 사회에서 법치주의가 구현되고 있다고 생각
  - 사회 지도층의 법 준수 미흡, 권위주의, 부적절한 법집행, 국민의 법의식 부족을 법치주의 구현되지 않은 주요 원인으로 인식
    ✓ 본인보다는 사회 구성원의 준법 정도를 더 낮게 평가
    ✓ 우리 사회가 법을 잘 지키고 있다는 의견 지속적으로 증가
- 우리 사회는 민주주의와 시장경제를 지향하지만, 그것이 제대로 정착될 만한 사회적, 정신적 토대 미비
- 선진국들과 경쟁하기 위해서는 개개인의 의식변화와 함께 체계적 접근과 단계별 실행을 통한 제도와 시스템 확립 필요

③ **예절과 존중**

■ **예절의 의미**

- 일정한 생활문화권에서 오랜 생활습관을 통해 하나의 공통된 생활방법으로 정립되어 관습적으로 행해지는 사회계약적인 생활규범 의미
- 추상적이고 주관적인 도덕적 이념을 상황에 따른 구체적 형식에 담아 일상적 삶을 가능하게 하는 관습적 규범
- 언어문화권과 밀접한 관계, 국가와 겨레에 따라 다른 형식 존재
- 예절이 형식적으로 다양하게 나타나는 '예절의 다양성'에도 불구하고, 변하지 않는 근본정신은 인간에 대한 존중

■ **일터에서의 예절**

- 직장예절은 비즈니스의 에티켓과 매너를 총칭함
  - 에티켓 : 사람과 사람 사이에 마땅히 지켜야 할 규범. 형식적 측면이 강함
  - 매너 : 그 형식을 나타내는 방식임. 방법적 성격이 강함
- 모든 일터 상황에서 요구되는 기본 직장예절이 있으며, 예절은 단순히 개인에 대한 호감을 넘어 성과에까지 영향을 미침

• 직장예절에는 인사예절과 네티켓 등

구분	내용
인사	• 사람이 사람다움을 나타내는 가장 아름다운 행위로 타인을 사귈 때 가장 기본이 되는 예절 • 정성과 감사하는 마음을 지니고, 예의 바르고 정중한 태도를 갖추어야 하며, 진실을 담은 자세 중요 • 비즈니스에서 가장 일반적인 인사법은 악수. 악수는 윗사람이 아랫사람에게, 여성이 남성에게, 선배가 후배에게, 상급자가 하급자에게 청하는 게 예의
네티켓	• 정보사회가 급격하게 진행되면서 새롭게 나타난 예절 • 네트워크(network)와 에티켓(etiquette)의 합성어로 통신상의 예절 • 인터넷, 이메일, SNS 등은 효율적인 업무가 가능하여 많이 사용되는 매체임. 사용이 쉽고 널리 보급되어 있어 남용, 오용되는 경우도 많아 네티켓이 필요 • 인터넷 등을 올바르게 사용하면 강력한 비즈니스 도구가 될 수 있지만, 글에는 사람의 표정이나 음성이 빠져 있기 때문에 오해 유발 • 개인 프라이버시 침해, 정보 유출, 범죄, 허위정보의 유통, 해킹 등 정보화의 역기능에 대해서도 유의

■ **상호존중의 문화**

• 예절의 핵심은 상대를 존중하는 마음

• 존중 : 우리 자신과 다른 사람을 소중히 여기고 그 권리를 배려해 주는 자세. 우리가 말하고 행동하고 서로를 대하는 태도 속에 반영

• 존중이 결여된 실태를 보여 주는 우리 사회 문제들

  − 직장 내 괴롭힘

    ✓ 업무와 관련된 상황에서 피해자에게 괴로움을 주는 모든 언행

    ✓ 폭력, 폭언과 같은 명백한 괴롭힘 행위뿐 아니라 사적 업무의 지시, 회식 참여나 음주·흡연 등의 강요, 능력 이하의 업무 또는 매우 적은 업무만을 주는 경우, 지나친 업무 감시, 실적을 뺏거나 적절하게 인정해 주지 않는 경우 등 다양한 행위 포함

  − 성희롱

    ✓ 업무와 관련하여 성적 언어나 행동 등으로 굴욕감을 느끼게 하거나 성적 언동 등을 조건으로 고용상 불이익을 주는 행위

    ✓ 형사처벌 대상은 아니지만, 회사는 필요한 인사조치 또는 징계조치를 해야 하며, 피해자는 가해자에게 민사상 손해배상 청구 가능

✓ 성희롱 판단의 법률적 기준은 가해자의 의도가 아니라 피해자가 느낀 성적 수치심이나 굴욕감

- 성차별적 언행
    - 한국의 기업문화는 공동체의 단합을 중요하게 여기는 경향이 있으며, 조직이 우선되는 기업에서는 각기 다른 가치관을 가진 개인들에게 정해진 답 강요
    - 성별, 나이, 가치관 등 개인의 다양성을 인정하지 못하는 조직은 업무 효율이 떨어지는 것을 넘어 더 큰 문제에 직면할 수 있음

● 필기전형

■ NCS 직업기초능력 평가 문항 예시 및 해설

> 직업기초능력명 : 직업윤리
> 하위영역명 : 공동체윤리(모듈형)

1 직장에서의 예절로 옳지 <u>않은</u> 것은 무엇인가?

① 악수는 서로의 이름을 말하고 간단한 인사 몇 마디를 주고받는 정도의 시간에 끝내야 한다.

② 정부 고관의 직급명은 퇴직한 경우라도 항상 사용한다.

③ 급한 일이라도 업무가 종료되기 직전에는 전화하는 것을 지양한다.

④ 전화 벨소리가 울리면 한 번에 재빨리 받아 상대를 기다리지 않게 한다.

⑤ 명함은 하위에 있는 사람이 먼저 꺼내고, 상위자에 대해서는 왼손으로 가볍게 받쳐낸다.

> **출제의도** 예절의 의미를 이해하고 직장에서의 바람직한 인사 및 전화 예절을 파악하고 있는지를 평가하고자 하였다.
>
> **정답** ④
>
> **해설** 전화 벨소리가 들리면 바로 받기보다는 3~4번 이상 울리고 나서 받는 것이 좋다.

직업기초능력명 : 직업윤리
하위영역명 : 공동체윤리(PSAT형)

2 다음은 남녀고용평등법의 일부 내용이다. 이를 참고하여 '직장 내 성희롱 발생 시 조치'에 대한 설명으로 가장 옳지 <u>않은</u> 것은 무엇인가?

남녀고용평등법 제14조(직장 내 성희롱 발생 시 조치)

① 누구든지 직장 내 성희롱 발생 사실을 알게 된 경우 그 사실을 해당 사업주에게 신고할 수 있다.

② 사업주는 제1항에 따른 신고를 받거나 직장 내 성희롱 발생 사실을 알게 된 경우에는 지체 없이 그 사실 확인을 위한 조사를 하여야 한다. 이 경우 사업주는 직장 내 성희롱과 관련하여 피해를 입은 근로자 또는 피해를 입었다고 주장하는 근로자(이하 "피해근로자등"이라 한다)가 조사 과정에서 성적 수치심 등을 느끼지 아니하도록 하여야 한다.

③ 사업주는 제2항에 따른 조사 기간 동안 피해근로자등을 보호하기 위하여 필요한 경우 해당 피해근로자등에 대하여 근무장소의 변경, 유급휴가 명령 등 적절한 조치를 하여야 한다. 이 경우 사업주는 피해근로자등의 의사에 반하는 조치를 하여서는 아니 된다.

④ 사업주는 제2항에 따른 조사 결과 직장 내 성희롱 발생 사실이 확인된 때에는 피해근로자가 요청하면 근무장소의 변경, 배치전환, 유급휴가 명령 등 적절한 조치를 하여야 한다.

⑤ 사업주는 제2항에 따른 조사 결과 직장 내 성희롱 발생 사실이 확인된 때에는 지체 없이 직장 내 성희롱 행위를 한 사람에 대하여 징계, 근무장소의 변경 등 필요한 조치를 하여야 한다. 이 경우 사업주는 징계 등의 조치를 하기 전에 그 조치에 대하여 직장 내 성희롱 피해를 입은 근로자의 의견을 들어야 한다.

---

① 직장 내 성희롱 발생 사실을 인지한 사업주는 신속하게 해당 사실을 확인해야 한다.

② 일단 지체없이 조치를 취한 후, 피해근로자와 성희롱 행위자를 모두 불러 당시 상황에 대한 이야기를 들어야 한다.

③ 모든 남녀 근로자가 직장 내 성희롱의 피해자로 포함될 수 있다.

④ 직장 내 성희롱의 발생 사실이 확인되면 해당 행위자에게 필요한 조치를 취해야 한다.

⑤ 직장 내 성희롱의 조사 기간 중 피해근로자등의 의사를 반영하는 조치를 취해야 한다.

출제 의도 제시된 자료에 근거하여 직장 내 성희롱 발생 시 취할 수 있는 적절한 조치를 파악할 수 있는지를 평가하고자 하였다.

정답 ②

해설 제14조 5항에서 찾아볼 수 있듯이 사업주는 직장 내 성희롱 발생 사실이 확인된 때에는 지체 없이 직장 내 성희롱 행위를 한 사람에 대하여 필요한 조치를 하여야 하며, 해당 조치를 하기 전에 그 조치에 대하여 직장 내 성희롱 피해를 입은 근로자의 의견을 들어야 한다.

● 자가진단

■ 진단 체크리스트

각 문항과 관련하여 자신의 행동 수준, 강도에 따라 평정하여 주시기 바랍니다.

문항	매우 미흡	미흡	보통	우수	매우 우수
1. 나는 자발적으로 봉사정신을 발휘하여 활동할 수 있다	1	2	3	4	5
2. 나는 어떠한 상황에서도 책임의식을 바탕으로 일을 완수해낼 수 있다	1	2	3	4	5
3. 나는 준법성의 중요성을 인식하고 있으며, 규칙과 원칙을 준수한다	1	2	3	4	5
4. 나는 직장예절에 대해 이해하고 있으며, 지키려고 노력한다	1	2	3	4	5
5. 나는 직장 내 괴롭힘에 대해 이해하고 있으며, 관련 규정을 준수한다	1	2	3	4	5

■ 평정 결과

• 평균 3.0점 미만 : 공동체윤리를 지키는데 다소 어려움이 예상된다. 공동체윤리의 의미와 필요성, 공동체윤리를 준수하지 않았을 때 조직에 미치는 영향에 대한 이해를 바탕으로 실천하려는 노력이 필요하다.

• 평균 3.0점 이상~3.5점 미만 : 공동체윤리를 일정 수준 지키지만, 상황에 따라 공동체윤리를 따르지 않을 수 있다. 일관성있게 공동체윤리에 벗어나는 행동을 하지 않도록 유의할 필요가 있다.

• 평균 3.5점 이상~4.0점 미만 : 공동체윤리를 우수하게 지키는 편이나, 보다 높은 수준으로 공동체윤리를 지키기 위해서는 약점 중심으로 개발해 나가야 한다.

• 평균 4.0점 이상 : 업무 수행 시 효과적으로 공동체윤리를 지킬 수 있다.

직업기초능력 카드

대인 관계 능력	업무를 수행함에 있어 접촉하게 되는 사람들과 문제를 일으키지 않고 원만하게 지내는 능력

하위능력	정의	세부요소
팀워크 능력	다양한 배경을 가진 사람들과 함께 업무를 수행하는 능력	적극적 참여
		업무 공유
		팀구성원으로서의 책임감
리더십 능력	업무를 수행함에 있어 다른 사람을 이끄는 능력	동기화 시키기
		논리적인 의견 표현
		신뢰감 구축
갈등 관리 능력	업무를 수행함에 있어 사람들 간 발생한 갈등을 원만히 조절하는 능력	타인의 생각 및 감정 이해
		타인에 대한 배려
		피드백 제공 및 받기
협상 능력	업무를 수행함에 있어 다른 사람과 협상하는 능력	다양한 의견 수렴
		협상 가능한 실질적 목표 구축
		최선의 타협방법 찾기
고객 서비스 능력	고객의 요구를 만족시키는 자세로 업무를 수행하는 능력	고객의 불만 및 욕구 이해
		매너있고 신뢰감 있는 대화법
		고객 불만에 대한 해결책 제공

의사 소통 능력	업무를 수행함에 있어 글과 말을 읽고 들음으로써 다른 사람이 뜻한 바를 파악하고, 자기가 뜻한 바를 글과 말을 통해 정확하게 쓰거나 말하는 능력

하위능력	정의	세부요소
문서이해 능력	업무를 수행함에 있어 다른 사람이 작성한 글을 읽고 그 내용을 이해하는 능력	문서 정보 확인 및 획득
		문서 정보 이해 및 수집
		문서 정보 평가
문서작성 능력	업무를 수행함에 있어 자기가 뜻한 바를 글로 나타내는 능력	작성 문서의 정보 확인 및 조직
		목적과 상황에 맞는 문서 작성
		작성한 문서 교정 및 평가
경청 능력	업무를 수행함에 있어 다른 사람의 말을 듣고 그 내용을 이해하는 능력	음성정보와 매체정보 듣기
		음성정보와 매체정보 내용 이해
		음성정보와 매체정보에 대한 반응과 평가
의사표현 능력	업무를 수행함에 있어 자기가 뜻한 바를 말로 나타내는 능력	목적과 상황에 맞는 정보조직
		목적과 상황에 맞게 전달
		대화에 대한 피드백과 평가
기초 외국어 능력	업무를 수행함에 있어 외국어로 의사소통 할 수 있는 능력	외국어 듣기
		일상생활의 회화 활용

자기 개발 능력

업무를 추진하는데 스스로를 관리하고 개발하는 능력

하위능력	정의	세부요소
자아인식 능력	자신의 흥미, 적성, 특성 등을 이해하고, 이를 바탕으로 자신에게 필요한 것을 이해하는 능력	자기이해
		자신의 능력 표현
		자신의 능력발휘 방법 인식
자기관리 능력	업무에 필요한 자질을 지닐 수 있도록 스스로를 관리하는 능력	개인의 목표 정립(동기화)
		자기통제
		자기관리 규칙의 주도적인 실천
경력개발 능력	끊임없는 자기 개발을 위해서 동기를 갖고 학습하는 능력	삶과 직업세계에 대한 이해
		경력개발 계획 수립
		경력전략의 개발 및 실행

조직 이해 능력	업무를 원활하게 수행하기 위해 국제적인 추세를 포함하여 조직의 체제와 경영에 대해 이해하는 능력

하위능력	정의	세부요소
경영 이해 능력	사업이나 조직의 경영에 대해 이해하는 능력	조직의 방향성 예측
		경영조정(조직의 방향성을 바로잡기에 필요한 행위 하기)
		생산성 향상 방법
체제 이해 능력	업무 수행과 관련하여 조직의 체제를 올바르게 이해하는 능력	조직의 구조 이해
		조직의 규칙과 절차 파악
		조직간의 관계 이해
업무 이해 능력	조직의 업무를 이해하는 능력	업무의 우선순위 파악
		업무활동 조직 및 계획
		업무수행의 결과 평가
국제 감각	주어진 업무에 관한 국제적인 추세를 이해하는 능력	국제적인 동향 이해
		국제적인 시각으로 업무 추진
		국제적 상황 변화에 대처

직업 윤리	업무를 수행함에 있어 원만한 직업생활을 위해 필요한 태도, 매너, 올바른 직업관

하위능력	정의	세부요소
근로 윤리	업무에 대한 존중을 바탕으로 근면하고 성실하고 정직하게 업무에 임하는 자세	근면성
		정직성
		성실성
공동체 윤리	인간 존중을 바탕으로 봉사하며, 책임있고, 규칙을 준수하며 예의 바른 태도로 업무에 임하는 자세	봉사정신
		책임의식
		준법성
		직장 예절